高等院校“十三五”规划教材
“互联网+”融媒体系列教材

U0958190

# 纳税申报实务附表

朱淑梅 邓亚丽 孔令一／主编
刘璐 迟春龙／副主编

立信会计出版社
LIXIN ACCOUNTING PUBLISHING HOUSE

# 目　录

附表 2-1　应交税费——未交增值税　明细账 …… 1
附表 2-2　应交税费——应交增值税　明细账 …… 2
附表 2-3　增值税及附加税费申报表附列资料(一) …… 3
附表 2-4　增值税及附加税费申报表附列资料(二) …… 9
附表 2-5　增值税及附加税费申报表附列资料(五) …… 15
附表 2-6　增值税及附加税费申报表 …… 16
附表 2-7　应交税费——应交增值税　明细账 …… 24
附表 2-8　增值税及附加税费申报表(小规模纳税人适用)附列资料(一) …… 25
附表 2-9　增值税及附加税费申报表(小规模纳税人适用)附列资料(二) …… 26
附表 2-10　增值税及附加税费申报表 …… 27
附表 3-1　应交税费——应交消费税　明细账 …… 28
附表 3-2　本期准予扣除税额计算表 …… 29
附表 3-3　本期委托加工收回情况报告表 …… 32
附表 3-4　消费税附加税费计算表 …… 35
附表 3-5　消费税及附加税费申报表 …… 37
附表 4-1　个人所得税应纳税额计算表 …… 42
附表 4-2　个人所得税扣缴申报表 …… 43
附表 4-3　个人所得税扣缴申报表 …… 44
附表 4-4　个人所得税年度自行纳税申报表 …… 48
附表 5-1　企业所得税纳税调整工作底稿 …… 54
附表 5-2　应纳税所得额计算表 …… 55
附表 5-3　企业所得税应纳税额计算表 …… 55
附表 5-4　中华人民共和国企业所得税月(季)度预缴纳税申报表(A 类) …… 56
附表 5-5　中华人民共和国企业所得税年度纳税申报表封面 …… 63
附表 5-6　中华人民共和国企业所得税年度纳税申报表(A 类) …… 64
附表 5-7　一般企业收入明细表 …… 69
附表 5-8　一般企业成本支出明细表 …… 70
附表 5-9　纳税调整项目明细表 …… 71
附表 5-10　视同销售和房地产开发企业特定业务纳税调整明细表 …… 79
附表 5-11　职工薪酬支出及纳税调整明细表 …… 80
附表 5-12　广告费和业务宣传费跨年度纳税调整明细表 …… 84
附表 5-13　捐赠支出纳税调整明细表 …… 84

附表 5-14　免税、减计收入及加计扣除优惠明细表 …… 85
附表 5-15　符合条件的居民企业之间的股息、红利等权益性投资收益优惠明细表 …… 89
附表 6-1　2021 年第四季度房产税应纳税额计算表 …… 90
附表 6-2　2021 年第四季度城镇土地使用税应纳税额计算表 …… 91
附表 6-3　城镇土地使用税　房产税税源明细表 …… 92
附表 6-4　财产和行为税减免税明细申报附表 …… 99
附表 6-5　财产和行为税纳税申报表 …… 103
附表 6-6　印花税税源明细表 …… 105
附表 6-7　财产和行为税减免税明细申报附表 …… 107
附表 6-8　财产和行为税纳税申报表 …… 110

**附表 2-1**　　应交税费——未交增值税　明细账

| 年 | | 凭证号数 | 摘要 | 借方 | 贷方 | 借或贷 | 余额 |
| --- | --- | --- | --- | --- | --- | --- | --- |
| 月 | 日 | | | | | | |
| | | | | | | | |
| | | | | | | | |
| | | | | | | | |
| | | | | | | | |
| | | | | | | | |
| | | | | | | | |
| | | | | | | | |
| | | | | | | | |
| | | | | | | | |
| | | | | | | | |
| | | | | | | | |
| | | | | | | | |
| | | | | | | | |
| | | | | | | | |

附表 2-2

**应交税费——应交增值税** 明细账

| 年 | | 凭证号数 | 摘要 | 借方 | | | | | | | 贷方 | | | | | 借或贷 | 余额 |
|---|---|---|---|---|---|---|---|---|---|---|---|---|---|---|---|---|---|
| 月 | 日 | | | 进项税额 | 已交税金 | 销项税额抵减 | 减免税额 | 出口抵减内销产品应纳税额 | 转出未交增值税 | 合计 | 销项税额 | 出口退税 | 进项税额转出 | 转出多交增值税 | 合计 | | |
| | | | | | | | | | | | | | | | | | |
| | | | | | | | | | | | | | | | | | |
| | | | | | | | | | | | | | | | | | |
| | | | | | | | | | | | | | | | | | |
| | | | | | | | | | | | | | | | | | |
| | | | | | | | | | | | | | | | | | |
| | | | | | | | | | | | | | | | | | |
| | | | | | | | | | | | | | | | | | |
| | | | | | | | | | | | | | | | | | |
| | | | | | | | | | | | | | | | | | |
| | | | | | | | | | | | | | | | | | |
| | | | | | | | | | | | | | | | | | |
| | | | | | | | | | | | | | | | | | |
| | | | | | | | | | | | | | | | | | |
| | | | | | | | | | | | | | | | | | |
| | | | | | | | | | | | | | | | | | |
| | | | | | | | | | | | | | | | | | |
| | | | | | | | | | | | | | | | | | |

附表 2-3

## 增值税及附加税费申报表附列资料(一)

(本期销售情况明细)

纳税人名称:(公章)　　　　税款所属时间:　　年　　月　　日至　　年　　月　　日　　　　金额单位:元(列至角分)

| 项目及栏次 | | | | 开具增值税专用发票 | | 开具其他发票 | | 未开具发票 | | 纳税检查调整 | | 合计 | | | 服务、不动产和无形资产扣除项目本期实际扣除金额 | 扣除后 | |
|---|---|---|---|---|---|---|---|---|---|---|---|---|---|---|---|---|---|
| | | | | 销售额 | 销项(应纳)税额 | 销售额 | 销项(应纳)税额 | 销售额 | 销项(应纳)税额 | 销售额 | 销项(应纳)税额 | 销售额 | 销项(应纳)税额 | 价税合计 | | 含税(免税)销售额 | 销项(应纳)税额 |
| | | | | 1 | 2 | 3 | 4 | 5 | 6 | 7 | 8 | 9=1+3+5+7 | 10=2+4+6+8 | 11=9+10 | 12 | 13=11-12 | 14=13÷(100%+税率或征收率)×税率或征收率 |
| 一、一般计税方法计税 | 全部征税项目 | 13%税率的货物及加工修理修配劳务 | 1 | | | | | | | | | | | — | — | — | — |
| | | 13%税率的服务、不动产和无形资产 | 2 | | | | | | | | | | | | | | |
| | | 9%税率的货物及加工修理修配劳务 | 3 | | | | | | | | | | | — | — | — | — |
| | | 9%税率的服务、不动产和无形资产 | 4 | | | | | | | | | | | | | | |
| | | 6%税率 | 5 | | | | | | | | | | | | | | |
| | 其中:即征即退项目 | 即征即退货物及加工修理修配劳务 | 6 | — | — | — | — | — | — | — | — | | | — | — | — | — |
| | | 即征即退服务、不动产和无形资产 | 7 | — | — | — | — | — | — | — | — | | | | | | |

（续表）

| 项目及栏次 | | | | 开具增值税专用发票 | | 开具其他发票 | | 未开具发票 | | 纳税检查调整 | | 合计 | | | 服务、不动产和无形资产扣除项目本期实际扣除金额 | 扣除后 | |
|---|---|---|---|---|---|---|---|---|---|---|---|---|---|---|---|---|---|
| | | | | 销售额 | 销项（应纳）税额 | 销售额 | 销项（应纳）税额 | 销售额 | 销项（应纳）税额 | 销售额 | 销项（应纳）税额 | 销售额 | 销项（应纳）税额 | 价税合计 | | 含税（免税）销售额 | 销项（应纳）税额 |
| | | | | 1 | 2 | 3 | 4 | 5 | 6 | 7 | 8 | 9=1+3+5+7 | 10=2+4+6+8 | 11=9+10 | 12 | 13=11−12 | 14=13÷（100%+税率或征收率）×税率或征收率 |
| 二、简易计税方法计税 | 全部征税项目 | 6%征收率 | 8 | | | | | | | — | — | | | — | — | — | — |
| | | 5%征收率的货物及加工修理修配劳务 | 9a | | | | | | | — | — | | | — | — | — | — |
| | | 5%征收率的服务、不动产和无形资产 | 9b | | | | | | | — | — | | | | | | |
| | | 4%征收率 | 10 | | | | | | | — | — | | | — | — | — | — |
| | | 3%征收率的货物及加工修理修配劳务 | 11 | | | | | | | — | — | | | — | — | — | — |
| | | 3%征收率的服务、不动产和无形资产 | 12 | | | | | | | — | — | | | | | | |
| | | 预征率 % | 13a | | | | | | | — | — | | | | | | |
| | | 预征率 % | 13b | | | | | | | — | — | | | | | | |
| | | 预征率 % | 13c | | | | | | | — | — | | | | | | |

（续表）

| 项目及栏次 | | | | 开具增值税专用发票 | | 开具其他发票 | | 未开具发票 | | 纳税检查调整 | | 合计 | | | 服务、不动产和无形资产扣除项目本期实际扣除金额 | 扣除后 | |
|---|---|---|---|---|---|---|---|---|---|---|---|---|---|---|---|---|---|
| | | | | 销售额 | 销项（应纳）税额 | 销售额 | 销项（应纳）税额 | 销售额 | 销项（应纳）税额 | 销售额 | 销项（应纳）税额 | 销售额 | 销项（应纳）税额 | 价税合计 | | 含税（免税）销售额 | 销项（应纳）税额 |
| | | | | 1 | 2 | 3 | 4 | 5 | 6 | 7 | 8 | 9＝1＋3＋5＋7 | 10＝2＋4＋6＋8 | 11＝9＋10 | 12 | 13＝11－12 | 14＝13÷（100%＋税率或征收率）×税率或征收率 |
| 二、简易计税方法计税 | 其中：即征即退项目 | 即征即退货物及加工修理修配劳务 | 14 | — | — | — | — | — | — | — | — | | | — | — | — | — |
| | | 即征即退服务、不动产和无形资产 | 15 | — | — | — | — | — | — | — | — | | | | | | |
| 三、免抵退税 | 货物及加工修理修配劳务 | | 16 | — | — | | — | | — | — | — | | — | — | — | — | — |
| | 服务、不动产和无形资产 | | 17 | — | — | | — | | — | — | — | | — | | | | — |
| 四、免税 | 货物及加工修理修配劳务 | | 18 | | | | — | | — | — | — | | — | — | — | — | — |
| | 服务、不动产和无形资产 | | 19 | — | — | | — | | — | — | — | | — | | | | — |

## 增值税及附加税费申报表附列资料(一)填写说明

(一)“税款所属时间”“纳税人名称”的填写同增值税及附加税费申报表(一般纳税人适用)(以下简称“主表”)。

(二) 各列说明。

1. 第1列至第2列“开具增值税专用发票”:反映本期开具增值税专用发票(含税控机动车销售统一发票,下同)的情况。

2. 第3列至第4列“开具其他发票”:反映除增值税专用发票以外本期开具的其他发票的情况。

3. 第5列至第6列“未开具发票”:反映本期未开具发票的销售情况。

4. 第7列至第8列“纳税检查调整”:反映经税务、财政、审计部门检查并在本期调整的销售情况。

5. 第9列至第11列“合计”:按照表中所列公式填写。

营业税改征增值税的纳税人,服务、不动产和无形资产有扣除项目的,第1列至第11列应填写扣除之前的征(免)税销售额、销项(应纳)税额和价税合计额。

6. 第12列“服务、不动产和无形资产扣除项目本期实际扣除金额”:营业税改征增值税的纳税人,服务、不动产和无形资产有扣除项目的,按附列资料(三)第5列对应各行次数据填写,其中本列第5栏等于附列资料(三)第5列第3行与第4行之和本实训部分的增值税、纳税人非营改增纳税人,此处省略《附列资料(三)》;服务、不动产和无形资产无扣除项目的,本列填写“0”。其他纳税人不填写。

营业税改征增值税的纳税人,服务、不动产和无形资产按规定汇总计算缴纳增值税的分支机构,当期服务、不动产和无形资产有扣除项目的,填入本列第13行。

7. 第13列“扣除后”“含税(免税)销售额”:营业税改征增值税的纳税人,服务、不动产和无形资产有扣除项目的,本列各行次=第11列对应各行次-第12列对应各行次。其他纳税人不填写。

8. 第14列“扣除后”“销项(应纳)税额”:营业税改征增值税的纳税人,按以下要求填写本列,其他纳税人不填写。

(1) 服务、不动产和无形资产按照一般计税方法计税。

本列第2行、第4行:若本行第12列为0,则该行次第14列等于第10列。若本行第12列不为0,则仍按照第14列所列公式计算。计算后的结果与纳税人实际计提销项税额有差异的,按实际填写。

本列第5行=第13列÷(100%+对应行次税率)×对应行次税率。

本列第7行“按一般计税方法计税的即征即退服务、不动产和无形资产”具体填写要求见“各行说明”第2条第(2)项第③点的说明。

(2) 服务、不动产和无形资产按照简易计税方法计税。

本列各行次=第13列÷(100%+对应行次征收率)×对应行次征收率。

本列第13行“预征率%”不按本列的说明填写。具体填写要求见“各行说明”第4条第(2)项。

(3) 服务、不动产和无形资产实行免抵退税或免税的,本列不填写。

（三）各行说明。

1. 第 1 行至第 5 行“一、一般计税方法计税”“全部征税项目”各行：按不同税率和项目分别填写按一般计税方法计算增值税的全部征税项目。有即征即退征税项目的纳税人，本部分数据中既包括即征即退征税项目，又包括不享受即征即退政策的一般征税项目。

2. 第 6 行至第 7 行“一、一般计税方法计税”“其中：即征即退项目”各行：只反映按一般计税方法计算增值税的即征即退项目。按照税法规定不享受即征即退政策的纳税人，不填写本行。即征即退项目是全部征税项目的其中数。

（1）第 6 行“即征即退货物及加工修理修配劳务”：反映按一般计税方法计算增值税且享受即征即退政策的货物和加工修理修配劳务。本行不包括服务、不动产和无形资产的内容。

① 本行第 9 列“合计”“销售额”栏：反映按一般计税方法计算增值税且享受即征即退政策的货物及加工修理修配劳务的不含税销售额。该栏不按第 9 列所列公式计算，应按照税法规定据实填写。

② 本行第 10 列“合计”“销项（应纳）税额”栏：反映按一般计税方法计算增值税且享受即征即退政策的货物及加工修理修配劳务的销项税额。该栏不按第 10 列所列公式计算，应按照税法规定据实填写。

（2）第 7 行“即征即退服务、不动产和无形资产”：反映按一般计税方法计算增值税且享受即征即退政策的服务、不动产和无形资产。本行不包括货物及加工修理修配劳务的内容。

① 本行第 9 列“合计”“销售额”栏：反映按一般计税方法计算增值税且享受即征即退政策的服务、不动产和无形资产的不含税销售额。服务、不动产和无形资产有扣除项目的，按扣除之前的不含税销售额填写。该栏不按第 9 列所列公式计算，应按照税法规定据实填写。

② 本行第 10 列“合计”“销项（应纳）税额”栏：反映按一般计税方法计算增值税且享受即征即退政策的服务、不动产和无形资产的销项税额。服务、不动产和无形资产有扣除项目的，按扣除之前的销项税额填写。该栏不按第 10 列所列公式计算，应按照税法规定据实填写。

③ 本行第 14 列“扣除后”“销项（应纳）税额”栏：反映按一般计税方法征收增值税且享受即征即退政策的服务、不动产和无形资产实际应计提的销项税额。服务、不动产和无形资产有扣除项目的，按扣除之后的销项税额填写；服务、不动产和无形资产无扣除项目的，按本行第 10 列填写。该栏不按第 14 列所列公式计算，应按照税法规定据实填写。

3. 第 8 行至第 12 行“二、简易计税方法计税”“全部征税项目”各行：按不同征收率和项目分别填写按简易计税方法计算增值税的全部征税项目。有即征即退征税项目的纳税人，本部分数据中既包括即征即退项目，也包括不享受即征即退政策的一般征税项目。

4. 第 13a 行至第 13c 行“二、简易计税方法计税”“预征率％”：反映营业税改征增值税的纳税人，服务、不动产和无形资产按规定汇总计算缴纳增值税的分支机构，预征增值税销售额、预征增值税应纳税额。其中，第 13a 行“预征率％”适用于所有实行汇总计算缴纳增值税的分支机构纳税人；第 13b 行、第 13c 行“预征率％”适用于部分实行汇总计算缴纳增值税的铁路运输纳税人。

（1）第 13a 行至第 13c 行第 1 列至第 6 列按照销售额和销项税额的实际发生数填写。

（2）第 13a 行至第 13c 行第 14 列，纳税人按“应预征缴纳的增值税＝应预征增值税销售额×预征率”公式计算后据实填写。

5. 第 14 行至第 15 行“二、简易计税方法计税”“其中：即征即退项目”各行：只反映按简易计税方法计算增值税的即征即退项目。按照税法规定不享受即征即退政策的纳税人，不填写本行。即征即退项目是全部征税项目的其中数。

（1）第 14 行“即征即退货物及加工修理修配劳务”：反映按简易计税方法计算增值税且享受即征即退政策的货物及加工修理修配劳务。本行不包括服务、不动产和无形资产的内容。

① 本行第 9 列“合计”“销售额”栏：反映按简易计税方法计算增值税且享受即征即退政策的货物及加工修理修配劳务的不含税销售额。该栏不按第 9 列所列公式计算，应按照税法规定据实填写。

② 本行第 10 列“合计”“销项（应纳）税额”栏：反映按简易计税方法计算增值税且享受即征即退政策的货物及加工修理修配劳务的应纳税额。该栏不按第 10 列所列公式计算，应按照税法规定据实填写。

（2）第 15 行“即征即退服务、不动产和无形资产”：反映按简易计税方法计算增值税且享受即征即退政策的服务、不动产和无形资产。本行不包括货物及加工修理修配劳务的内容。

① 本行第 9 列“合计”“销售额”栏：反映按简易计税方法计算增值税且享受即征即退政策的服务、不动产和无形资产的不含税销售额。服务、不动产和无形资产有扣除项目的，按扣除之前的不含税销售额填写。该栏不按第 9 列所列公式计算，应按照税法规定据实填写。

② 本行第 10 列“合计”“销项（应纳）税额”栏：反映按简易计税方法计算增值税且享受即征即退政策的服务、不动产和无形资产的应纳税额。服务、不动产和无形资产有扣除项目的，按扣除之前的应纳税额填写。该栏不按第 10 列所列公式计算，应按照税法规定据实填写。

③ 本行第 14 列“扣除后”“销项（应纳）税额”栏：反映按简易计税方法计算增值税且享受即征即退政策的服务、不动产和无形资产实际应计提的应纳税额。服务、不动产和无形资产有扣除项目的，按扣除之后的应纳税额填写；服务、不动产和无形资产无扣除项目的，按本行第 10 列填写。

6. 第 16 行“三、免抵退税”“货物及加工修理修配劳务”：反映适用免、抵、退税政策的出口货物、加工修理修配劳务。

7. 第 17 行“三、免抵退税”“服务、不动产和无形资产”：反映适用免、抵、退税政策的服务、不动产和无形资产。

8. 第 18 行“四、免税”“货物及加工修理修配劳务”：反映按照税法规定免征增值税的货物及劳务和适用零税率的出口货物及劳务，但零税率的销售额中不包括适用免、抵、退税办法的出口货物及劳务。

9. 第 19 行“四、免税”“服务、不动产和无形资产”：反映按照税法规定免征增值税的服务、不动产、无形资产和适用零税率的服务、不动产、无形资产，但零税率的销售额中不包括适用免、抵、退税办法的服务、不动产和无形资产。

附表 2-4

## 增值税及附加税费申报表附列资料(二)

(本期进项税额明细)

纳税人名称:(公章)　　税款所属时间:　年　月　日至　年　月　日

金额单位:元(列至角分)

| 一、申报抵扣的进项税额 | | | | |
|---|---|---|---|---|
| 项目 | 栏次 | 份数 | 金额 | 税额 |
| (一)认证相符的增值税专用发票 | 1=2+3 | | | |
| 其中:本期认证相符且本期申报抵扣 | 2 | | | |
| 前期认证相符且本期申报抵扣 | 3 | | | |
| (二)其他扣税凭证 | 4=5+6+7+8a+8b | | | |
| 其中:海关进口增值税专用缴款书 | 5 | | | |
| 农产品收购发票或者销售发票 | 6 | | | |
| 代扣代缴税收缴款凭证 | 7 | | — | |
| 加计扣除农产品进项税额 | 8a | — | — | |
| 其他 | 8b | | | |
| (三)本期用于购建不动产的扣税凭证 | 9 | | | |
| (四)本期用于抵扣的旅客运输服务扣税凭证 | 10 | | | |
| (五)外贸企业进项税额抵扣证明 | 11 | — | — | |
| 当期申报抵扣进项税额合计 | 12=1+4+11 | | | |

| 二、进项税额转出额 | | |
|---|---|---|
| 项目 | 栏次 | 税额 |
| 本期进项税转出额 | 13=14至23之和 | |
| 其中:免税项目用 | 14 | |
| 集体福利、个人消费 | 15 | |
| 非正常损失 | 16 | |
| 简易计税办法征税项目用 | 17 | |
| 免抵退税办法不得抵扣的进项税额 | 18 | |

（续表）

| 二、进项税额转出额 | | | | |
|---|---|---|---|---|
| 项目 | 栏次 | 税额 | | |
| 纳税检查调减进项税额 | 19 | | | |
| 红字专用发票信息表注明的进项税额 | 20 | | | |
| 上期留抵税额抵减欠税 | 21 | | | |
| 上期留抵税额退税 | 22 | | | |
| 异常凭证转出进项税额 | 23a | | | |
| 其他应作进项税额转出的情形 | 23b | | | |
| 三、待抵扣进项税额 | | | | |
| 项目 | 栏次 | 份数 | 金额 | 税额 |
| （一）认证相符的增值税专用发票 | 24 | — | — | — |
| 期初已认证相符但未申报抵扣 | 25 | | | |
| 本期认证相符且本期未申报抵扣 | 26 | | | |
| 期末已认证相符但未申报抵扣 | 27 | | | |
| 其中：按照税法规定不允许抵扣 | 28 | | | |
| （二）其他扣税凭证 | 29＝30至33之和 | | | |
| 其中：海关进口增值税专用缴款书 | 30 | | | |
| 农产品收购发票或者销售发票 | 31 | | | |
| 代扣代缴税收缴款凭证 | 32 | | — | |
| 其他 | 33 | | | |
| | 34 | | | |
| 四、其他 | | | | |
| 项目 | 栏次 | 份数 | 金额 | 税额 |
| 本期认证相符的增值税专用发票 | 35 | | | |
| 代扣代缴税额 | 36 | — | — | |

## 增值税及附加税费申报表附列资料(二)填写说明

(一)“税款所属时间”“纳税人名称”的填写同主表。

(二)第1栏至第12栏“一、申报抵扣的进项税额”:分别反映纳税人按税法规定符合抵扣条件,在本期申报抵扣的进项税额。

1. 第1栏“(一)认证相符的增值税专用发票”:反映纳税人取得的认证相符本期申报抵扣的增值税专用发票情况。该栏应等于第2栏“本期认证相符且本期申报抵扣”与第3栏“前期认证相符且本期申报抵扣”数据之和。适用取消增值税发票认证规定的纳税人,通过增值税发票选择确认平台选择用于抵扣的增值税专用发票,视为“认证相符”(下同)。

2. 第2栏“其中:本期认证相符且本期申报抵扣”:反映本期认证相符且本期申报抵扣的增值税专用发票的情况。本栏是第1栏的其中数,本栏只填写本期认证相符且本期申报抵扣的部分。

3. 第3栏“前期认证相符且本期申报抵扣”:反映前期认证相符且本期申报抵扣的增值税专用发票的情况。

辅导期纳税人依据税务机关告知的稽核比对结果通知书及明细清单注明的稽核相符的增值税专用发票填写本栏。本栏是第1栏的其中数。

纳税人本期申报抵扣的收费公路通行费增值税电子普通发票(以下简称通行费电子发票)应当填写在第1栏至第3栏对应栏次中。

第1栏至第3栏中涉及的增值税专用发票均不包含从小规模纳税人处购进农产品时取得的专用发票,但购进农产品未分别核算用于生产销售13%税率货物和其他货物服务的农产品进项税额情况除外。

4. 第4栏“(二)其他扣税凭证”:反映本期申报抵扣的除增值税专用发票之外的其他扣税凭证的情况,具体包括:海关进口增值税专用缴款书、农产品收购发票或者销售发票(含农产品核定扣除的进项税额)、代扣代缴税收完税凭证、加计扣除农产品进项税额和其他符合政策规定的扣税凭证。该栏应等于第5栏至第8b栏之和。

5. 第5栏“海关进口增值税专用缴款书”:反映本期申报抵扣的海关进口增值税专用缴款书的情况。按规定执行海关进口增值税专用缴款书先比对后抵扣的,纳税人需依据税务机关告知的稽核比对结果通知书及明细清单注明的稽核相符的海关进口增值税专用缴款书填写本栏。

6. 第6栏“农产品收购发票或者销售发票”:反映纳税人本期购进农业生产者自产农产品取得(开具)的农产品收购发票或者销售发票情况。从小规模纳税人处购进农产品时取得增值税专用发票情况填写在本栏,但购进农产品未分别核算用于生产销售13%税率货物和其他货物服务的农产品进项税额情况除外。

“税额”栏=农产品销售发票或者收购发票上注明的农产品买价×9%+增值税专用发票上注明的金额×9%。

上述公式中的“增值税专用发票”是指纳税人从小规模纳税人处购进农产品时取得的专用发票。

执行农产品增值税进项税额核定扣除办法的,填写当期允许抵扣的农产品增值税进项税额,不填写“份数”“金额”。

7．第 7 栏“代扣代缴税收缴款凭证”：填写本期按规定准予抵扣的完税凭证上注明的增值税额。

8．第 8a 栏“加计扣除农产品进项税额”：填写纳税人将购进的农产品用于生产销售或委托受托加工 13％税率货物时加计扣除的农产品进项税额。该栏不填写“份数”“金额”。

9．第 8b 栏“其他”：反映按规定本期可以申报抵扣的其他扣税凭证情况。

纳税人按照规定不得抵扣且未抵扣进项税额的固定资产、无形资产、不动产，发生用途改变，用于允许抵扣进项税额的应税项目，可在用途改变的次月将按公式计算出的可以抵扣的进项税额，填入本栏“税额”中。

10．第 9 栏“（三）本期用于购建不动产的扣税凭证”：反映按规定本期用于购建不动产的扣税凭证上注明的金额和税额。

购建不动产是指纳税人 2016 年 5 月 1 日后取得并在会计制度上按固定资产核算的不动产或者 2016 年 5 月 1 日后取得的不动产在建工程。取得不动产，包括以直接购买、接受捐赠、接受投资入股、自建以及抵债等各种形式取得不动产，不包括房地产开发企业自行开发的房地产项目。

本栏次包括第 1 栏中本期用于购建不动产的增值税专用发票和第 4 栏中本期用于购建不动产的其他扣税凭证。

本栏“金额”“税额”≥0。

11．第 10 栏“（四）本期用于抵扣的旅客运输服务扣税凭证”：反映按规定本期购进旅客运输服务，所取得的扣税凭证上注明或按规定计算的金额和税额。

本栏次包括第 1 栏中按规定本期允许抵扣的购进旅客运输服务取得的增值税专用发票和第 4 栏中按规定本期允许抵扣的购进旅客运输服务取得的其他扣税凭证。

本栏“金额”“税额”≥0。

第 9 栏“（三）本期用于购建不动产的扣税凭证”＋第 10 栏“（四）本期用于抵扣的旅客运输服务扣税凭证”税额≤第 1 栏“认证相符的增值税专用发票”＋第 4 栏“其他扣税凭证”税额。

12．第 11 栏“（五）外贸企业进项税额抵扣证明”：填写本期申报抵扣的税务机关出口退税部门开具的《出口货物转内销证明》列明允许抵扣的进项税额。

13．第 12 栏“当期申报抵扣进项税额合计”：反映本期申报抵扣进项税额的合计数。按表中所列公式计算填写。

（三）第 13 栏至第 23b 栏“二、进项税额转出额”各栏：分别反映纳税人已经抵扣但按规定应在本期转出的进项税额明细情况。

1．第 13 栏“本期进项税额转出额”：反映已经抵扣但按规定应在本期转出的进项税额合计数。按表中所列公式计算填写。

2．第 14 栏“免税项目用”：反映用于免征增值税项目，按规定应在本期转出的进项税额。

3．第 15 栏“集体福利、个人消费”：反映用于集体福利或者个人消费，按规定应在本期转出的进项税额。

4．第 16 栏“非正常损失”：反映纳税人发生非正常损失，按规定应在本期转出的进项税额。

5. 第 17 栏"简易计税方法征税项目用":反映用于按简易计税方法征税项目,按规定应在本期转出的进项税额。

营业税改征增值税的纳税人,服务、不动产和无形资产按规定汇总计算缴纳增值税的分支机构,当期应由总机构汇总的进项税额也填入本栏。

6. 第 18 栏"免抵退税办法不得抵扣的进项税额":反映按照免、抵、退税办法的规定,由于征税税率与退税税率存在税率差,在本期应转出的进项税额。

7. 第 19 栏"纳税检查调减进项税额":反映税务、财政、审计部门检查后而调减的进项税额。

8. 第 20 栏"红字专用发票信息表注明的进项税额":填写增值税发票管理系统校验通过的开具红字增值税专用发票信息表注明的在本期应转出的进项税额。

9. 第 21 栏"上期留抵税额抵减欠税":填写本期经税务机关同意,使用上期留抵税额抵减欠税的数额。

10. 第 22 栏"上期留抵税额退税":填写本期经税务机关批准的上期留抵税额退税额。

11. 第 23a 栏"异常凭证转出进项税额":填写本期异常增值税扣税凭证转出的进项税额。异常增值税扣税凭证转出后,经核实允许继续抵扣的,纳税人重新确认用于抵扣的,在本栏次填入负数。

12. 第 23b 栏"其他应作进项税额转出的情形":反映除上述进项税额转出情形外,其他应在本期转出的进项税额。

(四) 第 24 栏至第 34 栏"三、待抵扣进项税额"各栏:分别反映纳税人已经取得,但按税法规定不符合抵扣条件,暂不予在本期申报抵扣的进项税额情况及按税法规定不允许抵扣的进项税额情况。

1. 第 24 栏至第 28 栏涉及的增值税专用发票均不包括从小规模纳税人处购进农产品时取得的专用发票,但购进农产品未分别核算用于生产销售 13% 税率货物和其他货物服务的农产品进项税额情况除外。

2. 第 25 栏"期初已认证相符但未申报抵扣":反映前期认证相符,但按照税法规定暂不予抵扣及不允许抵扣,结存至本期的增值税专用发票情况。辅导期纳税人填写认证相符但未收到稽核比对结果的增值税专用发票期初情况。

3. 第 26 栏"本期认证相符且本期未申报抵扣":反映本期认证相符,但按税法规定暂不予抵扣及不允许抵扣,而未申报抵扣的增值税专用发票情况。辅导期纳税人填写本期认证相符但未收到稽核比对结果的增值税专用发票情况。

4. 第 27 栏"期末已认证相符但未申报抵扣":反映截至本期期末,按照税法规定仍暂不予抵扣及不允许抵扣且已认证相符的增值税专用发票情况。辅导期纳税人填写截至本期期末已认证相符但未收到稽核比对结果的增值税专用发票期末情况。

5. 第 28 栏"其中:按照税法规定不允许抵扣":反映截至本期期末已认证相符但未申报抵扣的增值税专用发票中,按照税法规定不允许抵扣的增值税专用发票情况。

纳税人本期期末已认证相符待抵扣的通行费电子发票应当填写在第 24 栏至第 28 栏对应栏次中。

6. 第 29 栏"(二)其他扣税凭证":反映截至本期期末仍未申报抵扣的除增值税专用发票之外的其他扣税凭证情况,具体包括:海关进口增值税专用缴款书、农产品收购发票或者销售发票、代扣代缴税收完税凭证和其他符合政策规定的扣税凭证。该栏应等于第 30 栏至第 33 栏之和。

7. 第 30 栏“海关进口增值税专用缴款书”：反映已取得但截至本期期末仍未申报抵扣的海关进口增值税专用缴款书情况，包括纳税人未收到稽核比对结果的海关进口增值税专用缴款书情况。

8. 第 31 栏“农产品收购发票或者销售发票”：反映已取得但截至本期期末仍未申报抵扣的农产品收购发票或者农产品销售发票情况。从小规模纳税人处购进农产品时取得增值税专用发票情况填写在本栏，但购进农产品未分别核算用于生产销售 13% 税率货物和其他货物服务的农产品进项税额情况除外。

9. 第 32 栏“代扣代缴税收缴款凭证”：反映已取得但截至本期期末仍未申报抵扣的代扣代缴税收完税凭证情况。

10. 第 33 栏“其他”：反映已取得但截至本期期末仍未申报抵扣的其他扣税凭证的情况。

（五）第 35 栏至第 36 栏“四、其他”各栏。

1. 第 35 栏“本期认证相符的增值税专用发票”：反映本期认证相符的增值税专用发票的情况。纳税人本期认证相符的通行费电子发票应当填写在本栏次中。

2. 第 36 栏“代扣代缴税额”：填写纳税人根据《中华人民共和国增值税暂行条例》第十八条扣缴的应税劳务增值税额与根据营业税改征增值税有关政策规定扣缴的服务、不动产和无形资产增值税额之和。

附表 2-5

## 增值税及附加税费申报表附列资料(五)

(附加税费情况表)

税(费)款所属时间： 年 月 日至 年 月 日

纳税人名称:(公章)　　　　金额单位:元(列至角分)

| 税(费)种 | | 计税(费)依据 | | | 税(费)率(%) | 本期应纳税(费)额 | 本期减免税(费)额 | | 试点建设培育产教融合型企业 | | 本期已缴税(费)额 | 本期应补(退)税(费)额 |
|---|---|---|---|---|---|---|---|---|---|---|---|---|
| | | 增值税税额 | 增值税免抵税额 | 留抵退税本期扣除额 | | | 减免性质代码 | 减免税(费)额 | 减免性质代码 | 本期抵免金额 | | |
| | | 1 | 2 | 3 | 4 | 5=(1+2-3)×4 | 6 | 7 | 8 | 9 | 10 | 11=5-7-9-10 |
| 城市维护建设税 | 1 | | | | | | | | — | — | | |
| 教育费附加 | 2 | | | | | | | | | | | |
| 地方教育附加 | 3 | | | | | | | | | | | |
| 合计 | 4 | — | — | — | — | | — | | — | | | |
| 本期是否适用试点建设培育产教融合型企业抵免政策 | | | | | □是 □否 | 当期新增投资额 | | | | 5 | | |
| | | | | | | 上期留抵可抵免金额 | | | | 6 | | |
| | | | | | | 结转下期可抵免金额 | | | | 7 | | |
| 可用于扣除的增值税留抵退税额使用情况 | | | | | | 当期新增可用于扣除的留抵退税额 | | | | 8 | | |
| | | | | | | 上期结存可用于扣除的留抵退税额 | | | | 9 | | |
| | | | | | | 结转下期可用于扣除的留抵退税额 | | | | 10 | | |

**附表 2-6**

## 增值税及附加税费申报表

（一般纳税人适用）

根据国家税收法律法规及增值税相关规定制定本表。纳税人不论有无销售额，均应按税务机关核定的纳税期限填写本表，并向当地税务机关申报。

税款所属时间：自　　年　　月　　日至　　年　　月　　日　　　填表日期：　　年　　月　　日　　　　金额单位：元（列至角分）

纳税人识别号（统一社会信用代码）：　　　　　　　　所属行业：

| 纳税人名称 | | 法定代表人姓名 | | 注册地址 | | 生产经营地址 | |
|---|---|---|---|---|---|---|---|
| 开户银行及账号 | | 登记注册类型 | | | | 电话号码 | |

| 项目 | | 栏次 | 一般项目 | | 即征即退项目 | |
|---|---|---|---|---|---|---|
| | | | 本月数 | 本年累计 | 本月数 | 本年累计 |
| 销售额 | （一）按适用税率计税销售额 | 1 | | | | |
| | 其中：应税货物销售额 | 2 | | | | |
| | 应税劳务销售额 | 3 | | | | |
| | 纳税检查调整的销售额 | 4 | | | | |
| | （二）按简易办法计税销售额 | 5 | | | | |
| | 其中：纳税检查调整的销售额 | 6 | | | | |
| | （三）免、抵、退办法出口销售额 | 7 | | | — | — |
| | （四）免税销售额 | 8 | | | — | — |
| | 其中：免税货物销售额 | 9 | | | — | — |
| | 免税劳务销售额 | 10 | | | — | — |
| 税款计算 | 销项税额 | 11 | | | | |
| | 进项税额 | 12 | | | | |
| | 上期留抵税额 | 13 | | | | — |
| | 进项税额转出 | 14 | | | | |

（续表）

| 项　目 | | 栏次 | 一般项目 | | 即征即退项目 | |
|---|---|---|---|---|---|---|
| | | | 本月数 | 本年累计 | 本月数 | 本年累计 |
| 税款计算 | 免、抵、退应退税额 | 15 | | | — | — |
| | 按适用税率计算的纳税检查应补缴税额 | 16 | | | — | — |
| | 应抵扣税额合计 | 17＝12＋13－14－15＋16 | | — | | — |
| | 实际抵扣税额 | 18（如 17＜11，则为 17，否则为 11） | | | | |
| | 应纳税额 | 19＝11－18 | | | | |
| | 期末留抵税额 | 20＝17－18 | | | | — |
| | 简易计税办法计算的应纳税额 | 21 | | | | |
| | 按简易计税办法计算的纳税检查应补缴税额 | 22 | | | — | — |
| | 应纳税额减征额 | 23 | | | | |
| | 应纳税额合计 | 24＝19＋21－23 | | | | |
| 税款缴纳 | 期初未缴税额（多缴为负数） | 25 | | | | |
| | 实收出口开具专用缴款书退税额 | 26 | | | — | — |
| | 本期已缴税额 | 27＝28＋29＋30＋31 | | | | |
| | ① 分次预缴税额 | 28 | | — | | — |
| | ② 出口开具专用缴款书预缴税额 | 29 | | — | — | — |
| | ③ 本期缴纳上期应纳税额 | 30 | | | | |
| | ④ 本期缴纳欠缴税额 | 31 | | | | |

（续表）

| 项目 | | 栏次 | 一般项目 | | 即征即退项目 | |
|---|---|---|---|---|---|---|
| | | | 本月数 | 本年累计 | 本月数 | 本年累计 |
| 税款缴纳 | 期末未缴税额（多缴为负数） | 32＝24＋25＋26－27 | | | | |
| | 其中：欠缴税额（≥0） | 33＝25＋26－27 | | — | | — |
| | 本期应补（退）税额 | 34＝24－28－29 | | — | | — |
| | 即征即退实际退税额 | 35 | — | — | | |
| | 期初未缴查补税额 | 36 | | | — | — |
| | 本期入库查补税额 | 37 | | | — | — |
| | 期末未缴查补税额 | 38＝16＋22＋36－37 | | | — | — |
| 附加税费 | 城市维护建设税本期应补（退）税额 | 39 | | | — | — |
| | 教育费附加本期应补（退）费额 | 40 | | | — | — |
| | 地方教育附加本期应补（退）费额 | 41 | | | — | — |

声明：此表是根据国家税收法律法规及相关规定填写的，本人（单位）对填报内容（及附带资料）的真实性、可靠性、完整性负责。

纳税人（签章）：　　　年　月　日

经办人：
经办人身份证号：
代理机构签章：
代理机构统一社会信用代码：

受理人：

受理税务机关（章）：　　　受理日期：　　　年　月　日

## 增值税及附加税费申报表填写说明

1. “税款所属时间”：纳税人申报的增值税应纳税额的所属时间，应填写具体的起止年、月、日。

2. “填表日期”：纳税人填写本表的具体日期。

3. “纳税人识别号(统一社会信用代码)”：填写纳税人的统一社会信用代码或纳税人识别号。

4. “所属行业”：按照国民经济行业分类与代码中的小类行业填写。

5. “纳税人名称”：填写纳税人单位名称全称。

6. “法定代表人姓名”：填写纳税人法定代表人的姓名。

7. “注册地址”：填写纳税人税务登记证件所注明的详细地址。

8. “生产经营地址”：填写纳税人实际生产经营地的详细地址。

9. “开户银行及账号”：填写纳税人开户银行的名称和纳税人在该银行的结算账户号码。

10. “登记注册类型”：按纳税人税务登记证件的栏目内容填写。

11. “电话号码”：填写可联系到纳税人的常用电话号码。

12. “即征即退项目”列：填写纳税人按规定享受增值税即征即退政策的货物、劳务和服务、不动产、无形资产的征(退)税数据。

13. “一般项目”列：填写除享受增值税即征即退政策以外的货物、劳务和服务、不动产、无形资产的征(免)税数据。

14. “本年累计”列：一般填写本年度内各月“本月数”之和。其中，第 13 栏、第 20 栏、第 25 栏、第 32 栏、第 36 栏、第 38 栏及第 18 栏“实际抵扣税额”“一般项目”列的“本年累计”分别按本填写说明第 27 条、第 34 条、第 39 条、第 46 条、第 50 条、第 52 条、第 32 条要求填写。

15. 第 1 栏“(一)按适用税率计税销售额”：填写纳税人本期按一般计税方法计算缴纳增值税的销售额，包含在财务上不作销售但按税法规定应缴纳增值税的视同销售和价外费用的销售额；外贸企业作价销售进料加工复出口货物的销售额；税务、财政、审计部门检查后按一般计税方法计算调整的销售额。

营业税改征增值税的纳税人，服务、不动产和无形资产有扣除项目的，本栏应填写扣除之前的不含税销售额。

本栏“一般项目”列“本月数”＝附列资料(一)第 9 列第 1 行至第 5 行之和－第 9 列第 6 行、第 7 行之和。

本栏“即征即退项目”列“本月数”＝附列资料(一)第 9 列第 6 行、第 7 行之和。

16. 第 2 栏“其中：应税货物销售额”：填写纳税人本期按适用税率计算增值税的应税货物的销售额，包含在财务上不作销售但按税法规定应缴纳增值税的视同销售货物和价外费用销售额，以及外贸企业作价销售进料加工复出口货物的销售额。

17. 第 3 栏“应税劳务销售额”：填写纳税人本期按适用税率计算增值税的应税劳务的销售额。

18. 第 4 栏“纳税检查调整的销售额”：填写纳税人因税务、财政、审计部门检查，并按一般计税方法在本期计算调整的销售额。但享受增值税即征即退政策的货物、劳务和服务、不动产、无形资产，经纳税检查属于偷税的，不填入“即征即退项目”列，而应填入“一般项目”列。

营业税改征增值税的纳税人，服务、不动产和无形资产有扣除项目的，本栏应填写扣除之前的不含税销售额。

本栏“一般项目”列“本月数”＝附列资料(一)第7列第1行至第5行之和。

19. 第5栏“按简易办法计税销售额”：填写纳税人本期按简易计税方法计算增值税的销售额，包含纳税检查调整按简易计税方法计算增值税的销售额。

营业税改征增值税的纳税人，服务、不动产和无形资产有扣除项目的，本栏应填写扣除之前的不含税销售额；服务、不动产和无形资产按规定汇总计算缴纳增值税的分支机构，其当期按预征率计算缴纳增值税的销售额也填入本栏。

本栏“一般项目”列“本月数”≥附列资料(一)第9列第8行至第13b行之和－第9列第14行、第15行之和。

本栏“即征即退项目”列“本月数”≥附列资料(一)第9列第14行、第15行之和。

20. 第6栏“其中：纳税检查调整的销售额”：填写纳税人因税务、财政、审计部门检查，并按简易计税方法在本期计算调整的销售额。但享受增值税即征即退政策的货物、劳务和服务、不动产、无形资产，经纳税检查属于偷税的，不填入“即征即退项目”列，而应填入“一般项目”列。

营业税改征增值税的纳税人，服务、不动产和无形资产有扣除项目的，本栏应填写扣除之前的不含税销售额。

21. 第7栏“免、抵、退办法出口销售额”：填写纳税人本期适用免、抵、退税办法的出口货物、劳务和服务、无形资产的销售额。

营业税改征增值税的纳税人，服务、无形资产有扣除项目的，本栏应填写扣除之前的销售额。

本栏“一般项目”列“本月数”＝附列资料(一)第9列第16行、第17行之和。

22. 第8栏“免税销售额”：填写纳税人本期按照税法规定免征增值税的销售额和适用零税率的销售额，但零税率的销售额中不包括适用免、抵、退税办法的销售额。

营业税改征增值税的纳税人，服务、不动产和无形资产有扣除项目的，本栏应填写扣除之前的免税销售额。

本栏“一般项目”列“本月数”＝附列资料(一)第9列第18行、第19行之和。

23. 第9栏“其中：免税货物销售额”：填写纳税人本期按照税法规定免征增值税的货物销售额及适用零税率的货物销售额，但零税率的销售额中不包括适用免、抵、退税办法出口货物的销售额。

24. 第10栏“免税劳务销售额”：填写纳税人本期按照税法规定免征增值税的劳务销售额及适用零税率的劳务销售额，但零税率的销售额中不包括适用免、抵、退税办法的劳务的销售额。

25. 第11栏“销项税额”：填写纳税人本期按一般计税方法计税的货物、劳务和服务、不动产、无形资产的销项税额。

营业税改征增值税的纳税人，服务、不动产和无形资产有扣除项目的，本栏应填写扣除之后的销项税额。

本栏“一般项目”列“本月数”＝附列资料(一)(第10列第1行、第3行之和－第10列第6行)＋(第14列第2行、第4行、第5行之和－第14列第7行)。

本栏“即征即退项目”列“本月数”＝附列资料(一)第10列第6行＋第14列第7行。

26. 第12栏“进项税额”：填写纳税人本期申报抵扣的进项税额。

本栏“一般项目”列“本月数”＋“即征即退项目”列“本月数”＝附列资料(二)第12栏“税额”。

27. 第13栏“上期留抵税额”：“本月数”按上一税款所属期申报表第20栏“期末留抵税额”“本月数”填写。本栏“一般项目”列“本年累计”不填写。

28. 第14栏“进项税额转出”：填写纳税人已经抵扣，但按税法规定本期应转出的进项税额。

本栏“一般项目”列“本月数”＋“即征即退项目”列“本月数”＝附列资料(二)第13栏“税额”。

29. 第15栏“免、抵、退应退税额”：反映税务机关退税部门按照出口货物、劳务和服务、无形资产免、抵、退办法审批的增值税应退税额。

30. 第16栏“按适用税率计算的纳税检查应补缴税额”：填写税务、财政、审计部门检查，按一般计税方法计算的纳税检查应补缴的增值税税额。

本栏“一般项目”列“本月数”≤附列资料(一)第8列第1行至第5行之和＋附列资料(二)第19栏。

31. 第17栏“应抵扣税额合计”：填写纳税人本期应抵扣进项税额的合计数。按表中所列公式计算填写。

32. 第18栏“实际抵扣税额”：“本月数”按表中所列公式计算填写。本栏“一般项目”列“本年累计”不填写。

33. 第19栏“应纳税额”：反映纳税人本期按一般计税方法计算并应缴纳的增值税额。

(1) 适用加计抵减政策的纳税人，按以下公式填写。

本栏“一般项目”列“本月数”＝第11栏“销项税额”“一般项目”列“本月数”－第18栏“实际抵扣税额”“一般项目”列“本月数”－“实际抵减额”。

本栏“即征即退项目”列“本月数”＝第11栏“销项税额”“即征即退项目”列“本月数”－第18栏“实际抵扣税额”“即征即退项目”列“本月数”－“实际抵减额”。

适用加计抵减政策的纳税人是指，按照规定计提加计抵减额，并可从本期适用一般计税方法计算的应纳税额中抵减的纳税人(下同)。“实际抵减额”是指按照规定可从本期适用一般计税方法计算的应纳税额中抵减的加计抵减额，分别对应增值税纳税申报表附列资料(四)第6行“一般项目加计抵减额计算”、第7行“即征即退项目加计抵减额计算”的“本期实际抵减额”列。

(2) 其他纳税人按表中所列公式填写。

34. 第20栏“期末留抵税额”：“本月数”按表中所列公式填写。本栏“一般项目”列“本年累计”不填写。

35. 第21栏“简易计税办法计算的应纳税额”：反映纳税人本期按简易计税方法计算并应缴纳的增值税额，但不包括按简易计税方法计算的纳税检查应补缴税额。按以下公式计算填写：

本栏“一般项目”列“本月数”＝附列资料（一）（第10列第8行、第9a行、第10行、第11行之和－第10列第14行）＋（第14列第9b行、第12行、第13a行、第13b行之和－第14列第15行）。

本栏“即征即退项目”列“本月数”＝附列资料（一）第10列第14行＋第14列第15行。

营业税改征增值税的纳税人，服务、不动产和无形资产按规定汇总计算缴纳增值税的分支机构，应将预征增值税额填入本栏。预征增值税额＝应预征增值税的销售额×预征率。

36. 第22栏“按简易计税办法计算的纳税检查应补缴税额”：填写纳税人本期因税务、财政、审计部门检查并按简易计税方法计算的纳税检查应补缴税额。

37. 第23栏“应纳税额减征额”：填写纳税人本期按照税法规定减征的增值税应纳税额，包含按照规定可在增值税应纳税额中全额抵减的增值税税控系统专用设备费用以及技术维护费。

当本期减征额小于或等于第19栏“应纳税额”与第21栏“简易计税办法计算的应纳税额”之和时，按本期减征额实际填写；当本期减征额大于第19栏“应纳税额”与第21栏“简易计税办法计算的应纳税额”之和时，按本期第19栏与第21栏之和填写。本期减征额不足抵减部分结转下期继续抵减。

38. 第24栏“应纳税额合计”：反映纳税人本期应缴增值税的合计数。按表中所列公式计算填写。

39. 第25栏“期初未缴税额（多缴为负数）”：“本月数”按上一税款所属期申报表第32栏“期末未缴税额（多缴为负数）”“本月数”填写。“本年累计”按上年度最后一个税款所属期申报表第32栏“期末未缴税额（多缴为负数）”“本年累计”填写。

40. 第26栏“实收出口开具专用缴款书退税额”：本栏不填写。

41. 第27栏“本期已缴税额”：反映纳税人本期实际缴纳的增值税额，但不包括本期入库的查补税款。按表中所列公式计算填写。

42. 第28栏“①分次预缴税额”：填写纳税人本期已缴纳的准予在本期增值税应纳税额中抵减的税额。

营业税改征增值税的纳税人，分以下几种情况填写：

（1）服务、不动产和无形资产按规定汇总计算缴纳增值税的总机构，其可以从本期增值税应纳税额中抵减的分支机构已缴纳的税款，按当期实际可抵减数填入本栏，不足抵减部分结转下期继续抵减。

（2）销售建筑服务并按规定预缴增值税的纳税人，其可以从本期增值税应纳税额中抵减的已缴纳的税款，按当期实际可抵减数填入本栏，不足抵减部分结转下期继续抵减。

（3）销售不动产并按规定预缴增值税的纳税人，其可以从本期增值税应纳税额中抵减的已缴纳的税款，按当期实际可抵减数填入本栏，不足抵减部分结转下期继续抵减。

（4）出租不动产并按规定预缴增值税的纳税人，其可以从本期增值税应纳税额中抵减的已缴纳的税款，按当期实际可抵减数填入本栏，不足抵减部分结转下期继续抵减。

43. 第29栏“②出口开具专用缴款书预缴税额”：本栏不填写。

44. 第30栏“③本期缴纳上期应纳税额”：填写纳税人本期缴纳上一税款所属期应缴未缴的增值税额。

45. 第31栏“④本期缴纳欠缴税额”：反映纳税人本期实际缴纳和留抵税额抵减的增值

税欠税额，但不包括缴纳入库的查补增值税额。

46. 第 32 栏“期末未缴税额(多缴为负数)”：“本月数”反映纳税人本期期末应缴未缴的增值税额，但不包括纳税检查应缴未缴的税额。按表中所列公式计算填写。“本年累计”与“本月数”相同。

47. 第 33 栏“其中：欠缴税额(≥0)”：反映纳税人按照税法规定已形成欠税的增值税额。按表中所列公式计算填写。

48. 第 34 栏“本期应补(退)税额”：反映纳税人本期应纳税额中应补缴或应退回的数额。按表中所列公式计算填写。

49. 第 35 栏“即征即退实际退税额”：反映纳税人本期因符合增值税即征即退政策规定，而实际收到的税务机关退回的增值税额。

50. 第 36 栏“期初未缴查补税额”：“本月数”按上一税款所属期申报表第 38 栏“期末未缴查补税额”“本月数”填写。“本年累计”按上年度最后一个税款所属期申报表第 38 栏“期末未缴查补税额”“本年累计”填写。

51. 第 37 栏“本期入库查补税额”：反映纳税人本期因税务、财政、审计部门检查而实际入库的增值税额，包括按一般计税方法计算并实际缴纳的查补增值税额和按简易计税方法计算并实际缴纳的查补增值税额。

52. 第 38 栏“期末未缴查补税额”：“本月数”反映纳税人接受纳税检查后应在本期期末缴纳而未缴纳的查补增值税额。按表中所列公式计算填写，“本年累计”与“本月数”相同。

53. 第 39 栏“城市维护建设税本期应补(退)税额”：填写纳税人按税法规定应当缴纳的城市维护建设税。本栏“一般项目”列“本月数”=《附列资料(五)》第 1 行第 11 列。

54. 第 40 栏“教育费附加本期应补(退)费额”：填写纳税人按规定应当缴纳的教育费附加。本栏“一般项目”列“本月数”=《附列资料(五)》第 2 行第 11 列。

55. 第 41 栏“地方教育附加本期应补(退)费额”：填写纳税人按规定应当缴纳的地方教育附加。本栏“一般项目”列“本月数”=《附列资料(五)》第 3 行第 11 列。

附表 2-7

应交税费——应交增值税　明细账

| 年 | | 凭证号数 | 摘要 | 借方 | 贷方 | 借或贷 | 余额 |
|---|---|---|---|---|---|---|---|
| 月 | 日 | | | | | | |
| | | | | | | | |
| | | | | | | | |
| | | | | | | | |
| | | | | | | | |
| | | | | | | | |
| | | | | | | | |
| | | | | | | | |
| | | | | | | | |
| | | | | | | | |
| | | | | | | | |
| | | | | | | | |
| | | | | | | | |
| | | | | | | | |
| | | | | | | | |

附表 2-8　　增值税及附加税费申报表(小规模纳税人适用)附列资料(一)

(服务、不动产和无形资产扣除项目明细)

税款所属期：　年　月　日至　年　月　日　　　填表日期：　年　月　日

纳税人名称(公章)：　　　　　　　　　　　　金额单位:元(列至角分)

| 应税行为(3%征收率)扣除额计算 | | | |
|---|---|---|---|
| 期初余额 | 本期发生额 | 本期扣除额 | 期末余额 |
| 1 | 2 | 3(3≤1+2之和，且3≤5) | 4=1+2-3 |
| | | | |
| 应税行为(3%征收率)计税销售额计算 | | | |
| 全部含税收入(适用3%征收率) | 本期扣除额 | 含税销售额 | 不含税销售额 |
| 5 | 6=3 | 7=5-6 | 8=7÷1.03 |
| | | | |
| 应税行为(5%征收率)扣除额计算 | | | |
| 期初余额 | 本期发生额 | 本期扣除额 | 期末余额 |
| 9 | 10 | 11(11≤9+10之和，且11≤13) | 12=9+10-11 |
| | | | |
| 应税行为(5%征收率)计税销售额计算 | | | |
| 全部含税收入(适用5%征收率) | 本期扣除额 | 含税销售额 | 不含税销售额 |
| 13 | 14=11 | 15=13-14 | 16=15÷1.05 |
| | | | |

附表 2-9

## 增值税及附加税费申报表(小规模纳税人适用)附列资料(二)

(附加税费情况表)

税(费)款所属时间:　　年　　月　　日至　　年　　月　　日

纳税人名称:(公章)　　　　　　　　　　金额单位:元(列至角分)

| 税(费)种 | 计税(费)依据 | 税(费)率(%) | 本期应纳税(费)额 | 本期减免税(费)额 | | 增值税小规模纳税人“六税两费”减征政策 | | 本期已缴税(费)额 | 本期应补(退)税(费)额 |
|---|---|---|---|---|---|---|---|---|---|
| | 增值税税额 | | | 减免性质代码 | 减免税(费)额 | 减征比例(%) | 减征额 | | |
| | 1 | 2 | 3=1×2 | 4 | 5 | 6 | 7=(3−5)×6 | 8 | 9=3−5−7−8 |
| 城市维护建设税 | | | | | | | | | |
| 教育费附加 | | | | | | | | | |
| 地方教育附加 | | | | | | | | | |
| 合　计 | — | — | | — | | — | | | |

**附表 2-10**

## 增值税及附加税费申报表

（小规模纳税人适用）

纳税人识别号(统一社会信用代码)：□□□□□□□□□□□□□□□□□□□□

纳税人名称：　　　　　　　　　　　　　　　　　　　　　　金额单位:元(列至角分)

税款所属期：　年　月　日至　年　月　日　　　　填表日期：　年　月　日

| | 项目 | 栏次 | 本期数 | | 本年累计 | |
|---|---|---|---|---|---|---|
| | | | 货物及劳务 | 服务、不动产和无形资产 | 货物及劳务 | 服务、不动产和无形资产 |
| 一、计税依据 | (一) 应征增值税不含税销售额(3%征收率) | 1 | | | | |
| | 增值税专用发票不含税销售额 | 2 | | | | |
| | 其他增值税发票不含税销售额 | 3 | | | | |
| | (二) 应征增值税不含税销售额(5%征收率) | 4 | — | | — | |
| | 增值税专用发票不含税销售额 | 5 | — | | — | |
| | 其他增值税发票不含税销售额 | 6 | — | | — | |
| | (三) 销售使用过的固定资产不含税销售额 | 7(7≥8) | | — | | — |
| | 其中:其他增值税发票不含税销售额 | 8 | | — | | — |
| | (四) 免税销售额 | 9＝10＋11＋12 | | | | |
| | 其中:小微企业免税销售额 | 10 | | | | |
| | 未达起征点销售额 | 11 | | | | |
| | 其他免税销售额 | 12 | | | | |
| | (五) 出口免税销售额 | 13(13≥14) | | | | |
| | 其中:其他增值税发票不含税销售额 | 14 | | | | |
| 二、税款计算 | 本期应纳税额 | 15 | | | | |
| | 本期应纳税额减征额 | 16 | | | | |
| | 本期免税额 | 17 | | | | |
| | 其中:小微企业免税额 | 18 | | | | |
| | 未达起征点免税额 | 19 | | | | |
| | 应纳税额合计 | 20＝15－16 | | | | |
| | 本期预缴税额 | 21 | | | — | — |
| | 本期应补(退)税额 | 22＝20－21 | | | — | — |
| 三、附加税费 | 城市维护建设税本期应补(退)税额 | 23 | | | | |
| | 教育费附加本期应补(退)费额 | 24 | | | | |
| | 地方教育附加本期应补(退)费额 | 25 | | | | |

声明:此表是根据国家税收法律法规及相关规定填写的,本人(单位)对填报内容(及附带资料)的真实性、可靠性、完整性负责。

纳税人(签章)：　　　年　月　日

| | |
|---|---|
| 经办人：<br>经办人身份证号：<br>代理机构签章：<br>代理机构统一社会信用代码： | 受理人：<br>受理税务机关(章)：<br>受理日期：　年　月　日 |

附表 3-1　　应交税费——应交消费税　明细账

| 年 | | 凭证号数 | 摘要 | 借方 | 贷方 | 借或贷 | 余额 |
|---|---|---|---|---|---|---|---|
| 月 | 日 | | | | | | |
| | | | | | | | |
| | | | | | | | |
| | | | | | | | |
| | | | | | | | |
| | | | | | | | |
| | | | | | | | |
| | | | | | | | |
| | | | | | | | |
| | | | | | | | |
| | | | | | | | |
| | | | | | | | |
| | | | | | | | |
| | | | | | | | |
| | | | | | | | |

附表 3-2

**本期准予扣除税额计算表**

金额单位:元(列至角分)

<table>
<tr><td colspan="4">应税消费品名称<br>准予扣除项目</td><td></td><td></td><td></td><td>合计</td></tr>
<tr><td colspan="2" rowspan="5">一、本期准予扣除的委托加工应税消费品已纳税款计算</td><td>期初库存委托加工应税消费品已纳税款</td><td>1</td><td></td><td></td><td></td><td></td></tr>
<tr><td>本期收回委托加工应税消费品已纳税款</td><td>2</td><td></td><td></td><td></td><td></td></tr>
<tr><td>期末库存委托加工应税消费品已纳税款</td><td>3</td><td></td><td></td><td></td><td></td></tr>
<tr><td>本期领用不准予扣除委托加工应税消费品已纳税款</td><td>4</td><td></td><td></td><td></td><td></td></tr>
<tr><td>本期准予扣除委托加工应税消费品已纳税款</td><td>5=1+2-3-4</td><td></td><td></td><td></td><td></td></tr>
<tr><td rowspan="13">二、本期准予扣除的外购应税消费品已纳税款计算</td><td rowspan="6">(一)从价计税</td><td>期初库存外购应税消费品买价</td><td>6</td><td></td><td></td><td></td><td></td></tr>
<tr><td>本期购进应税消费品买价</td><td>7</td><td></td><td></td><td></td><td></td></tr>
<tr><td>期末库存外购应税消费品买价</td><td>8</td><td></td><td></td><td></td><td></td></tr>
<tr><td>本期领用不准予扣除外购应税消费品买价</td><td>9</td><td></td><td></td><td></td><td></td></tr>
<tr><td>适用税率</td><td>10</td><td></td><td></td><td></td><td></td></tr>
<tr><td>本期准予扣除外购应税消费品已纳税款</td><td>11=(6+7-8-9)×10</td><td></td><td></td><td></td><td></td></tr>
<tr><td rowspan="7">(二)从量计税</td><td>期初库存外购应税消费品数量</td><td>12</td><td></td><td></td><td></td><td></td></tr>
<tr><td>本期外购应税消费品数量</td><td>13</td><td></td><td></td><td></td><td></td></tr>
<tr><td>期末库存外购应税消费品数量</td><td>14</td><td></td><td></td><td></td><td></td></tr>
<tr><td>本期领用不准予扣除外购应税消费品数量</td><td>15</td><td></td><td></td><td></td><td></td></tr>
<tr><td>适用税率</td><td>16</td><td></td><td></td><td></td><td></td></tr>
<tr><td>计量单位</td><td>17</td><td></td><td></td><td></td><td></td></tr>
<tr><td>本期准予扣除的外购应税消费品已纳税款</td><td>18=(12+13-14-15)×16</td><td></td><td></td><td></td><td></td></tr>
<tr><td colspan="3">三、本期准予扣除税款合计</td><td>19=5+11+18</td><td></td><td></td><td></td><td></td></tr>
</table>

## 《本期准予扣除税额计算表》填表说明

一、本表由外购(含进口)或委托加工收回应税消费品用于连续生产应税消费品、委托加工收回的应税消费品以高于受托方计税价格出售的纳税人(成品油消费税纳税人除外)填写。

二、本表“应税消费品名称”“适用税率”“计量单位”栏的填写同主表。

三、本表第1栏“期初库存委托加工应税消费品已纳税款”:填写上期本表第3栏数值。

四、本表第2栏“本期收回委托加工应税消费品已纳税款”:填写纳税人委托加工收回的应税消费品在委托加工环节已纳消费税税额。

五、本表第3栏“期末库存委托加工应税消费品已纳税款”:填写纳税人期末库存委托加工收回的应税消费品在委托加工环节已纳消费税税额合计。

六、本表第4栏“本期领用不准予扣除委托加工应税消费品已纳税款”:填写纳税人委托加工收回的应税消费品,按税法规定不允许扣除的在委托加工环节已纳消费税税额。

七、本表第5栏“本期准予扣除委托加工应税消费品已纳税款”:填写按税法规定,本期委托加工收回应税消费品中符合扣除条件准予扣除的消费税已纳税额,计算公式为:

$$\text{本期准予扣除委托加工应税消费品已纳税款}=\text{期初库存委托加工应税消费品已纳税款}+\text{本期收回委托加工应税消费品已纳税款}-\text{期末库存委托加工应税消费品已纳税款}-\text{本期领用不准予扣除委托加工应税消费品已纳税款}$$

八、本表第6栏“期初库存外购应税消费品买价”:填写本表上期第8栏“期末库存外购应税消费品买价”的数值。

九、本表第7栏“本期购进应税消费品买价”:填写纳税人本期外购用于连续生产的从价计税的应税消费品买价。

十、本表第8栏“期末库存外购应税消费品买价”:填写纳税人外购用于连续生产应税消费品期末买价余额。

十一、本表第9栏“本期领用不准予扣除外购应税消费品买价”:填写纳税人本期领用外购的从价计税的应税消费品,按税法规定不允许扣除的应税消费品买价。

十二、本表第11栏“本期准予扣除外购应税消费品已纳税款”:计算公式为:

$$\text{本期准予扣除的外购应税消费品已纳税款(从价计税)}=\left(\text{期初库存外购应税消费品买价}+\text{本期购进应税消费品买价}-\text{期末库存外购应税消费品买价}-\text{本期领用不准予扣除外购应税消费品买价}\right)\times\text{适用税率}$$

十三、本表第12栏“期初库存外购应税消费品数量”:填写本表上期“期末库存外购应税消费品数量”。

十四、本表第13栏“本期外购应税消费品数量”:填写纳税人本期外购用于连续生产的从量计税的应征消费品数量。

十五、本表第 14 栏“期末库存外购应税消费品数量”：填写纳税人用于连续生产的外购应税消费品期末库存数量。

十六、本表第 15 栏“本期领用不准予扣除外购应税消费品数量”：填写纳税人本期领用外购的从量计税的应税消费品，按税法规定不允许扣除的应税消费品数量。

十七、本表第 18 栏“本期准予扣除的外购应税消费品已纳税款”：计算公式为：

$$\text{本期准予扣除的外购应税消费品已纳税款(从量计税)}=(\text{期初库存外购应税消费品数量}+\text{本期购进应税消费品数量}-\text{期末库存外购应税消费品数量}-\text{本期领用不准予扣除外购应税消费品数量})\times\text{适用税率}$$

十八、本表第 19 栏“本期准予扣除税款合计”：计算公式为：

$$\text{本期准予扣除税款合计}=\text{本期准予扣除委托加工应税消费品已纳税款}+\text{本期准予扣除外购应税消费品已纳税款(从价计税)}+\text{本期准予扣除的外购应税消费品已纳税款(从量计税)}$$

附表 3-3

## 本期委托加工收回情况报告表

金额单位：元（列至角分）

一、委托加工收回应税消费品代收代缴税款情况

| 应税消费品名称 | 商品和服务税收分类编码 | 委托加工收回应税消费品数量 | 委托加工收回应税消费品计税价格 | 适用税率 | | 受托方已代收代缴的税款 | 受托方（扣缴义务人）名称 | 受托方（扣缴义务人）识别号 | 税收缴款书（代扣代收专用）号码 | 税收缴款书（代扣代收专用）开具日期 |
|---|---|---|---|---|---|---|---|---|---|---|
| | | | | 定额税率 | 比例税率 | | | | | |
| 1 | 2 | 3 | 4 | 5 | 6 | 7＝3×5＋4×6 | 8 | 9 | 10 | 11 |
| | | | | | | | | | | |
| | | | | | | | | | | |
| | | | | | | | | | | |
| | | | | | | | | | | |

二、委托加工收回应税消费品领用存情况

| 应税消费品名称 | 商品和服务税收分类编码 | 上期库存数量 | 本期委托加工收回入库数量 | 本期委托加工收回直接销售数量 | 本期委托加工收回用于连续生产数量 | 本期结存数量 |
|---|---|---|---|---|---|---|
| 1 | 2 | 3 | 4 | 5 | 6 | 7＝3＋4－5－6 |
| | | | | | | |
| | | | | | | |
| | | | | | | |
| | | | | | | |

## 《本期委托加工收回情况报告表》填表说明

一、本表由委托方填写，第一部分填报委托加工收回的应税消费品在委托加工环节由受托方代收代缴税款情况；第二部分填报委托加工收回应税消费品领用存情况。

二、本表第一部分第 1 栏“应税消费品名称”、第 5 栏“定额税率”和第 6 栏“比例税率”的填写同主表。

三、本表第一部分第 2 栏“商品和服务税收分类编码”：仅成品油消费税纳税人填报，按所开具增值税发票对应的税收分类编码填写。

四、本表第一部分第 3 栏“委托加工收回应税消费品数量”：填写委托加工收回并取得税收缴款书（代扣代收专用）的各应税消费品的数量，其计量单位应与主表填表说明的附注 1《应税消费品名称、税率和计量单位对照表》一致。

五、本表第一部分第 4 栏“委托加工收回应税消费品计税价格”：填写委托加工收回的应税消费品在委托加工环节，由受托方代收代缴消费税时的计税价格。

六、本表第一部分第 7 栏“受托方已代收代缴的税款”：填写受托方代收代缴的税款，计算公式如下：

（一）实行从量定额计税：

受托方已代收代缴的税款＝委托加工收回应税消费品数量×定额税率

（二）实行从价定率计税：

受托方已代收代缴的税款＝委托加工收回应税消费品计税价格×比例税率

（三）实行复合计税：

受托方已代收代缴的税款＝委托加工收回应税消费品数量×定额税率
＋委托加工收回应税消费品计税价格×比例税率

七、本表第一部分第 8 栏“受托方（扣缴义务人）名称”、第 9 栏“受托方（扣缴义务人）识别号”：填写受托方信息。

八、本表第一部分第 10 栏“税收缴款书（代扣代收专用）号码”、第 11 栏“税收缴款书（代扣代收专用）开具日期”栏：填写受托加工方代扣代缴税款凭证上注明的信息。

九、本表第二部分第 1 栏“应税消费品名称”的填写同主表。

十、本表第二部分第 2 栏“商品和服务税收分类编码”：仅成品油消费税纳税人填报，按所开具增值税发票对应的税收分类编码填写。

十一、本表第二部分第 3 栏“上期库存数量”：填写上期本表第二部分第 7 栏“本期结存数量”数值。

十二、本表第二部分第 4 栏“本期委托加工收回入库数量”：填写委托加工收回应税消费品数量，与本表第一部分第 3 栏“委托加工收回应税消费品数量”数值相等。

十三、本表第二部分第 5 栏“本期委托加工收回直接销售数量”：填写纳税人将委托加工收回的应税消费品直接销售的数量。

十四、本表第二部分第 6 栏“本期委托加工收回用于连续生产数量”：填写纳税人将委托加工收回的应税消费品用于连续生产应税消费品的数量。成品油消费税纳税人填写本表第二部分第6栏“本期委托加工收回用于连续生产数量”的数值应等于附表《本期准予扣除税额计算表(成品油纳税人适用)》第一部分第4栏“委托加工收回连续生产数量”数值。

十五、本表第二部分第7栏“本期结存数量”:填写期末留存的委托加工收回应税消费品库存数量,计算公式为:

本期结存数量＝上期库存数量＋本期委托加工收回入库数量－本期委托加工收回直接销售数量－本期委托加工收回用于连续生产数量,且本期结存数量≥0

十六、本表为A4横式,所有数字小数点后保留两位。一式二份,一份纳税人留存,一份税务机关留存。

附表 3-4

## 消费税附加税费计算表

金额单位：元（列至角分）

<table>
<tr><td colspan="3" rowspan="3">本期是否适用小微企业“六税两费”减免政策</td><td rowspan="3">□是 □否</td><td colspan="2">减免政策适用主体</td><td colspan="4">增值税小规模纳税人□是 □否</td></tr>
<tr><td colspan="2" rowspan="2">适用减免政策起止时间</td><td colspan="4">增值税一般纳税人：□个体工商户 □小型微利企业</td></tr>
<tr><td colspan="4">年 月至 年 月</td></tr>
<tr><td rowspan="4">税（费）种</td><td>计税（费）依据</td><td rowspan="3">税（费）率（%）</td><td rowspan="3">本期应纳税（费）额</td><td colspan="2">本期减免税（费）额</td><td colspan="2">本期是否适用增值税小规模纳税人“六税两费”减征政策</td><td rowspan="3">本期已缴税（费）额</td><td rowspan="3">本期应补（退）税（费）额</td></tr>
<tr><td rowspan="2">消费税税额</td><td rowspan="2">减免性质代码</td><td rowspan="2">减免税（费）额</td><td colspan="2">□是 □否</td></tr>
<tr><td>减征比例（%）</td><td>减征额</td></tr>
<tr><td>1</td><td>2</td><td>3=1×2</td><td>4</td><td>5</td><td>6</td><td>7=（3−5）×6</td><td>8</td><td>9=3−5−7−8</td></tr>
<tr><td>城市维护建设税</td><td></td><td></td><td></td><td></td><td></td><td></td><td></td><td></td><td></td></tr>
<tr><td>教育费附加</td><td></td><td></td><td></td><td></td><td></td><td></td><td></td><td></td><td></td></tr>
<tr><td>地方教育附加</td><td></td><td></td><td></td><td></td><td></td><td></td><td></td><td></td><td></td></tr>
<tr><td>合计</td><td>—</td><td>—</td><td></td><td>—</td><td></td><td>—</td><td></td><td></td><td></td></tr>
</table>

## 《消费税附加税费计算表》填表说明

1. 本表由消费税纳税人填报。

2. 本期是否适用小微企业“六税两费”减免政策：纳税人在税款所属期内适用增值税小规模纳税人、个体工商户、小型微利企业减免政策的，勾选“是”；否则，勾选“否”。“减免政策适用主体”：适用小微企业“六税两费”减免政策的，填写本项。纳税人是增值税小规模纳税人的，在“增值税小规模纳税人”处勾选“是”，无需勾选“增值税一般纳税人：口个体工商户口小型微利企业”；纳税人是增值税一般纳税人的，据类型勾选“个体工商户”或“小型微利企业”。登记为增值税一般纳税人的新设立企业，从事国家非限制和禁止行业，且同时符合设立时从业人数不超过300人、资产总额不超过5 000万元两项条件的，勾选“小型微利企业”。“适用减免政策起止时间”：填写适用减免政策的起止月份，不得超出当期申报的税款所属期限。

3. 本表第1栏“消费税税额”：填写主表“本期应补(退)税额”栏数值。

4. 本表第2栏“税(费)率”：填写相应税(费)的税(费)率。

5. 本表第3栏“本期应纳税(费)额”：填写本期按适用的税(费)率计算缴纳的应纳税(费)额。计算公式为：本期应纳税(费)额＝消费税税额×税(费)率

6. 本表第4栏“减免性质代码”：按《减免税政策代码目录》中附加税费适用的减免性质代码填写，增值税小规模纳税人、小型微利企业和个体工商户“六税两费”减免政策优惠不填写。有减免税(费)情况的必填。

7. 本表第5栏“减免税(费)额”：填写本期减免的税(费)额。

8. 本表第6栏“减征比例(%)”：填写当地省级政府根据《……》(财税〔2022〕××号)确定的比例。

9. 本表第7栏“减征额”：填写纳税人本期享受小微企业“六税两费”减免政策减征额。小微企业“六税两费”减征额＝(本期应纳税(费)额－本期减免税(费)额)×减征比例。

10. 本表第8栏“本期已缴税(费)额”：填写本期应纳税(费)额中已经缴纳的部分。

11. 本表第9栏“本期应补(退)税(费)额”：计算公式为：

$$\text{本期应补(退)税(费)额}=\text{本期应纳税(费)额}-\text{减免税(费)额}-\text{小微企业“六税两费”减免政策减征额}-\text{本期已缴税(费)额}$$

12. 本表为A4横式，所有数字小数点后保留两位。一式二份，一份纳税人留存，一份税务机关留存。

附表 3-5

## 消费税及附加税费申报表

税款所属期：自　　年　　月　　日至　　年　　月　　日

纳税人识别号(统一社会信用代码)：□□□□□□□□□□□□□□□□□□□□

纳税人名称：　　　　　　　　　　　　　　金额单位：人民币元(列至角分)

| 应税消费品名称 ＼ 项目 | 适用税率 | | 计量单位 | 本期销售数量 | 本期销售额 | 本期应纳税额 |
|---|---|---|---|---|---|---|
| | 定额税率 | 比例税率 | | | | |
| | 1 | 2 | 3 | 4 | 5 | 6=1×4+2×5 |
| | | | | | | |
| | | | | | | |
| | | | | | | |
| | | | | | | |
| | | | | | | |
| | | | | | | |
| | | | | | | |
| 合计 | — | — | — | — | — | |

| | 栏次 | 本期税费额 |
|---|---|---|
| 本期减(免)税额 | 7 | |
| 期初留抵税额 | 8 | |
| 本期准予扣除税额 | 9 | |
| 本期应扣除税额 | 10=8+9 | |
| 本期实际扣除税额 | 11[10<(6-7)，则为 10，否则为 6-7] | |
| 期末留抵税额 | 12=10-11 | |
| 本期预缴税额 | 13 | |
| 本期应补(退)税额 | 14=6-7-11-13 | |
| 城市维护建设税本期应补(退)税额 | 15 | |
| 教育费附加本期应补(退)费额 | 16 | |
| 地方教育附加本期应补(退)费额 | 17 | |

声明：此表是根据国家税收法律法规及相关规定填写的，本人(单位)对填报内容(及附带资料)的真实性、可靠性、完整性负责。

纳税人(签章)：　　　　年　　月　　日

| | |
|---|---|
| 经办人：<br>经办人身份证号：<br>代理机构签章：<br>代理机构统一社会信用代码： | 受理人：<br>受理税务机关(章)：<br>受理日期：　　年　　月　　日 |

## 《消费税及附加税费申报表》填表说明

一、本表作为《消费税及附加税费申报表》的主表，由消费税纳税人填写。

二、本表"税款所属期"：指纳税人申报的消费税应纳税额所属时间，应填写具体的起止年、月、日。

三、本表"纳税人识别号（社会统一信用代码）"：填写纳税人识别号或者统一社会信用代码。

四、本表"纳税人名称"：填写纳税人名称全称。

五、本表"应税消费品名称"栏、第1栏"定额税率"、第2栏"比例税率"和第3栏"计量单位"：按照附注1《应税消费品名称、税率和计量单位对照表》内容对应填写。

六、本表第4栏"本期销售数量"：填写国家税收法律、法规及相关规定（以下简称"税法"）规定的本期应当申报缴纳消费税的应税消费品销售数量（不含出口免税销售数量）。用自产汽油生产的乙醇汽油，按照生产乙醇汽油所耗用的汽油数量填写；以废矿物油生产的润滑油基础油为原料生产的润滑油，按扣除耗用的废矿物油生产的润滑油基础油后的数量填写。

七、本表第5栏"本期销售额"：填写税法规定的本期应当申报缴纳消费税的应税消费品销售额（不含出口免税销售额）。

八、本表第6栏"本期应纳税额"：计算公式如下：

实行从价定率办法计算的应纳税额＝销售额×比例税率

实行从量定额办法计算的应纳税额＝销售数量×定额税率

实行复合计税办法计算的应纳税额＝销售额×比例税率＋销售数量×定额税率

暂缓征收的应税消费品，不计算应纳税额。

九、本表第7栏"本期减（免）税额"：填写本期按照税法规定减免的消费税应纳税额，不包括暂缓征收的应税消费品的税额以及出口应税消费品的免税额。本期减免消费税应纳税额情况，需同时填报附表2《本期减（免）税额明细表》。本栏数值应等于附表2《本期减（免）税额明细表》第8栏"减（免）税额""合计"栏数值。

十、本表第8栏"期初留抵税额"：填写上期申报表第12栏"期末留抵税额"数值。

十一、本表第9栏"本期准予扣除税额"：填写税法规定的本期外购、进口或委托加工收回应税消费品用于连续生产应税消费品准予扣除的消费税已纳税额，以及委托加工收回应税消费品以高于受托方计税价格销售的，在计税时准予扣除的消费税已纳税额。

成品油消费税纳税人：本表"本期准予扣除税额"栏数值＝附表1-2《本期准予扣除税额计算表（成品油消费税纳税人适用）》第6栏"本期准予扣除税额""合计"栏数值。

其他消费税纳税人：本表"本期准予扣除税额"栏数值＝附表1-1《本期准予扣除税额计算表》第19栏"本期准予扣除税款合计""合计"栏数值。

十二、本表第10栏"本期应扣除税额"：填写纳税人本期应扣除的消费税税额，计算公式为：

本期应扣除税额＝期初留抵税额＋本期准予扣除税额

十三、本表第 11 栏“本期实际扣除税额”：填写纳税人本期实际扣除的消费税税额，计算公式为：当本期应纳税额合计－本期减（免）税额≥本期应扣除税额时，本期实际扣除税额＝本期应扣除税额；当本期应纳税额合计－本期减（免）税额＜本期应扣除税额时，本期实际扣除税额＝本期应纳税额合计－本期减（免）税额。

十四、本表第 12 栏“期末留抵税额”：计算公式为：

期末留抵税额＝本期应扣除税额－本期实际扣除税额

十五、本表第 13 栏“本期预缴税额”：填写纳税申报前纳税人已预先缴纳入库的本期消费税额。

十六、本表第 14 栏“本期应补（退）税额”：填写纳税人本期应纳税额中应补缴或应退回的数额，计算公式为：

本期应补（退）税额＝本期应纳税额合计－本期减（免）税额
－本期实际扣除税额－本期预缴税额

十七、本表第 15 栏“城市维护建设税本期应补（退）税额”：填写附表 6《消费税附加税费计算表》“城市维护建设税”对应的“本期应补（退）税（费）额”栏数值。

十八、本表第 16 栏“教育费附加本期应补（退）费额”：填写附表 6《消费税附加税费计算表》“教育费附加”对应的“本期应补（退）税（费）额”栏数值。

十九、本表第 17 栏“地方教育附加本期应补（退）费额”：填写附表 6《消费税附加税费计算表》“地方教育费附加”对应的“本期应补（退）税（费）额”栏数值。

二十、本表为 A4 竖式，所有数字小数点后保留两位。一式二份，一份纳税人留存，一份税务机关留存。

**附注 1：**

**应税消费品名称、税率和计量单位对照表**

| 应税消费品名称 | 比例税率 | 定额税率 | 计量单位 |
|---|---|---|---|
| 一、烟 | | | |
| 1. 卷烟 | | | |
| （1）工业 | | | |
| ① 甲类卷烟（调拨价 70 元（不含增值税）/条以上（含 70 元） | 56% | 30 元/万支 | 万支 |
| ② 乙类卷烟（调拨价 70 元（不含增值税）/条以下） | 36% | 30 元/万支 | 万支 |
| （2）商业批发 | 11% | 50 元/万支 | 万支 |
| 2. 雪茄烟 | 36% | — | 支 |
| 3. 烟丝 | 30% | — | 千克 |
| 二、酒 | | | |
| 1. 白酒 | 20% | 0.5 元/500 克（毫升） | 500 克（毫升） |
| 2. 黄酒 | — | 240 元/吨 | 吨 |
| 3. 啤酒 | | | |
| （1）甲类啤酒（出厂价格 3 000 元（不含增值税）/吨以上（含 3 000 元） | — | 250 元/吨 | 吨 |
| （2）乙类啤酒（出厂价格 3 000 元（不含增值税）/吨以下） | — | 220 元/吨 | 吨 |
| 4. 其他酒 | 10% | — | 吨 |
| 三、高档化妆品 | 15% | — | 实际使用计量单位 |
| 四、贵重首饰及珠宝玉石 | | | |
| 1. 金银首饰、铂金首饰和钻石及钻石饰品 | 5% | — | 实际使用计量单位 |
| 2. 其他贵重首饰和珠宝玉石 | 10% | — | 实际使用计量单位 |
| 五、鞭炮、焰火 | 15% | — | 实际使用计量单位 |
| 六、成品油 | | | |
| 1. 汽油 | — | 1.52 元/升 | 升 |
| 2. 柴油 | — | 1.20 元/升 | 升 |
| 3. 航空煤油 | — | 1.20 元/升 | 升 |
| 4. 石脑油 | — | 1.52 元/升 | 升 |
| 5. 溶剂油 | — | 1.52 元/升 | 升 |
| 6. 润滑油 | — | 1.52 元/升 | 升 |
| 7. 燃料油 | — | 1.20 元/升 | 升 |

（续表）

| 应税消费品名称 | 比例税率 | 定额税率 | 计量单位 |
|---|---|---|---|
| 七、摩托车 | | | |
| 1. 气缸容量(排气量,下同)=250毫升 | 3% | — | 辆 |
| 2. 气缸容量＞250毫升 | 10% | — | |
| 八、小汽车 | | | |
| 1. 乘用车 | | | |
| (1) 气缸容量(排气量,下同)≤1.0升 | 1% | — | 辆 |
| (2) 1.0升＜气缸容量≤1.5升 | 3% | — | |
| (3) 1.5升＜气缸容量≤2.0升 | 5% | — | |
| (4) 2.0升＜气缸容量≤2.5升 | 9% | — | |
| (5) 2.5升＜气缸容量≤3.0升 | 12% | — | |
| (6) 3.0升＜气缸容量≤4.0升 | 25% | — | |
| (7) 气缸容量＞4.0升 | 40% | — | |
| 2. 中轻型商用客车 | 5% | — | |
| 3. 超豪华小汽车 | 10% | — | |
| 九、高尔夫球及球具 | 10% | — | 实际使用计量单位 |
| 十、高档手表 | 20% | — | 只 |
| 十一、游艇 | 10% | — | 艘 |
| 十二、木制一次性筷子 | 5% | — | 万双 |
| 十三、实木地板 | 5% | — | 平方米 |
| 十四、电池 | 4% | — | 只 |
| 十五、涂料 | 4% | — | 吨 |

附表 4-1

## 个人所得税应纳税额计算表

| 序号 | 所得项目 | 收入额 | “三险一金” | 减除费用 | 专项附加扣除 | 免税收入 | 累计所得额 | 税率 | 速算扣除数 | 累计应纳税额 | 累计已预扣预缴税额 | 本期应预扣预缴税额 |
|---|---|---|---|---|---|---|---|---|---|---|---|---|
| 1 | | | | | | | | | | | | |
| 2 | | | | | | | | | | | | |
| 3 | | | | | | | | | | | | |
| 4 | | | | | | | | | | | | |
| 5 | | | | | | | | | | | | |
| 6 | | | | | | | | | | | | |
| 7 | | | | | | | | | | | | |
| 8 | | | | | | | | | | | | |
| 9 | | | | | | | | | | | | |
| 10 | | | | | | | | | | | | |
| 11 | | | | | | | | | | | | |
| 12 | | | | | | | | | | | | |
| 14 | | | | | | | | | | | | |
| 15 | | | | | | | | | | | | |
| 16 | | | | | | | | | | | | |
| 17 | | | | | | | | | | | | |
| 合计 | | | | | | | | | | | | |

附表 4-2

## 个人所得税扣缴申报表

税款所属期：　年　月　日至　年　月　日

扣缴义务人名称：

扣缴义务人纳税人识别号(统一社会信用代码)：□□□□□□□□□□□□□□□□□□　　金额单位：人民币元(列至角分)

| 序号 | 姓名 | 身份证件类型 | 身份证件号码 | 纳税人识别号 | 是否为非居民个人 | 所得项目 | 本月(次)情况 | | | | | | | | | | | | | | 累计情况 | | | | | | | | | | 减按计税比例 | 准予扣除的捐赠额 | 税款计算 | | | | | | | 备注 |
|---|---|---|---|---|---|---|---|---|---|---|---|---|---|---|---|---|---|---|---|---|---|---|---|---|---|---|---|---|---|---|---|---|---|---|---|---|---|---|---|---|
| | | | | | | | 收入额计算 | | | | 专项扣除 | | | | 其他扣除 | | | | | | | | | 累计专项附加扣除 | | | | | | | | | | | | | | | | |
| | | | | | | | 收入 | 费用 | 免税收入 | 减除费用 | 基本养老保险费 | 基本医疗保险费 | 失业保险费 | 住房公积金 | 年金 | 商业健康保险 | 税延养老保险 | 财产原值 | 允许扣除的税费 | 其他 | 累计收入额 | 累计减除费用 | 累计专项扣除 | 子女教育 | 赡养老人 | 住房贷款利息 | 住房租金 | 继续教育 | 3岁以下婴幼儿照护 | 累计其他扣除 | | | 应纳税所得额 | 税率/预扣率 | 速算扣除数 | 应纳税额 | 减免税额 | 已缴税额 | 应补/退税额 | |
| 1 | 2 | 3 | 4 | 5 | 6 | 7 | 8 | 9 | 10 | 11 | 12 | 13 | 14 | 15 | 16 | 17 | 18 | 19 | 20 | 21 | 22 | 23 | 24 | 25 | 26 | 27 | 28 | 29 | 30 | 31 | 32 | 33 | 34 | 35 | 36 | 37 | 38 | 39 | 40 | 41 |
| | | | | | | | | | | | | | | | | | | | | | | | | | | | | | | | | | | | | | | | | |
| | | | | | | | | | | | | | | | | | | | | | | | | | | | | | | | | | | | | | | | | |
| | | | | | | | | | | | | | | | | | | | | | | | | | | | | | | | | | | | | | | | | |
| 会计合计 | | | | | | | | | | | | | | | | | | | | | | | | | | | | | | | | | | | | | | | | |

谨声明：本表是根据国家税收法律法规及相关规定填报的，是真实的、可靠的、完整的。

扣缴义务人(签章)：　　年　月　日

| | |
|---|---|
| 经办人签字：<br>经办人身份证件号码：<br>代理机构签章：<br>代理机构统一社会信用代码： | 受理人：<br><br>受理税务机关(章)：<br>受理日期：　年　月　日 |

国家税务总局监制

**附表 4-3**

## 个人所得税扣缴申报表

税款所属期：　　年　　月　　日至　　年　　月　　日

扣缴义务人名称：

扣缴义务人纳税人识别号(统一社会信用代码)：□□□□□□□□□□□□□□□□□□□□□□□□

金额单位：人民币元(列至角分)

| 序号 | 姓名 | 身份证件类型 | 身份证件号码 | 纳税人识别号 | 是否为非居民个人 | 所得项目 | 本月(次)情况 | | | | | | | | | | | | | | 累计情况 | | | | | | | | | | 减按计税比例 | 准予扣除的捐赠额 | 税款计算 | | | | | | | 备注 |
|---|---|---|---|---|---|---|---|---|---|---|---|---|---|---|---|---|---|---|---|---|---|---|---|---|---|---|---|---|---|---|---|---|---|---|---|---|---|---|---|---|
| | | | | | | | 收入额计算 | | | 减除费用 | 专项扣除 | | | | 其他扣除 | | | | | | 累计收入额 | 累计减除费用 | 累计专项扣除 | 累计专项附加扣除 | | | | | | 累计其他扣除 | | | | | | | | | | |
| | | | | | | | 收入 | 费用 | 免税收入 | | 基本养老保险费 | 基本医疗保险费 | 失业保险费 | 住房公积金 | 年金 | 商业健康保险 | 税延养老保险 | 财产原值 | 允许扣除的税费 | 其他 | | | | 子女教育 | 赡养老人 | 住房贷款利息 | 住房租金 | 继续教育 | 3岁以下婴幼儿照护 | | | | 应纳税所得额 | 税率/预扣率 | 速算扣除数 | 应纳税额 | 减免税额 | 已缴税额 | 应补/退税额 | |
| 1 | 2 | 3 | 4 | 5 | 6 | 7 | 8 | 9 | 10 | 11 | 12 | 13 | 14 | 15 | 16 | 17 | 18 | 19 | 20 | 21 | 22 | 23 | 24 | 25 | 26 | 27 | 28 | 29 | 30 | 31 | 32 | 33 | 34 | 35 | 36 | 37 | 38 | 39 | 40 | 41 |
| | | | | | | | | | | | | | | | | | | | | | | | | | | | | | | | | | | | | | | | | |
| | | | | | | | | | | | | | | | | | | | | | | | | | | | | | | | | | | | | | | | | |
| | | | | | | | | | | | | | | | | | | | | | | | | | | | | | | | | | | | | | | | | |
| | | | | | | | | | | | | | | | | | | | | | | | | | | | | | | | | | | | | | | | | |
| 会计合计 | | | | | | | | | | | | | | | | | | | | | | | | | | | | | | | | | | | | | | | | |

谨声明：本表是根据国家税收法律法规及相关规定填报的，是真实的、可靠的、完整的。

扣缴义务人(签章)：　　　　年　　月　　日

经办人签字：

经办人身份证件号码：

代理机构签章：

代理机构统一社会信用代码：

受理人：

受理税务机关(章)：

受理日期：　　年　　月　　日

国家税务总局监制

# 个人所得税扣缴申报表填报说明

（一）表头项目。

1. 税款所属期：填写扣缴义务人预扣、代扣税款当月的第 1 日至最后 1 日。例如，2019 年 3 月 20 日发放工资时代扣的税款，税款所属期填写“2019 年 3 月 1 日至 2019 年 3 月 31 日”。

2. 扣缴义务人名称：填写扣缴义务人的法定名称全称。

3. 扣缴义务人纳税人识别号(统一社会信用代码)：填写扣缴义务人的纳税人识别号或者统一社会信用代码。

（二）表内各栏。

1. 第 2 列“姓名”：填写纳税人姓名。

2. 第 3 列“身份证件类型”：填写纳税人有效的身份证件名称。中国公民有中华人民共和国居民身份证的，填写居民身份证；没有居民身份证的，填写中华人民共和国护照、港澳居民来往内地通行证或者港澳居民居住证、台湾居民通行证或者台湾居民居住证、外国人永久居留身份证、外国人工作许可证或者护照等。

3. 第 4 列“身份证件号码”：填写纳税人有效身份证件上载明的证件号码。

4. 第 5 列“纳税人识别号”：有中国公民身份号码的，填写中华人民共和国居民身份证上载明的“公民身份号码”；没有中国公民身份号码的，填写税务机关赋予的纳税人识别号。

5. 第 6 列“是否为非居民个人”：纳税人为居民个人的填“否”。为非居民个人的，根据合同、任职期限、预期工作时间等不同情况，填写“是，且不超过 90 天”或者“是，且超过 90 天不超过 183 天”。不填默认为“否”。

其中，纳税人为非居民个人的，填写“是，且不超过 90 天”的，当年在境内实际居住超过 90 天的次月 15 天内，填写“是，且超过 90 天不超过 183 天”。

6. 第 7 列“所得项目”：填写纳税人取得的个人所得税法第二条规定的应税所得项目名称。同一纳税人取得多项或者多次所得的，应分行填写。

7. 第 8 列至第 21 列“本月(次)情况”：填写扣缴义务人当月(次)支付给纳税人的所得，以及按规定各所得项目当月(次)可扣除的减除费用、专项扣除、其他扣除等。其中，工资、薪金所得预扣预缴个人所得税时扣除的专项附加扣除，按照纳税年度内纳税人在该任职受雇单位截至当月可享受的各专项附加扣除项目的扣除总额，填写至“累计情况”中第 25 列至第 29 列相应栏，本月情况中则无须填写。

(1)“收入额计算”：包含“收入”“费用”“免税收入”。收入额＝第 8 列－第 9 列－第 10 列。

① 第 8 列“收入”：填写当月(次)扣缴义务人支付给纳税人所得的总额。

② 第 9 列“费用”：取得劳务报酬所得、稿酬所得、特许权使用费所得时填写，取得其他各项所得时无须填写本列。居民个人取得上述所得，每次收入不超过 4 000 元的，费用填写“800”元；每次收入 4 000 元以上的，费用按收入的 20％填写。非居民个人取得劳务报酬所得、稿酬所得、特许权使用费所得，费用按收入的 20％填写。

③ 第 10 列“免税收入”：填写纳税人各所得项目收入总额中，包含的税法规定的免税收入金额。其中，税法规定“稿酬所得的收入额减按 70％计算”，对稿酬所得的收入额减计的

30%部分，填入本列。

(2) 第 11 列“减除费用”：按税法规定的减除费用标准填写。例如，2019 年纳税人取得工资、薪金所得按月申报时，填写 5 000 元。纳税人取得财产租赁所得，每次收入不超过 4 000元的，填写 800 元；每次收入 4 000 元以上的，按收入的 20%填写。

(3) 第 12 列至第 15 列“专项扣除”：分别填写按规定允许扣除的基本养老保险费、基本医疗保险费、失业保险费、住房公积金（以下简称“三险一金”）的金额。

(4) 第 16 列至第 21 列“其他扣除”：分别填写按规定允许扣除的项目金额。

8. 第 22 列至第 30 列“累计情况”：本栏适用于居民个人取得工资、薪金所得，保险营销员、证券经纪人取得佣金收入等按规定采取累计预扣法预扣预缴税款时填报。

(1) 第 22 列“累计收入额”：填写本纳税年度截至当前月份，扣缴义务人支付给纳税人的工资、薪金所得，或者支付给保险营销员、证券经纪人的劳务报酬所得的累计收入额。

(2) 第 23 列“累计减除费用”：按照 5 000 元/月乘以纳税人当年在本单位的任职受雇或者从业的月份数计算。

(3) 第 24 列“累计专项扣除”：填写本年度截至当前月份，按规定允许扣除的“三险一金”的累计金额。

(4) 第 25 列至第 30 列“累计专项附加扣除”：分别填写截至当前月份，纳税人按规定可享受的子女教育、赡养老人、住房贷款利息或者住房租金、继续教育、3 岁以下婴幼儿照护扣除的累计金额。大病医疗扣除由纳税人在年度汇算清缴时办理，此处无须填报。

(5) 第 31 列“累计其他扣除”：填写本年度截至当前月份，按规定允许扣除的年金（包括企业年金、职业年金）、商业健康保险、税延养老保险及其他扣除项目的累计金额。

9. 第 32 列“减按计税比例”：填写按规定实行应纳税所得额减计税收优惠的减计比例。无减计规定的，可不填，系统默认为 100%。如，某项税收政策实行减按 60%计入应纳税所得额，则本列填 60%。

10. 第 33 列“准予扣除的捐赠额”：是指按照税法及相关法规、政策规定，可以在税前扣除的捐赠额。

11. 第 34 列至第 40 列“税款计算”：填写扣缴义务人当月扣缴个人所得税款的计算情况。

(1) 第 34 列“应纳税所得额”：根据相关列次计算填报。

① 居民个人取得工资、薪金所得，填写累计收入额减除累计减除费用、累计专项扣除、累计专项附加扣除、累计其他扣除后的余额。

② 非居民个人取得工资、薪金所得，填写收入额减去减除费用后的余额。

③ 居民个人或者非居民个人取得劳务报酬所得、稿酬所得、特许权使用费所得，填写本月（次）收入额减除其他扣除后的余额。

保险营销员、证券经纪人取得的佣金收入，填写累计收入额减除累计减除费用、累计其他扣除后的余额。

④ 居民个人或者非居民个人取得利息、股息、红利所得和偶然所得，填写本月（次）收入额。

⑤ 居民个人或者非居民个人取得财产租赁所得，填写本月（次）收入额减去减除费用、其他扣除后的余额。

⑥ 居民个人或者非居民个人取得财产转让所得，填写本月（次）收入额减除财产原值、允许扣除的税费后的余额。

其中，适用“减按计税比例”的所得项目，其应纳税所得额按上述方法计算后乘以减按计税比例的金额填报。

按照税法及相关法规、政策规定，可以在税前扣除的捐赠额，可以按上述方法计算后从应纳税所得额中扣除。

（2）第 35 列至第 36 列“税率/预扣率”“速算扣除数”：填写各所得项目按规定适用的税率（或预扣率）和速算扣除数。没有速算扣除数的，则不填。

（3）第 37 列“应纳税额”：根据相关列次计算填报。第 37 列＝第 34 列×第 35 列－第 36 列。

（4）第 38 列“减免税额”：填写符合税法规定可减免的税额，并附报个人所得税减免税事项报告表。居民个人工资、薪金所得，以及保险营销员、证券经纪人取得佣金收入，填写本年度累计减免税额；居民个人取得工资、薪金以外的所得或非居民个人取得各项所得，填写本月（次）减免税额。

（5）第 39 列“已缴税额”：填写本年或本月（次）纳税人同一所得项目，已由扣缴义务人实际扣缴的税款金额。

（6）第 40 列“应补/退税额”：根据相关列次计算填报。第 40 列＝第 37 列－第 38 列－第 39 列。

**附表 4-4** **个人所得税年度自行纳税申报表**

税款所属期： 年 月 日至 年 月 日

纳税人姓名：

纳税人识别号：□□□□□□□□□□□□□□□□□□□□ 金额单位：人民币元(列至角分)

<table>
<tr><td colspan="6">基本情况</td></tr>
<tr><td>手机号码</td><td></td><td>电子邮箱</td><td></td><td>邮政编码</td><td>□□□□□□</td></tr>
<tr><td>联系地址</td><td colspan="5">____省(区、市)____市____区(县)__________街道(乡、镇)____________________</td></tr>
<tr><td colspan="6">纳税地点(单选)</td></tr>
<tr><td colspan="3">1. 有任职受雇单位的，需选本项并填写“任职受雇单位信息”：</td><td colspan="3">□ 任职受雇单位所在地</td></tr>
<tr><td rowspan="2">任职受雇单位信息</td><td>名称</td><td colspan="4"></td></tr>
<tr><td>纳税人识别号</td><td colspan="4">□□□□□□□□□□□□□□□□□□</td></tr>
<tr><td colspan="3">2. 没有任职受雇单位的，可以从本栏次选择一地：</td><td colspan="3">□ 户籍所在地 □ 经常居住地<br>□ 主要收入来源地</td></tr>
<tr><td colspan="2">户籍所在地/经常居住地/主要收入来源地</td><td colspan="4">______省(区、市)______市______区(县)______街道(乡、镇)______________</td></tr>
<tr><td colspan="6">申报类型(单选)</td></tr>
<tr><td colspan="3">□ 首次申报</td><td colspan="3">□ 更正申报</td></tr>
<tr><td colspan="6">综合所得个人所得税计算</td></tr>
<tr><td colspan="4">项目</td><td>行次</td><td>金额</td></tr>
<tr><td colspan="4">一、收入合计(第 1 行＝第 2 行＋第 3 行＋第 4 行＋第 5 行)</td><td>1</td><td></td></tr>
<tr><td colspan="4">（一）工资、薪金</td><td>2</td><td></td></tr>
<tr><td colspan="4">（二）劳务报酬</td><td>3</td><td></td></tr>
<tr><td colspan="4">（三）稿酬</td><td>4</td><td></td></tr>
<tr><td colspan="4">（四）特许权使用费</td><td>5</td><td></td></tr>
<tr><td colspan="4">二、费用合计［第 6 行＝(第 3 行＋第 4 行＋第 5 行)×20%］</td><td>6</td><td></td></tr>
<tr><td colspan="4">三、免税收入合计(第 7 行＝第 8 行＋第 9 行)</td><td>7</td><td></td></tr>
<tr><td colspan="4">（一）稿酬所得免税部分［第 8 行＝第 4 行×(1－20%)×30%］</td><td>8</td><td></td></tr>
<tr><td colspan="4">（二）其他免税收入(附报《个人所得税减免税事项报告表》)</td><td>9</td><td></td></tr>
<tr><td colspan="4">四、减除费用</td><td>10</td><td></td></tr>
<tr><td colspan="4">五、专项扣除合计(第 11 行＝第 12 行＋第 13 行＋第 14 行＋第 15 行)</td><td>11</td><td></td></tr>
<tr><td colspan="4">（一）基本养老保险费</td><td>12</td><td></td></tr>
<tr><td colspan="4">（二）基本医疗保险费</td><td>13</td><td></td></tr>
<tr><td colspan="4">（三）失业保险费</td><td>14</td><td></td></tr>
<tr><td colspan="4">（四）住房公积金</td><td>15</td><td></td></tr>
</table>

（续表）

| 项目 | 行次 | 金额 |
| --- | --- | --- |
| 六、专项附加扣除合计(附报《个人所得税专项附加扣除信息表》)(第16行＝第17行＋第18行＋第19行＋第20行＋第21行＋第22行) | 16 | |
| （一）子女教育 | 17 | |
| （二）继续教育 | 18 | |
| （三）大病医疗 | 19 | |
| （四）住房贷款利息 | 20 | |
| （五）住房租金 | 21 | |
| （六）赡养老人 | 22 | |
| 七、其他扣除合计(第23行＝第24行＋第25行＋第26行＋第27行＋第28行) | 23 | |
| （一）年金 | 24 | |
| （二）商业健康保险(附报《商业健康保险税前扣除情况明细表》) | 25 | |
| （三）税延养老保险(附报《个人税收递延型商业养老保险税前扣除情况明细表》) | 26 | |
| （四）允许扣除的税费 | 27 | |
| （五）其他 | 28 | |
| 八、准予扣除的捐赠额（附报《个人所得税公益慈善事业捐赠扣除明细表》) | 29 | |
| 九、应纳税所得额(第30行＝第1行－第6行－第7行－第10行－第11行－第16行－第23行－第29行) | 30 | |
| 十、税率(％) | 31 | |
| 十一、速算扣除数 | 32 | |
| 十二、应纳税额(第33行＝第30行×第31行－第32行) | 33 | |
| 全年一次性奖金个人所得税计算<br>(无住所居民个人预判为非居民个人取得的数月奖金，选择按全年一次性奖金计税的填写本部分) | | |
| 一、全年一次性奖金收入 | 34 | |
| 二、准予扣除的捐赠额（附报《个人所得税公益慈善事业捐赠扣除明细表》) | 35 | |
| 三、税率(％) | 36 | |
| 四、速算扣除数 | 37 | |
| 五、应纳税额[第38行＝(第34行－第35行)×第36行－第37行] | 38 | |

（续表）

| 项目 | 行次 | 金额 |
|---|---|---|
| 税额调整 | | |
| 一、综合所得收入调整额（需在“备注”栏说明调整具体原因、计算方式等） | 39 | |
| 二、应纳税额调整额 | 40 | |
| 应补/退个人所得税计算 | | |
| 一、应纳税额合计（第 41 行＝第 33 行＋第 38 行＋第 40 行） | 41 | |
| 二、减免税额（附报《个人所得税减免税事项报告表》） | 42 | |
| 三、已缴税额 | 43 | |
| 四、应补/退税额（第 44 行＝第 41 行－第 42 行－第 43 行） | 44 | |

| 无住所个人附报信息 | | | |
|---|---|---|---|
| 纳税年度内在中国境内居住天数 | | 已在中国境内居住年数 | |

| 退税申请<br>（应补/退税额小于 0 的填写本部分） | | | |
|---|---|---|---|
| □ 申请退税（需填写“开户银行名称”“开户银行省份”“银行账号”）　□ 放弃退税 | | | |
| 开户银行名称 | | 开户银行省份 | |
| 银行账号 | | | |

| 备注 |
|---|
| |

谨声明：本表是根据国家税收法律法规及相关规定填报的，本人对填报内容（附带资料）的真实性、可靠性、完整性负责。

纳税人签字：　　　　年　月　日

| | |
|---|---|
| 经办人签字：<br>经办人身份证件类型：<br>经办人身份证件号码：<br>代理机构签章：<br>代理机构统一社会信用代码： | 受理人：<br><br>受理税务机关（章）：<br><br>受理日期：　　年　月　日 |

国家税务总局监制

# 《个人所得税年度自行纳税申报表》(A 表)填表说明

（仅取得境内综合所得年度汇算适用）

一、适用范围

本表适用于居民个人纳税年度内仅从中国境内取得工资薪金所得、劳务报酬所得、稿酬所得、特许权使用费所得(以下称“综合所得”)，按照税法规定进行个人所得税综合所得汇算清缴。居民个人纳税年度内取得境外所得的，不适用本表。

二、报送期限

居民个人取得综合所得需要办理汇算清缴的，应当在取得所得的次年 3 月 1 日至 6 月 30 日内，向主管税务机关办理个人所得税综合所得汇算清缴申报，并报送本表。

三、本表各栏填写

（一）表头项目

1. 税款所属期：填写居民个人取得综合所得当年的第 1 日至最后 1 日。如：2019 年 1 月 1 日至 2019 年 12 月 31 日。

2. 纳税人姓名：填写居民个人姓名。

3. 纳税人识别号：有中国公民身份号码的，填写中华人民共和国居民身份证上载明的“公民身份号码”；没有中国公民身份号码的，填写税务机关赋予的纳税人识别号。

（二）基本情况

1. 手机号码：填写居民个人中国境内的有效手机号码。

2. 电子邮箱：填写居民个人有效电子邮箱地址。

3. 联系地址：填写居民个人能够接收信件的有效地址。

4. 邮政编码：填写居民个人“联系地址”对应的邮政编码。

（三）纳税地点

居民个人根据任职受雇情况，在选项 1 和选项 2 之间选择其一，并填写相应信息。若居民个人逾期办理汇算清缴申报被指定主管税务机关的，无需填写本部分。

1. 任职受雇单位信息：勾选“任职受雇单位所在地”并填写相关信息。

(1) 名称：填写任职受雇单位的法定名称全称。

(2) 纳税人识别号：填写任职受雇单位的纳税人识别号或者统一社会信用代码。

2. 户籍所在地/经常居住地/主要收入来源地：勾选“户籍所在地”的，填写居民户口簿中登记的住址。勾选“经常居住地”的，填写居民个人申领居住证上登载的居住地址；没有申领居住证的，填写居民个人实际居住地；实际居住地不在中国境内的，填写支付或者实际负担综合所得的境内单位或个人所在地。勾选“主要收入来源地”的，填写居民个人纳税年度内取得的劳务报酬、稿酬及特许权使用费三项所得累计收入最大的扣缴义务人所在地。

（四）申报类型

未曾办理过年度汇算申报，勾选“首次申报”；已办理过年度汇算申报，但有误需要更正的，勾选“更正申报”。

（五）综合所得个人所得税计算

1. 第 1 行“收入合计”：填写居民个人取得的综合所得收入合计金额。

第 1 行＝第 2 行＋第 3 行＋第 4 行＋第 5 行。

2. 第 2～5 行“工资、薪金”“劳务报酬”“稿酬”“特许权使用费”：填写居民个人取得的需要并入综合所得计税的“工资、薪金”“劳务报酬”“稿酬”“特许权使用费”所得收入金额。

3. 第 6 行“费用合计”：根据相关行次计算填报。

第 6 行＝(第 3 行＋第 4 行＋第 5 行)×20%。

4. 第 7 行“免税收入合计”：填写居民个人取得的符合税法规定的免税收入合计金额。

第 7 行＝第 8 行＋第 9 行。

5. 第 8 行“稿酬所得免税部分”：根据相关行次计算填报。

第 8 行＝第 4 行×(1－20%)×30%。

6. 第 9 行“其他免税收入”：填写居民个人取得的除第 8 行以外的符合税法规定的免税收入合计，并按规定附报《个人所得税减免税事项报告表》。

7. 第 10 行“减除费用”：填写税法规定的减除费用。

8. 第 11 行“专项扣除合计”：根据相关行次计算填报。

第 11 行＝第 12 行＋第 13 行＋第 14 行＋第 15 行。

9. 第 12～15 行“基本养老保险费”“基本医疗保险费”“失业保险费”“住房公积金”：填写居民个人按规定可以在税前扣除的基本养老保险费、基本医疗保险费、失业保险费、住房公积金金额。

10. 第 16 行“专项附加扣除合计”：根据相关行次计算填报，并按规定附报《个人所得税专项附加扣除信息表》。

第 16 行＝第 17 行＋第 18 行＋第 19 行＋第 20 行＋第 21 行＋第 22 行。

11. 第 17～22 行“子女教育”“继续教育”“大病医疗”“住房贷款利息”“住房租金”“赡养老人”：填写居民个人按规定可以在税前扣除的子女教育、继续教育、大病医疗、住房贷款利息、住房租金、赡养老人等专项附加扣除的金额。

12. 第 23 行“其他扣除合计”：根据相关行次计算填报。

第 23 行＝第 24 行＋第 25 行＋第 26 行＋第 27 行＋第 28 行。

13. 第 24～28 行“年金”“商业健康保险”“税延养老保险”“允许扣除的税费”“其他”：填写居民个人按规定可在税前扣除的年金、商业健康保险、税延养老保险、允许扣除的税费和其他扣除项目的金额。其中，填写商业健康保险的，应当按规定附报《商业健康保险税前扣除情况明细表》；填写税延养老保险的，应当按规定附报《个人税收递延型商业养老保险税前扣除情况明细表》。

14. 第 29 行“准予扣除的捐赠额”：填写居民个人按规定准予在税前扣除的公益慈善事业捐赠金额，并按规定附报《个人所得税公益慈善事业捐赠扣除明细表》。

15. 第 30 行“应纳税所得额”：根据相关行次计算填报。

第 30 行＝第 1 行－第 6 行－第 7 行－第 10 行－第 11 行－第 16 行－第 23 行－第 29 行。

16. 第 31、32 行“税率”“速算扣除数”：填写按规定适用的税率和速算扣除数。

17. 第 33 行“应纳税额”：按照相关行次计算填报。

第 33 行＝第 30 行×第 31 行－第 32 行。

(六) 全年一次性奖金个人所得税计算

无住所居民个人预缴时因预判为非居民个人而按取得数月奖金计算缴税的，汇缴时可以根据自身情况，将一笔数月奖金按照全年一次性奖金单独计算。

1. 第 34 行“全年一次性奖金收入”：填写无住所的居民个人纳税年度内预判为非居民个人时取得的一笔数月奖金收入金额。

2. 第 35 行“准予扣除的捐赠额”：填写无住所的居民个人按规定准予在税前扣除的公益慈善事业捐赠金额，并按规定附报《个人所得税公益慈善事业捐赠扣除明细表》。

3. 第 36、37 行“税率”“速算扣除数”：填写按照全年一次性奖金政策规定适用的税率和速算扣除数。

4. 第 38 行“应纳税额”：按照相关行次计算填报。

第 38 行=(第 34 行−第 35 行)×第 36 行−第 37 行。

（七）税额调整

1. 第 39 行“综合所得收入调整额”：填写居民个人按照税法规定可以办理的除第 39 行之前所填报内容之外的其他可以进行调整的综合所得收入的调整金额，并在“备注”栏说明调整的具体原因、计算方式等信息。

2. 第 40 行“应纳税额调整额”：填写居民个人按照税法规定调整综合所得收入后所应调整的应纳税额。

（八）应补/退个人所得税计算

1. 第 41 行“应纳税额合计”：根据相关行次计算填报。

第 41 行 = 第 33 行+第 38 行+第 40 行。

2. 第 42 行“减免税额”：填写符合税法规定的可以减免的税额，并按规定附报《个人所得税减免税事项报告表》。

3. 第 43 行“已缴税额”：填写居民个人取得在本表中已填报的收入对应的已经缴纳或者被扣缴的个人所得税。

4. 第 44 行“应补/退税额”：根据相关行次计算填报。

第 44 行=第 41 行−第 42 行−第 43 行。

（九）无住所个人附报信息

本部分由无住所居民个人填写。不是，则不填。

1. 纳税年度内在中国境内居住天数：填写纳税年度内，无住所居民个人在中国境内居住的天数。

2. 已在中国境内居住年数：填写无住所居民个人已在中国境内连续居住的年份数。其中，年份数自 2019 年(含)开始计算且不包含本纳税年度。

（十）退税申请

本部分由应补/退税额小于 0 且勾选“申请退税”的居民个人填写。

1. “开户银行名称”：填写居民个人在中国境内开立银行账户的银行名称。

2. “开户银行省份”：填写居民个人在中国境内开立的银行账户的开户银行所在省、自治区、直辖市或者计划单列市。

3. “银行账号”：填写居民个人在中国境内开立的银行账户的银行账号。

（十一）备注

填写居民个人认为需要特别说明的或者按照有关规定需要说明的事项。

四、其他事项说明

以纸质方式报送本表的，建议通过计算机填写打印，一式两份，纳税人、税务机关各留存一份。

附表 5-1　　企业所得税纳税调整工作底稿

| 序号 | 项目 | 计算过程 | 纳税调整增加额 | 纳税调整减少额 |
| --- | --- | --- | --- | --- |
| | | | | |

附表 5-2　　应纳税所得额计算表　　单位：元(列至角分)

| 行次 | 项　　目 | 金　额 |
|---|---|---|
| 1 | 纳税调整前所得 | |
| 2 | 加：纳税调整增加额 | |
| 3 | 其中： | |
| 4 | | |
| 5 | | |
| 6 | | |
| 7 | | |
| 8 | | |
| 9 | | |
| 10 | | |
| 11 | | |
| 12 | | |
| 13 | | |
| 14 | 减：纳税调整减少额 | |
| 15 | 其中： | |
| 16 | | |
| 17 | | |
| 18 | | |
| 19 | | |
| 20 | 纳税调整后所得 | |
| 21 | 减：弥补以前年度亏损 | |
| 22 | 减：免税所得 | |
| 23 | 其中： | |
| 24 | | |
| 25 | | |
| 26 | 应纳税所得额 | |

附表 5-3　　企业所得税应纳税额计算表　　单位：元(列至角分)

| 行次 | 项　　目 | 金　额 |
|---|---|---|
| 1 | 应纳税所得额 | |
| 2 | 适用税率 | |
| 3 | 应交所得税税额 | |
| 4 | 减：预缴所得税税额 | |
| 5 | | |
| 6 | | |
| 7 | 应补(退)的所得税税额 | |

**附表 5-4(A200000)　　中华人民共和国企业所得税月(季)度预缴纳税申报表(A 类)**

税款所属期间：　年　月　日至　年　月　日

纳税人识别号(统一社会信用代码)：□□□□□□□□□□□□□□□□□□

纳税人名称：　　　　　　　　　　　　　　　　　金额单位：人民币元(列至角分)

| 优惠及附报事项有关信息 | | | | | | | | | |
|---|---|---|---|---|---|---|---|---|---|
| 项　目 | 一季度 | | 二季度 | | 三季度 | | 四季度 | | 季度平均值 |
| | 季初 | 季末 | 季初 | 季末 | 季初 | 季末 | 季初 | 季末 | |
| 从业人数 | | | | | | | | | |
| 资产总额(万元) | | | | | | | | | |
| 国家限制或禁止行业 | □是　□否 | | | | 小型微利企业 | | | | □是　□否 |
| | 附报事项名称 | | | | | | | | 金额或选项 |
| 事项 1 | (填写特定事项名称) | | | | | | | | |
| 事项 2 | (填写特定事项名称) | | | | | | | | |
| | 预缴税款计算 | | | | | | | | 本年累计 |
| 1 | 营业收入 | | | | | | | | |
| 2 | 营业成本 | | | | | | | | |
| 3 | 利润总额 | | | | | | | | |
| 4 | 加：特定业务计算的应纳税所得额 | | | | | | | | |
| 5 | 减：不征税收入 | | | | | | | | |
| 6 | 减：资产加速折旧、摊销(扣除)调减额(填写 A201020) | | | | | | | | |
| 7 | 减：免税收入、减计收入、加计扣除(7.1+7.2+…) | | | | | | | | |
| 7.1 | (填写优惠事项名称) | | | | | | | | |
| 7.2 | (填写优惠事项名称) | | | | | | | | |
| 8 | 减：所得减免(8.1+8.2+…) | | | | | | | | |
| 8.1 | (填写优惠事项名称) | | | | | | | | |
| 8.2 | (填写优惠事项名称) | | | | | | | | |
| 9 | 减：弥补以前年度亏损 | | | | | | | | |
| 10 | 实际利润额(3+4-5-6-7-8-9)\按照上一纳税年度应纳税所得额平均额确定的应纳税所得额 | | | | | | | | |

（续表）

| | | 预缴税款计算 | 本年累计 |
|---|---|---|---|
| 11 | | 税率(25%) | |
| 12 | | 应纳所得税额(10×11) | |
| 13 | | 减:减免所得税额(13.1+13.2+…) | |
| 13.1 | | (填写优惠事项名称) | |
| 13.2 | | (填写优惠事项名称) | |
| 14 | | 减:本年实际已缴纳所得税额 | |
| 15 | | 减:特定业务预缴(征)所得税额 | |
| 16 | | 本期应补(退)所得税额(12-13-14-15)\税务机关确定的本期应纳所得税额 | |
| | | 汇总纳税企业总分机构税款计算 | |
| 17 | 总机构 | 总机构本期分摊应补(退)所得税额(18+19+20) | |
| 18 | | 其中:总机构分摊应补(退)所得税额(16×总机构分摊比例__%) | |
| 19 | | 财政集中分配应补(退)所得税额(16×财政集中分配比例__%) | |
| 20 | | 总机构具有主体生产经营职能的部门分摊所得税额(16×全部分支机构分摊比例__%×总机构具有主体生产经营职能部门分摊比例__%) | |
| 21 | 分支机构 | 分支机构本期分摊比例 | |
| 22 | | 分支机构本期分摊应补(退)所得税额 | |
| | | 实际缴纳企业所得税计算 | |
| 23 | | 减:民族自治地区企业所得税地方分享部分:□ 免征 □ 减征:减征幅度____% <br> 本年累计应减免金额[(12-13-15)×40%×减征幅度] | |
| 24 | | 实际应补(退)所得税额 | |

谨声明:本纳税申报表是根据国家税收法律法规及相关规定填报的,是真实的、可靠的、完整的。

纳税人(签章):　　　　年　月　日

| | |
|---|---|
| 经办人:<br>经办人身份证号:<br>代理机构签章:<br>代理机构统一社会信用代码: | 受理人:<br>受理税务机关(章):<br>受理日期:　　年　月　日 |

国家税务总局监制

## 中华人民共和国企业所得税月(季)度预缴纳税申报表(A类)填报说明

一、适用范围

本表适用于实行查账征收企业所得税的居民企业纳税人(以下简称"纳税人")在月(季)度预缴纳税申报时填报。执行《跨地区经营汇总纳税企业所得税征收管理办法》(国家税务总局公告2012年第57号发布,2018年第31号修改)的跨地区经营汇总纳税企业的分支机构,除预缴纳税申报时填报外,在年度纳税申报时也填报本表。省(自治区、直辖市和计划单列市)税务机关对仅在本省(自治区、直辖市和计划单列市)内设立不具有法人资格分支机构的企业,参照《跨地区经营汇总纳税企业所得税征收管理办法》征收管理的,企业的分支机构在除预缴纳税申报时填报外,在年度纳税申报时也填报本表。

二、表头项目

(一)税款所属期间

1. 月(季)度预缴纳税申报正常经营的纳税人,填报税款所属期月(季)度第一日至税款所属期月(季)度最后一日;年度中间开业的纳税人,在首次月(季)度预缴纳税申报时,填报开始经营之日至税款所属月(季)度最后一日,以后月(季)度预缴纳税申报时按照正常情况填报;年度中间终止经营活动的纳税人,在终止经营活动当期纳税申报时,填报税款所属期月(季)度第一日至终止经营活动之日,以后月(季)度预缴纳税申报时不再填报。

2. 年度纳税申报填报税款所属年度1月1日至12月31日。

(二)纳税人识别号(统一社会信用代码)

填报税务机关核发的纳税人识别号或有关部门核发的统一社会信用代码。

(三)纳税人名称

填报营业执照、税务登记证等证件载明的纳税人名称。

三、优惠及附报事项信息

本项下所有项目按季度填报。按月申报的纳税人,在季度最后一个属期的月份填报。企业类型为"跨地区经营汇总纳税企业分支机构"的,不填报"优惠及附报事项有关信息"所有项目。

(一)从业人数

必报项目。

纳税人填报第一季度至税款所属季度各季度的季初、季末、季度平均从业人员的数量。季度中间开业的纳税人,填报开业季度至税款所属季度各季度的季初、季末从业人员的数量,其中开业季度"季初"填报开业时从业人员的数量。季度中间停止经营的纳税人,填报第一季度至停止经营季度各季度的季初、季末从业人员的数量,其中停止经营季度"季末"填报停止经营时从业人员的数量。"季度平均值"填报截至本税款所属期末从业人员数量的季度平均值,计算方法如下:

$$\text{各季度平均值}=(\text{季初值}+\text{季末值})\div 2$$

$$\begin{matrix}\text{截至本税款所属}\\\text{期末季度平均值}\end{matrix}=\begin{matrix}\text{截至本税款所属期末}\\\text{各季度平均值之和}\end{matrix}\div\begin{matrix}\text{相应}\\\text{季度数}\end{matrix}$$

年度中间开业或者终止经营活动的,以其实际经营期计算上述指标。

从业人数是指与企业建立劳动关系的职工人数和企业接受的劳务派遣用工人数之和。汇总纳税企业总机构填报包括分支机构在内的所有从业人数。

（二）资产总额（万元）

必报项目。

纳税人填报第一季度至税款所属季度各季度的季初、季末、季度平均资产总额的金额。季度中间开业的纳税人，填报开业季度至税款所属季度各季度的季初、季末资产总额的金额，其中开业季度“季初”填报开业时资产总额的金额。季度中间停止经营的纳税人，填报第一季度至停止经营季度各季度的季初、季末资产总额的金额，其中停止经营季度“季末”填报停止经营时资产总额的金额。“季度平均值”填报截至本税款所属期末资产总额金额的季度平均值，计算方法如下：

$$各季度平均值=(季初值+季末值)\div 2$$

$$\frac{截至本税款所属}{期末季度平均值}=\frac{截至本税款所属期末}{各季度平均值之和}\div\frac{相应}{季度数}$$

年度中间开业或者终止经营活动的，以其实际经营期计算上述指标。

填报单位为人民币万元，保留小数点后2位。

（三）国家限制或禁止行业

必报项目。

纳税人从事行业为国家限制或禁止行业的，选择“是”；其他选择“否”。

（四）小型微利企业

必报项目。

本纳税年度截至本期末的从业人数季度平均值不超过300人、资产总额季度平均值不超过5 000万元、本表“国家限制或禁止行业”选择“否”且本期本表第10行“实际5利润额\按照上一纳税年度应纳税所得额平均额确定的应纳税所得额”不超过300万元的纳税人，选择“是”；否则选择“否”。

（五）附报事项

纳税人根据《企业所得税申报事项目录》，发生符合税法相关规定的支持新型冠状病毒感染的肺炎疫情防控捐赠支出、扶贫捐赠支出、软件集成电路企业优惠政策适用类型等特定事项时，填报事项名称、该事项本年累计享受金额或选择享受优惠政策的有关信息。同时发生多个事项，可以增加行次。

四、预缴税款计算

预缴方式为“按照实际利润额预缴”的纳税人，填报第1行至第16行，预缴方式为“按照上一纳税年度应纳税所得额平均额预缴”的纳税人填报第10、11、12、13、14、16行，预缴方式为“按照税务机关确定的其他方法预缴”的纳税人填报第16行。

1. 第1行“营业收入”：填报纳税人截至本税款所属期末，按照国家统一会计制度规定核算的本年累计营业收入。

如：以前年度已经开始经营且按季度预缴纳税申报的纳税人，第二季度预缴纳税申报时本行填报本年1月1日至6月30日期间的累计营业收入。

2. 第2行“营业成本”：填报纳税人截至本税款所属期末，按照国家统一会计制度规定核算的本年累计营业成本。

3. 第 3 行“利润总额”：填报纳税人截至本税款所属期末，按照国家统一会计制度规定核算的本年累计利润总额。

4. 第 4 行“特定业务计算的应纳税所得额”：从事房地产开发等特定业务的纳税人，填报按照税收规定计算的特定业务的应纳税所得额。房地产开发企业销售未完工开发产品取得的预售收入，按照税收规定的预计计税毛利率计算出预计毛利额，扣除实际缴纳且在会计核算中未计入当期损益的土地增值税等税金及附加后的金额，在此行填报。

5. 第 5 行“不征税收入”：填报纳税人已经计入本表“利润总额”行次但税收规定不征税收入的本年累计金额。

6. 第 6 行“资产加速折旧、摊销(扣除)调减额”：填报资产税收上享受加速折旧、摊销优惠政策计算的折旧额、摊销额大于同期会计折旧额、摊销额期间发生纳税调减的本年累计金额。

本行根据《资产加速折旧、摊销(扣除)优惠明细表》(A201020)填报。

7. 第 7 行“免税收入、减计收入、加计扣除”：根据相关行次计算结果填报。根据《企业所得税申报事项目录》，在第 7.1 行、第 7.2 行……填报税收规定的免税收入、减计收入、加计扣除等优惠事项的具体名称和本年累计金额。发生多项且根据税收规定可以同时享受的优惠事项，可以增加行次，但每个事项仅能填报一次。

8. 第 8 行“所得减免”：根据相关行次计算结果填报。第 3＋4－5－6－7 行≤0 时，本行不填报。

根据《企业所得税申报事项目录》，在第 8.1 行、第 8.2 行……填报税收规定的所得减免优惠事项的名称和本年累计金额。发生多项且根据税收规定可以同时享受的优惠事项，可以增加行次，但每个事项仅能填报一次。每项优惠事项下有多个具体项目的，应分别确定各具体项目所得，并填写盈利项目(项目所得＞0)的减征、免征所得额的合计金额。

9. 第 9 行“弥补以前年度亏损”：填报纳税人截至本税款所属期末，按照税收规定在企业所得税税前弥补的以前年度尚未弥补亏损的本年累计金额。

当本表第 3＋4－5－6－7－8 行≤0 时，本行＝0。

10. 第 10 行“实际利润额\按照上一纳税年度应纳税所得额平均额确定的应纳税所得额”：预缴方式为“按照实际利润额预缴”的纳税人，根据本表相关行次计算结果填报，第 10 行＝第 3＋4－5－6－7－8－9 行；预缴方式为“按照上一纳税年度应纳税所得额平均额预缴”的纳税人，填报按照上一纳税年度应纳税所得额平均额计算的本年累计金额。

11. 第 11 行“税率(25%)”：填报 25%。

12. 第 12 行“应纳所得税额”：根据相关行次计算结果填报。第 12 行＝第 10×11 行，且第 12 行≥0。

13. 第 13 行“减免所得税额”：根据相关行次计算结果填报。根据《企业所得税申报事项目录》，在第 13.1 行、第 13.2 行……填报税收规定的减免所得税额优惠事项的具体名称和本年累计金额。发生多项且根据税收规定可以同时享受的优惠事项，可以增加行次，但每个事项仅能填报一次。

14. 第 14 行“本年实际已缴纳所得税额”：填报纳税人按照税收规定已在此前月(季)度申报预缴企业所得税的本年累计金额。

建筑企业总机构直接管理的跨地区设立的项目部，按照税收规定已经向项目所在地主管税务机关预缴企业所得税的金额不填本行，而是填入本表第15行。

15. 第15行“特定业务预缴(征)所得税额”：填报建筑企业总机构直接管理的跨地区设立的项目部，按照税收规定已经向项目所在地主管税务机关预缴企业所得税的本年累计金额。

本行本期填报金额不得小于本年上期申报的金额。

16. 第16行“本期应补(退)所得税额\税务机关确定的本期应纳所得税额”：按照不同预缴方式，分情况填报：

预缴方式为“按照实际利润额预缴”以及“按照上一纳税年度应纳税所得额平均额预缴”的纳税人，根据本表相关行次计算填报。第16行＝第12－13－14－15行，当第12－13－14－15行＜0时，本行填0。其中，企业所得税收入全额归属中央且按比例就地预缴企业的分支机构，以及在同一省(自治区、直辖市、计划单列市)内的按比例就地预缴企业的分支机构，第16行＝第12行×就地预缴比例－第13行×就地预缴比例－第14行－第15行，当第12行×就地预缴比例－第13行×就地预缴比例－第14行－第15行＜0时，本行填0。

预缴方式为“按照税务机关确定的其他方法预缴”的纳税人，本行填报本期应纳企业所得税的金额。

五、汇总纳税企业总分机构税款计算

“跨地区经营汇总纳税企业总机构”的纳税人填报第17、18、19、20行；“跨地区经营汇总纳税企业分支机构”的纳税人填报第21、22行。

1. 第17行“总机构本期分摊应补(退)所得税额”：跨地区经营汇总纳税企业的总机构根据相关行次计算结果填报，第17行＝第18＋19＋20行。

2. 第18行“总机构分摊应补(退)所得税额(16×总机构分摊比例____%)”：根据相关行次计算结果填报，第18行＝第16行×总机构分摊比例。其中：跨省、自治区、直辖市和计划单列市经营的汇总纳税企业“总机构分摊比例”填报25%，同一省(自治区、直辖市、计划单列市)内跨地区经营汇总纳税企业“总机构分摊比例”按照各省(自治区、直辖市、计划单列市)确定的总机构分摊比例填报。

3. 第19行“财政集中分配应补(退)所得税额(16×财政集中分配比例____%)”：根据相关行次计算结果填报，第19行＝第16行×财政集中分配比例。其中：跨省、自治区、直辖市和计划单列市经营的汇总纳税企业“财政集中分配比例”填报25%，同一省(自治区、直辖市、计划单列市)内跨地区经营汇总纳税企业“财政集中分配比例”按照各省(自治区、直辖市、计划单列市)确定的财政集中分配比例填报。

4. 第20行“总机构具有主体生产经营职能的部门分摊所得税额(16×全部分支机构分摊比例____%×总机构具有主体生产经营职能部门分摊比例____%)”：根据相关行次计算结果填报，第20行＝第16行×全部分支机构分摊比例×总机构具有主体生产经营职能部门分摊比例。其中：跨省、自治区、直辖市和计划单列市经营的汇总纳税企业“全部分支机构分摊比例”填报50%，同一省(自治区、直辖市、计划单列市)内跨地区经营汇总纳税企业“分支机构分摊比例”按照各省(自治区、直辖市、计划单列市)确定的分支机构分摊比例填报；“总机构具有主体生产经营职能部门分摊比例”按照设立的具有主体生产经营职能的部门在参与税款分摊的全部分支机构中的分摊比例填报。

5. 第 21 行“分支机构本期分摊比例”：跨地区经营汇总纳税企业分支机构填报其总机构出具的本期《企业所得税汇总纳税分支机构所得税分配表》“分配比例”列次中列示的本分支机构的分配比例。

6. 第 22 行“分支机构本期分摊应补(退)所得税额”：跨地区经营汇总纳税企业分支机构填报其总机构出具的本期《企业所得税汇总纳税分支机构所得税分配表》“分配所得税额”列次中列示的本分支机构应分摊的所得税额。

六、实际缴纳企业所得税

适用于民族自治地区纳税人填报。

1. 第 23 行“民族自治地方的自治机关对本民族自治地方的企业应缴纳的企业所得税中属于地方分享的部分减征或免征(□免征 □减征：减征幅度____%)”：根据《中华人民共和国企业所得税法》《中华人民共和国民族区域自治法》《财政部国家税务总局关于贯彻落实国务院关于实施企业所得税过渡优惠政策有关问题的通知》(财税〔2008〕21 号)等规定，实行民族区域自治的自治区、自治州、自治县的自治机关对本民族自治地方的企业应缴纳的企业所得税中属于地方分享的部分，可以决定免征或减征，自治州、自治县决定减征或者免征的，须报省、自治区、直辖市人民政府批准。

纳税人填报该行次时，根据享受政策的类型选择“免征”或“减征”，二者必选其一。选择“免征”是指免征企业所得税税收地方分享部分；选择“减征：减征幅度____%”是指减征企业所得税税收地方分享部分。此时需填写“减征幅度”，减征幅度填写范围为 1 至 100，表示企业所得税税收地方分享部分的减征比例。例如：地方分享部分减半征收，则选择“减征”，并在“减征幅度”后填写“50%”。

本行填报纳税人按照规定享受的民族自治地方的自治机关对本民族自治地方的企业应缴纳的企业所得税中属于地方分享的部分减征或免征额的本年累计金额。

2. 第 24 行“本期实际应补(退)所得税额”：本行填报民族自治地区纳税人本期实际应补(退)所得税额。

附表 5-5　　　　　　　　　中华人民共和国企业所得税年度纳税申报表封面

# 中华人民共和国企业所得税年度纳税申报表

（A类，2017年版）

税款所属期间：　　年　　月　　日至　　年　　月　　日

纳税人识别号

（统一社会信用代码）：□□□□□□□□□□□□□□□□□□

纳税人名称：

金额单位：人民币元（列至角分）

谨声明：本纳税申报表是根据国家税收法律法规及相关规定填报的，是真实的、可靠的、完整的。

纳税人（签章）：

年　　月　　日

| | |
|---|---|
| 经办人：<br>经办人身份证号：<br>代理机构签章： | 受理人：<br>受理税务机关（章）：<br>受理日期：　　年　　月　　日 |

国家税务总局监制

**附表 5-6(A100000)　　　　中华人民共和国企业所得税年度纳税申报表(A 类)**

| 行次 | 类别 | 项目 | 金额 |
|---|---|---|---|
| 1 | 利润总额计算 | 一、营业收入(填写 A101010\101020\103000) | |
| 2 | | 减:营业成本(填写 A102010\102020\103000) | |
| 3 | | 减:税金及附加 | |
| 4 | | 减:销售费用(填写 A104000) | |
| 5 | | 减:管理费用(填写 A104000) | |
| 6 | | 减:财务费用(填写 A104000) | |
| 7 | | 减:资产减值损失 | |
| 8 | | 加:公允价值变动收益 | |
| 9 | | 加:投资收益 | |
| 10 | | 二、营业利润(1－2－3－4－5－6－7＋8＋9) | |
| 11 | | 加:营业外收入(填写 A101010\101020\103000) | |
| 12 | | 减:营业外支出(填写 A102010\102020\103000) | |
| 13 | | 三、利润总额(10＋11－12) | |
| 14 | 应纳税所得额计算 | 减:境外所得(填写 A108010) | |
| 15 | | 加:纳税调整增加额(填写 A105000) | |
| 16 | | 减:纳税调整减少额(填写 A105000) | |
| 17 | | 减:免税、减计收入及加计扣除(填写 A107010) | |
| 18 | | 加:境外应税所得抵减境内亏损(填写 A108000) | |
| 19 | | 四、纳税调整后所得(13－14＋15－16－17＋18) | |
| 20 | | 减:所得减免(填写 A107020) | |
| 21 | | 减:弥补以前年度亏损(填写 A106000) | |
| 22 | | 减:抵扣应纳税所得额(填写 A107030) | |
| 23 | | 五、应纳税所得额(19－20－21－22) | |
| 24 | 应纳税额计算 | 税率(25%) | |
| 25 | | 六、应纳所得税额(23×24) | |
| 26 | | 减:减免所得税额(填写 A107040) | |
| 27 | | 减:抵免所得税额(填写 A107050) | |
| 28 | | 七、应纳税额(25－26－27) | |
| 29 | | 加:境外所得应纳所得税额(填写 A108000) | |
| 30 | | 减:境外所得抵免所得税额(填写 A108000) | |
| 31 | | 八、实际应纳所得税额(28＋29－30) | |
| 32 | | 减:本年累计实际已缴纳的所得税额 | |
| 33 | | 九、本年应补(退)所得税额(31－32) | |
| 34 | | 其中:总机构分摊本年应补(退)所得税额(填写 A109000) | |
| 35 | | 财政集中分配本年应补(退)所得税额(填写 A109000) | |
| 36 | | 总机构主体生产经营部门分摊本年应补(退)所得税额(填写 A109000) | |
| 37 | 实际应纳税额计算 | 减:民族自治地区企业所得税地方分享部分:(□免征　□减征:减征幅度____%) | |
| 38 | | 十、本年实际应补(退)所得税额(33－37) | |

# 企业所得税年度纳税申报表(A类)填报说明

（一）表体项目。

本表是在纳税人会计利润总额的基础上，加减纳税调整等金额后计算出“纳税调整后所得”。会计与税法的差异（包括收入类、扣除类、资产类等差异）通过纳税调整项目明细表（A105000）集中填报。

本表包括利润总额计算、应纳税所得额计算、应纳税额计算三个部分。

1. “利润总额计算”中的项目，按照国家统一会计制度规定计算填报。实行企业会计准则、小企业会计准则、企业会计制度、分行业会计制度的纳税人，其数据直接取自利润表（另有说明的除外）；实行事业单位会计准则的纳税人，其数据取自收入支出表；实行民间非营利组织会计制度的纳税人，其数据取自业务活动表；实行其他国家统一会计制度的纳税人，根据本表项目进行分析填报。

2. “应纳税所得额计算”和“应纳税额计算”中的项目，除根据主表逻辑关系计算以外，通过附表相应栏次填报。

（二）行次说明。

第1行至第13行参照国家统一会计制度规定填写。本部分未设“研发费用”“其他收益”“资产处置收益”等项目，对于已执行《财政部关于修订印发2019年度一般企业财务报表格式的通知》（财会〔2019〕6号）的纳税人，在利润表中归集的“研发费用”通过期间费用明细表（A104000）第19行“十九、研究费用”的管理费用相应列次填报；在《利润表》中归集的“其他收益”“资产处置收益”“信用减值损失”“净敞口套期收益”项目则无需填报，同时第10行“二、营业利润”不执行“第10行＝第1行－第2行－第3行－第4行－第5行－第6行－第7行＋第8行＋第9行”的表内关系，按照利润表“营业利润”项目直接填报。

1. 第1行“营业收入”：填报纳税人主要经营业务和其他经营业务取得的收入总额。本行根据“主营业务收入”和“其他业务收入”的数额填报。一般企业纳税人根据一般企业收入明细表（A101010）填报；金融企业纳税人根据金融企业收入明细表（A101020）填报；事业单位、社会团体、民办非企业单位、非营利组织等纳税人根据事业单位、民间非营利组织收入、支出明细表（A103000）填报。

2. 第2行“营业成本”项目：填报纳税人主要经营业务和其他经营业务发生的成本总额。本行根据“主营业务成本”和“其他业务成本”的数额填报。一般企业纳税人根据一般企业成本支出明细表（A102010）填报；金融企业纳税人根据金融企业支出明细表（A102020）填报；事业单位、社会团体、民办非企业单位、非营利组织等纳税人，根据事业单位、民间非营利组织收入、支出明细表（A103000）填报。

3. 第3行“税金及附加”：填报纳税人经营活动发生的消费税、城市维护建设税、资源税、土地增值税和教育费附加等相关税费。本行根据纳税人相关会计科目填报。纳税人在其他会计科目核算的税金不得重复填报。

4. 第4行“销售费用”：填报纳税人在销售商品和材料、提供劳务的过程中发生的各种费用。本行根据期间费用明细表（A104000）中对应的“销售费用”填报。

5. 第5行“管理费用”：填报纳税人为组织和管理企业生产经营发生的管理费用。本行根据期间费用明细表（A104000）中对应的“管理费用”填报。

6. 第 6 行“财务费用”：填报纳税人为筹集生产经营所需资金等发生的筹资费用。本行根据期间费用明细表（A104000）中对应的“财务费用”填报。

7. 第 7 行“资产减值损失”：填报纳税人计提各项资产准备发生的减值损失。本行根据企业“资产减值损失”科目上的数额填报。实行其他会计制度的比照填报。

8. 第 8 行“公允价值变动收益”：填报纳税人在初始确认时划分为以公允价值计量且其变动计入当期损益的金融资产或金融负债（包括交易性金融资产或负债，直接指定为以公允价值计量且其变动计入当期损益的金融资产或金融负债），以及采用公允价值模式计量的投资性房地产、衍生工具和套期业务中公允价值变动形成的应计入当期损益的利得或损失。本行根据企业“公允价值变动损益”科目的数额填报，损失以“－”号填列。

9. 第 9 行“投资收益”：填报纳税人以各种方式对外投资所取得的收益或发生的损失。根据企业“投资收益”科目的数额计算填报，实行事业单位会计准则的纳税人根据“其他收入”科目中的投资收益金额分析填报，损失以“－”号填列。实行其他会计制度的纳税人比照填报。

10. 第 10 行“营业利润”：填报纳税人当期的营业利润。根据上述项目计算填报。已执行《财政部关于修订印发 2019 年度一般企业财务报表格式的通知》（财会〔2019〕6 号）和《财政部关于修订印发 2018 年度金融企业财务报表格式的通知》（财会〔2018〕36 号）的纳税人，根据利润表对应项目填列，不执行本行计算规则。

11. 第 11 行“营业外收入”：填报纳税人取得的与其经营活动无直接关系的各项收入的金额。一般企业纳税人根据一般企业收入明细表（A101010）填报；金融企业纳税人根据金融企业收入明细表（A101020）填报；实行事业单位会计准则或民间非营利组织会计制度的纳税人根据事业单位、民间非营利组织收入、支出明细表（A103000）填报。

12. 第 12 行“营业外支出”：填报纳税人发生的与其经营活动无直接关系的各项支出的金额。一般企业纳税人根据一般企业成本支出明细表（A102010）填报；金融企业纳税人根据金融企业支出明细表（A102020）填报；实行事业单位会计准则或民间非营利组织会计制度的纳税人根据事业单位、民间非营利组织收入、支出明细表（A103000）填报。

13. 第 13 行“利润总额”：填报纳税人当期的利润总额。根据上述项目计算填报。

14. 第 14 行“境外所得”：填报已计入利润总额以及按照税法相关规定已在《纳税调整项目明细表》（A105000）进行纳税调整的境外所得金额。本行根据境外所得纳税调整后所得明细表（A108010）填报。

15. 第 15 行“纳税调整增加额”：填报纳税人会计处理与税收规定不一致，进行纳税调整增加的金额。本行根据纳税调整项目明细表（A105000）“调增金额”列填报。

16. 第 16 行“纳税调整减少额”：填报纳税人会计处理与税收规定不一致，进行纳税调整减少的金额。本行根据纳税调整项目明细表（A105000）“调减金额”列填报。

17. 第 17 行“免税、减计收入及加计扣除”：填报属于税收规定免税收入、减计收入、加计扣除金额。本行根据免税、减计收入及加计扣除优惠明细表（A107010）填报。

18. 第 18 行“境外应税所得抵减境内亏损”：当纳税人选择不用境外所得抵减境内亏损时，填报 0；当纳税人选择用境外所得抵减境内亏损时，填报境外所得抵减当年度境内亏损的金额。用境外所得弥补以前年度境内亏损的，还需填报企业所得税弥补亏损明细表（A106000）和境外所得税收抵免明细表（A108000）。

19. 第 19 行“纳税调整后所得”：填报纳税人经过纳税调整、税收优惠、境外所得计算后的所得额。

20. 第 20 行“所得减免”:填报属于税收规定的所得减免金额。本行根据所得减免优惠明细表(A107020)填报。

21. 第 21 行“弥补以前年度亏损”:填报纳税人按照税收规定可在税前弥补的以前年度亏损数额。本行根据企业所得税弥补亏损明细表(A106000)填报。

22. 第 22 行“抵扣应纳税所得额”:填报根据税收规定应抵扣的应纳税所得额。本行根据抵扣应纳税所得额明细表(A107030)填报。

23. 第 23 行“应纳税所得额”:填报第 19 行一第 20 行一第 21 行一第 22 行金额。按照上述行次顺序计算结果为负数的,本行按 0 填报。

24. 第 24 行“税率”:填报税收规定的税率 25%。

25. 第 25 行“应纳所得税额”:填报第 23 行×第 24 行金额。

26. 第 26 行“减免所得税额”:填报纳税人按税收规定实际减免的企业所得税额。本行根据减免所得税优惠明细表(A107040)填报。

27. 第 27 行“抵免所得税额”:填报企业当年的应纳所得税额中抵免的金额。本行根据税额抵免优惠明细表(A107050)填报。

28. 第 28 行“应纳税额”:填报第 25 行一第 26 行一第 27 行金额。

29. 第 29 行“境外所得应纳所得税额”:填报纳税人来源于中国境外的所得,按照我国税收规定计算的应纳所得税额。本行根据境外所得税收抵免明细表(A108000)填报。

30. 第 30 行“境外所得抵免所得税额”:填报纳税人来源于中国境外所得依照中国境外税收法律以及相关规定应缴纳并实际缴纳(包括视同已实际缴纳)的企业所得税性质的税款(准予抵免税款)。本行根据境外所得税收抵免明细表(A108000)填报。

31. 第 31 行“实际应纳所得税额”:填报第 28 行+第 29 行一第 30 行金额。其中,跨地区经营企业类型为“分支机构(须进行完整年度申报并按比例纳税)”的纳税人,填报(第 28 行+第 29 行一第 30 行)×“分支机构就地纳税比例”金额。

32. 第 32 行“本年累计实际已缴纳的所得税额”:填报纳税人按照税收规定本纳税年度已在月(季)度累计预缴的所得税额,包括按照税收规定的特定业务已预缴(征)的所得税额,建筑企业总机构直接管理的跨地区设立的项目部按规定向项目所在地主管税务机关预缴的所得税额。

33. 第 33 行“本年应补(退)的所得税额”:填报第 31 行一第 32 行金额。

34. 第 34 行“总机构分摊本年应补(退)所得税额”:填报汇总纳税的总机构按照税收规定在总机构所在地分摊本年应补(退)所得税额。本行根据跨地区经营汇总纳税企业年度分摊企业所得税明细表(A109000)填报。

35. 第 35 行“财政集中分配本年应补(退)所得税额”:填报汇总纳税的总机构按照税收规定财政集中分配本年应补(退)所得税款。本行根据跨地区经营汇总纳税企业年度分摊企业所得税明细表》A109000)填报。

36. 第 36 行“总机构主体生产经营部门分摊本年应补(退)所得税额”:填报汇总纳税的总机构所属的具有主体生产经营职能的部门按照税收规定应分摊的本年应补(退)所得税额。本行根据跨地区经营汇总纳税企业年度分摊企业所得税明细表(A109000)填报。

37. 第 37 行“减:民族自治地区企业所得税地方分享部分:(□ 免征 □ 减征:减征幅

度　%)”:根据《中华人民共和国企业所得税法》《中华人民共和国民族区域自治法》《财政部　国家税务总局关于贯彻落实国务院关于实施企业所得税过渡优惠政策有关问题的通知》(财税〔2008〕21 号)等规定,实行民族区域自治的自治区、自治州、自治县的自治机关对本民族自治地方的企业应缴纳的企业所得税中属于地方分享的部分,可以决定减征或免征,自治州、自治县决定减征或者免征的,须报省、自治区、直辖市人民政府批准。

纳税人填报该行次时,根据享受政策的类型选择“免征”或“减征”,二者必选其一。选择“免征”是指免征企业所得税税收地方分享部分;选择“减征:减征幅度%”是指减征企业所得税税收地方分享部分。此时需填写“减征幅度”,减征幅度填写范围为 1 至 100,表示企业所得税税收地方分享部分的减征比例。例如:地方分享部分减半征收,则选择“减征”,并在“减征幅度”后填写“50%”。

企业类型为“非跨地区经营企业”的,本行填报“实际应纳所得税额”×40%×减征幅度－本年度预缴申报累计已减免的地方分享部分减免金额的余额。企业类型为“跨地区经营汇总纳税企业总机构”的,本行填报《跨地区经营汇总纳税企业年度分摊企业所得税明细表》(A109000)第 20 行“总机构因民族地方优惠调整分配金额”的金额。

38. 第 38 行“十、本年实际应补(退)所得税额”:填报纳税人当期实际应补(退)的所得税额。企业类型为“非跨地区经营企业”的,本行填报第 33－37 行金额。企业类型为“跨地区经营汇总纳税企业总机构”的,本行填报《跨地区经营汇总纳税企业年度分摊企业所得税明细表》(A109000)第 21 行“八、总机构本年实际应补(退)所得税额”的金额。

附表 5-7(A101010)　　一般企业收入明细表

| 行次 | 项　　目 | 金　额 |
|---|---|---|
| 1 | 一、营业收入(2+9) | |
| 2 | (一) 主营业务收入(3+5+6+7+8) | |
| 3 | 1. 销售商品收入 | |
| 4 | 其中:非货币性资产交换收入 | |
| 5 | 2. 提供劳务收入 | |
| 6 | 3. 建造合同收入 | |
| 7 | 4. 让渡资产使用权收入 | |
| 8 | 5. 其他 | |
| 9 | (二) 其他业务收入(10+12+13+14+15) | |
| 10 | 1. 销售材料收入 | |
| 11 | 其中:非货币性资产交换收入 | |
| 12 | 2. 出租固定资产收入 | |
| 13 | 3. 出租无形资产收入 | |
| 14 | 4. 出租包装物和商品收入 | |
| 15 | 5. 其他 | |
| 16 | 二、营业外收入(17+18+19+20+21+22+23+24+25+26) | |
| 17 | (一) 非流动资产处置利得 | |
| 18 | (二) 非货币性资产交换利得 | |
| 19 | (三) 债务重组利得 | |
| 20 | (四) 政府补助利得 | |
| 21 | (五) 盘盈利得 | |
| 22 | (六) 捐赠利得 | |
| 23 | (七) 罚没利得 | |
| 24 | (八) 确实无法偿付的应付款项 | |
| 25 | (九) 汇兑收益 | |
| 26 | (十) 其他 | |

**附表 5-8(A102010)** **一般企业成本支出明细表**

| 行次 | 项　　　目 | 金　额 |
|---|---|---|
| 1 | 一、营业成本(2+9) | |
| 2 | (一) 主营业务成本(3+5+6+7+8) | |
| 3 | 1. 销售商品成本 | |
| 4 | 其中:非货币性资产交换成本 | |
| 5 | 2. 提供劳务成本 | |
| 6 | 3. 建造合同成本 | |
| 7 | 4. 让渡资产使用权成本 | |
| 8 | 5. 其他 | |
| 9 | (二) 其他业务成本(10+12+13+14+15) | |
| 10 | 1. 销售材料成本 | |
| 11 | 其中:非货币性资产交换成本 | |
| 12 | 2. 出租固定资产成本 | |
| 13 | 3. 出租无形资产成本 | |
| 14 | 4. 包装物出租成本 | |
| 15 | 5. 其他 | |
| 16 | 二、营业外支出(17+18+19+20+21+22+23+24+25+26) | |
| 17 | (一) 非流动资产处置损失 | |
| 18 | (二) 非货币性资产交换损失 | |
| 19 | (三) 债务重组损失 | |
| 20 | (四) 非常损失 | |
| 21 | (五) 捐赠支出 | |
| 22 | (六) 赞助支出 | |
| 23 | (七) 罚没支出 | |
| 24 | (八) 坏账损失 | |
| 25 | (九) 无法收回的债券股权投资损失 | |
| 26 | (十) 其他 | |

附表 5-9(A105000)　　纳税调整项目明细表

| 行次 | 项　目 | 账载金额 | 税收金额 | 调增金额 | 调减金额 |
|---|---|---|---|---|---|
| | | 1 | 2 | 3 | 4 |
| 1 | 一、收入类调整项目(2＋3＋…8＋10＋11) | * | * | | |
| 2 | (一) 视同销售收入(填写 A105010) | * | | | * |
| 3 | (二) 未按权责发生制原则确认的收入(填写 A105020) | | | | |
| 4 | (三) 投资收益(填写 A105030) | | | | |
| 5 | (四) 按权益法核算长期股权投资对初始投资成本调整确认收益 | * | * | * | |
| 6 | (五) 交易性金融资产初始投资调整 | * | * | | * |
| 7 | (六) 公允价值变动净损益 | | * | | |
| 8 | (七) 不征税收入 | * | * | | |
| 9 | 其中:专项用途财政性资金(填写 A105040) | * | * | | |
| 10 | (八) 销售折扣、折让和退回 | | | | |
| 11 | (九) 其他 | | | | |
| 12 | 二、扣除类调整项目(13＋14＋…24＋26＋27＋28＋29＋30) | * | * | | |
| 13 | (一) 视同销售成本(填写 A105010) | * | | * | |
| 14 | (二) 职工薪酬(填写 A105050) | | | | |
| 15 | (三) 业务招待费支出 | | | | * |
| 16 | (四) 广告费和业务宣传费支出(填写 A105060) | * | * | | |
| 17 | (五) 捐赠支出(填写 A105070) | | | | |
| 18 | (六) 利息支出 | | | | |
| 19 | (七) 罚金、罚款和被没收财物的损失 | | * | | * |
| 20 | (八) 税收滞纳金、加收利息 | | * | | * |
| 21 | (九) 赞助支出 | | * | | * |
| 22 | (十) 与未实现融资收益相关在当期确认的财务费用 | | | | |
| 23 | (十一) 佣金和手续费支出(保险企业填写 A105060) | | | | |
| 24 | (十二) 不征税收入用于支出所形成的费用 | * | * | | * |
| 25 | 其中:专项用途财政性资金用于支出所形成的费用(填写 A105040) | * | * | | * |
| 26 | (十三) 跨期扣除项目 | | | | |

（续表）

| 行次 | 项　目 | 账载金额 | 税收金额 | 调增金额 | 调减金额 |
|---|---|---|---|---|---|
| | | 1 | 2 | 3 | 4 |
| 27 | （十四）与取得收入无关的支出 | | * | | * |
| 28 | （十五）境外所得分摊的共同支出 | * | * | | * |
| 29 | （十六）党组织工作经费 | | | | |
| 30 | （十七）其他 | | | | |
| 31 | 三、资产类调整项目(32＋33＋34＋35) | * | * | | |
| 32 | （一）资产折旧、摊销(填写 A105080) | | | | |
| 33 | （二）资产减值准备金 | | * | | |
| 34 | （三）资产损失(填写 A105090) | | | | |
| 35 | （四）其他 | | | | |
| 36 | 四、特殊事项调整项目(37＋38＋…＋43) | * | * | | |
| 37 | （一）企业重组及递延纳税事项(填写 A105100) | | | | |
| 38 | （二）政策性搬迁(填写 A105110) | * | * | | |
| 39 | （三）特殊行业准备金<br>(39.1＋39.2＋39.4＋39.5＋39.6＋39.7) | * | * | | |
| 39.1 | 1. 保险公司保险保障基金 | | | | |
| 39.2 | 2. 保险公司准备金 | | | | |
| 39.3 | 其中:已发生未报案未决赔款准备金 | | | | |
| 39.4 | 3. 证券行业准备金 | | | | |
| 39.5 | 4. 期货行业准备金 | | | | |
| 39.6 | 5. 中小企业融资(信用)担保机构准备金 | | | | |
| 39.7 | 6. 金融企业、小额贷款公司准备金(填写 A105120) | * | * | | |
| 40 | （四）房地产开发企业特定业务计算的纳税调整额(填写 A105010) | * | | | |
| 41 | （五）合伙企业法人合伙人应分得的应纳税所得额 | | | | |
| 42 | （六）发行永续债利息支出 | | | | |
| 43 | （七）其他 | * | * | | |
| 44 | 五、特别纳税调整应税所得 | * | * | | |
| 45 | 六、其他 | * | * | | |
| 46 | 合计(1＋12＋31＋36＋44＋45) | * | * | | |

# 纳税调整项目明细表填报说明

纳税人按照“收入类调整项目”“扣除类调整项目”“资产类调整项目”“特殊事项调整项目”“特别纳税调整应税所得”“其他”六类分项填报，汇总计算出纳税“调增金额”和“调减金额”的合计金额。

数据栏分别设置“账载金额”“税收金额”“调增金额”“调减金额”四个栏次。“账载金额”是指纳税人按照国家统一会计制度规定核算的项目金额。“税收金额”是指纳税人按照税收规定计算的项目金额。

对需填报下级明细表的纳税调整项目，其“账载金额”“税收金额”“调增金额”“调减金额”根据相应附表进行计算填报。

（一）收入类调整项目。

1. 第 1 行“一、收入类调整项目”：根据第 2 行至第 11 行（不含第 9 行）进行填报。

2. 第 2 行“（一）视同销售收入”：根据视同销售和房地产开发企业特定业务纳税调整明细表（A105010）填报。第 2 列“税收金额”填报表 A105010 第 1 行第 1 列金额。第 3 列“调增金额”填报表 A105010 第 1 行第 2 列金额。

3. 第 3 行“（二）未按权责发生制原则确认的收入”：根据未按权责发生制确认收入纳税调整明细表（A105020）填报。第 1 列“账载金额”填报表 A105020 第 14 行第 2 列金额。第 2 列“税收金额”填报表 A105020 第 14 行第 4 列金额。若表 A105020 第 14 行第 6 列≥0，第 3 列“调增金额”填报表 A105020 第 14 行第 6 列金额。若表 A105020 第 14 行第 6 列＜0，第 4 列“调减金额”填报表 A105020 第 14 行第 6 列金额的绝对值。

4. 第 4 行“（三）投资收益”：根据投资收益纳税调整明细表（A105030）填报。第 1 列“账载金额”填报表 A105030 第 10 行第 1＋8 列的合计金额。第 2 列“税收金额”填报表 A105030 第 10 行第 2 行＋第 9 列的合计金额。若表 A105030 第 10 行第 11 列≥0，第 3 列“调增金额”填报表 A105030 第 10 行第 11 列金额。若表 A105030 第 10 行第 11 列＜0，第 4 列“调减金额”填报表 A105030 第 10 行第 11 列金额的绝对值。

5. 第 5 行“（四）按权益法核算长期股权投资对初始投资成本调整确认收益”：第 4 列“调减金额”填报纳税人采取权益法核算，初始投资成本小于取得投资时应享有被投资单位可辩认净资产公允价值份额的差额计入取得投资当期营业外收入的金额。

6. 第 6 行“（五）交易性金融资产初始投资调整”：第 3 列“调增金额”填报纳税人根据税收规定确认交易性金融资产初始投资金额与会计核算的交易性金融资产初始投资账面价值的差额。

7. 第 7 行“（六）公允价值变动净损益”：第 1 列“账载金额”填报纳税人会计核算的以公允价值计量的金融资产、金融负债以及投资性房地产类项目，计入当期损益的公允价值变动金额。若第 1 列≤0，第 3 列“调增金额”填报第 1 列金额的绝对值。若第 1 列＞0，第 4 列“调减金额”填报第 1 列金额。

8. 第 8 行“（七）不征税收入”：填报纳税人计入收入总额但属于税收规定不征税的财政拨款、依法收取并纳入财政管理的行政事业性收费以及政府性基金和国务院规定的其他不征税收入。第 3 列“调增金额”填报纳税人以前年度取得财政性资金且已作为不征税收入处理，在 5 年（60 个月）内未发生支出且未缴回财政部门或其他拨付资金的政府部门，应计入应税收入额的金额。第 4 列“调减金额”填报符合税收规定不征税收入条件并作为不征税收入处理，且已计入当期损益的金额。

9. 第 9 行“专项用途财政性资金”：根据专项用途财政性资金纳税调整明细表(A105040)填报。第 3 列“调增金额”填报表 A105040 第 7 行第 14 列金额。第 4 列“调减金额”填报表 A105040 第 7 行第 4 列金额。

10. 第 10 行“(八)销售折扣、折让和退回”：填报不符合税收规定的销售折扣、折让应进行纳税调整的金额和发生的销售退回因会计处理与税收规定有差异需纳税调整的金额。第 1 列“账载金额”填报纳税人会计核算的销售折扣、折让金额和销货退回的追溯处理的净调整额。第 2 列“税收金额”填报根据税收规定可以税前扣除的折扣、折让的金额和销货退回业务影响当期损益的金额。若第 1 列≥第 2 列，第 3 列“调增金额”填报第 1 列－第 2 列金额。若第 1 列＜第 2 列，第 4 列“调减金额”填报第 1 列－第 2 列金额的绝对值，第 4 列仅为销货退回影响损益的跨期时间性差异。

11. 第 11 行“(九)其他”：填报其他因会计处理与税收规定有差异需纳税调整的收入类项目金额。若第 2 列≥第 1 列，第 3 列“调增金额”填报第 2 列－第 1 列金额。若第 2 列＜第 1 列，第 4 列“调减金额”填报第 2 列－第 1 列金额的绝对值。

(二) 扣除类调整项目。

12. 第 12 行“二、扣除类调整项目”：根据第 13 行至第 30 行(不含第 25 行)填报。

13. 第 13 行“(一)视同销售成本”：根据视同销售和房地产开发企业特定业务纳税调整明细表(A105010)填报。第 2 列“税收金额”填报表 A105010 第 11 行第 1 列金额。第 4 列“调减金额”填报表 A105010 第 11 行第 2 列的绝对值。

14. 第 14 行“(二)职工薪酬”：根据职工薪酬支出及纳税调整明细表(A105050)填报。第 1 列“账载金额”填报表 A105050 第 13 行第 1 列金额。第 2 列“税收金额”填报表 A105050 第 13 行第 5 列金额。若表 A105050 第 13 行第 6 列≥0，第 3 列“调增金额”填报表 A105050 第 13 行第 6 列金额。若表 A105050 第 13 行第 6 列＜0，第 4 列“调减金额”填报表 A105050 第 13 行第 6 列金额的绝对值。

15. 第 15 行“(三)业务招待费支出”：第 1 列“账载金额”填报纳税人会计核算计入当期损益的业务招待费金额。第 2 列“税收金额”填报按照税收规定允许税前扣除的业务招待费支出的金额。第 3 列“调增金额”填报第 1 列－第 2 列金额。

16. 第 16 行“(四)广告费和业务宣传费支出”：根据广告费和业务宣传费跨年度纳税调整明细表(A105060)填报。若表 A105060 第 12 行≥0，第 3 列“调增金额”填报表 A105060 第 12 行金额。若表 A105060 第 12 行＜0，第 4 列“调减金额”填报表 A105060 第 12 行金额的绝对值。

17. 第 17 行“(五)捐赠支出”：根据捐赠支出及纳税调整明细表(A105070)填报。第 1 列“账载金额”填报表 A105070 第 8 行第 1 列金额。第 2 列“税收金额”填报表 A105070 第 8 行第 4 列金额。第 3 列“调增金额”填报表 A105070 第 8 行第 5 列金额。第 4 列“调减金额”填报表 A105070 第 8 行第 6 列金额。

18. 第 18 行“(六)利息支出”：第 1 列“账载金额”填报纳税人向非金融企业借款，会计核算计入当期损益的利息支出的金额。第 2 列“税收金额”填报按照税收规定允许税前扣除的利息支出的金额。若第 1 列≥第 2 列，第 3 列“调增金额”填报第 1 列－第 2 列金额。若第

1 列＜第 2 列，第 4 列“调减金额”填报第 1 列－第 2 列金额的绝对值。

19. 第 19 行“(七)罚金、罚款和被没收财物的损失”：第 1 列“账载金额”填报纳税人会计核算计入当期损益的罚金、罚款和被没收财物的损失，不包括纳税人按照经济合同规定支付的违约金(包括银行罚息)、罚款和诉讼费。第 3 列“调增金额”填报第 1 列金额。

20. 第 20 行“(八)税收滞纳金、加收利息”：第 1 列“账载金额”填报纳税人会计核算计入当期损益的税收滞纳金、加收利息。第 3 列“调增金额”填报第 1 列金额。

21. 第 21 行“(九)赞助支出”：第 1 列“账载金额”填报纳税人会计核算计入当期损益的不符合税收规定的公益性捐赠的赞助支出的金额，包括直接向受赠人的捐赠、赞助支出等(不含广告性的赞助支出，广告性的赞助支出在表 A105060 中填报)。第 3 列“调增金额”填报第 1 列金额。

22. 第 22 行“(十)与未实现融资收益相关在当期确认的财务费用”：第 1 列“账载金额”填报纳税人会计核算的与未实现融资收益相关并在当期确认的财务费用的金额。第 2 列“税收金额”填报按照税收规定允许税前扣除的金额。若第 1 列≥第 2 列，第 3 列“调增金额”填报第 1 列－第 2 列金额。若第 1 列＜第 2 列，第 4 列“调减金额”填报第 1 列－第 2 列金额的绝对值。

23. 第 23 行“(十一)佣金和手续费支出”：第 1 列“账载金额”填报纳税人会计核算计入当期损益的佣金和手续费金额。第 2 列“税收金额”填报按照税收规定允许税前扣除的佣金和手续费支出金额。第 3 列“调增金额”填报第 1 列－第 2 列金额。

24. 第 24 行“(十二)不征税收入用于支出所形成的费用”：第 3 列“调增金额”填报符合条件的不征税收入用于支出所形成的计入当期损益的费用化支出金额。

25. 第 25 行“专项用途财政性资金用于支出所形成的费用”：根据专项用途财政性资金纳税调整明细表(A105040)填报。第 3 列“调增金额”填报表 A105040 第 7 行第 11 列金额。

26. 第 26 行“(十三)跨期扣除项目”：填报维简费、安全生产费用、预提费用、预计负债等跨期扣除项目调整情况。第 1 列“账载金额”填报纳税人会计核算计入当期损益的跨期扣除项目金额。第 2 列“税收金额”填报按照税收规定允许税前扣除的金额。若第 1 列≥第 2 列，第 3 列“调增金额”填报第 1 列－第 2 列金额。若第 1 列＜第 2 列，第 4 列“调减金额”填报第 1 列－第 2 列金额的绝对值。

27. 第 27 行“(十四)与取得收入无关的支出”：第 1 列“账载金额”填报纳税人会计核算计入当期损益的与取得收入无关的支出的金额。第 3 列“调增金额”填报第 1 列金额。

28. 第 28 行“(十五)境外所得分摊的共同支出”：根据境外所得纳税调整后所得明细表(A108010)填报。第 3 列“调增金额”填报表 A108010 合计行第 16 列＋第 17 列金额。

29. 第 29 行“(十六)党组织工作经费”：填报纳税人根据有关文件规定，为创新基层党建工作、建立稳定的经费保障制度发生的党组织工作经费及纳税调整情况。

30. 第 30 行“(十七)其他”：填报其他因会计处理与税收规定有差异需纳税调整的扣除类项目金额。若第 1 列≥第 2 列，第 3 列“调增金额”填报第 1 列－第 2 列金额。若第 1 列＜第 2 列，第 4 列“调减金额”填报第 1 列－第 2 列金额的绝对值。

(三) 资产类调整项目。

31. 第 31 行“三、资产类调整项目”：填报资产类调整项目第 32 行至第 35 行的合计金额。

32. 第 32 行“(一)资产折旧、摊销”:根据资产折旧、摊销及纳税调整明细表(A105080)填报。第 1 列“账载金额”填报表 A105080 第 36 行第 2 列金额。第 2 列“税收金额”填报表 A105080 第 36 行第 5 列金额。若表 A105080 第 36 行第 9 列≥0,第 3 列“调增金额”填报表 A105080 第 36 行第 9 列金额。若表 A105080 第 36 行第 9 列<0,第 4 列“调减金额”填报表 A105080 第 36 行第 9 列金额的绝对值。

33. 第 33 行“(二)资产减值准备金”:填报坏账准备、存货跌价准备、理赔费用准备金等不允许税前扣除的各类资产减值准备金纳税调整情况。第 1 列“账载金额”填报纳税人会计核算计入当期损益的资产减值准备金金额(因价值恢复等原因转回的资产减值准备金应予以冲回)。若第 1 列≥0,第 3 列“调增金额”填报第 1 列金额。若第 1 列<0,第 4 列“调减金额”填报第 1 列金额的绝对值。

34. 第 34 行“(三)资产损失”:根据资产损失税前扣除及纳税调整明细表(A105090)填报。第 1 列“账载金额”填报表 A105090 第 28 行第 1 列金额。第 2 列“税收金额”填报表 A105090 第 28 行第 5 列金额。若表 A105090 第 28 行第 6 列≥0,第 3 列“调增金额”填报表 A105090 第 28 行第 6 列金额。若表 A105090 第 28 行第 6 列<0,第 4 列“调减金额”填报表 A105090 第 28 行第 6 列金额的绝对值。

35. 第 35 行“(四)其他”:填报其他因会计处理与税收规定有差异需纳税调整的资产类项目金额。若第 1 列≥第 2 列,第 3 列“调增金额”填报第 1 列－第 2 列金额。若第 1 列<第 2 列,第 4 列“调减金额”填报第 1 列－第 2 列金额的绝对值。

(四) 特殊事项调整项目。

36. 第 36 行“四、特殊事项调整项目”:填报特殊事项调整项目第 37 行至第 42 行的合计金额。

37. 第 37 行“(一)企业重组及递延纳税事项”:根据企业重组及递延纳税事项纳税调整明细表(A105100)填报。第 1 列“账载金额”填报表 A105100 第 16 行第 1 列＋第 4 列金额。第 2 列“税收金额”填报表 A105100 第 16 行第 2 列＋第 5 列金额。若表 A105100 第 16 行第 7 列≥0,第 3 列“调增金额”填报表 A105100 第 16 行第 7 列金额。若表 A105100 第 16 行第 7 列<0,第 4 列“调减金额”填报表 A105100 第 16 行第 7 列金额的绝对值。

38. 第 38 行“(二)政策性搬迁”:根据政策性搬迁纳税调整明细表(A105110)填报。若表 A105110 第 24 行≥0,第 3 列“调增金额”填报表 A105110 第 24 行金额。若表 A105110 第 24 行<0,第 4 列“调减金额”填报表 A105110 第 24 行金额的绝对值。

39. 第 39 行“(三)特殊行业准备金”:填报特殊行业准备金调整项目第 39.1 行至第 39.7 行(不包含第 39.3 行)的合计金额。

40. 第 39.1 行“1.保险公司保险保障基金”:第 1 列“账载金额”填报纳税人会计核算的保险公司保险保障基金的金额。第 2 列“税收金额”填报按照税收规定允许税前扣除的金额。若第 1 列≥第 2 列,第 3 列“调增金额”填报第 1－2 列金额。若第 1 列<第 2 列,第 4 列“调减金额”填报第 1－2 列金额的绝对值。

41. 第 39.2 行“2.保险公司准备金”:第 1 列“账载金额”填报纳税人会计核算的保险公司准备金的金额。第 2 列“税收金额”填报按照税收规定允许税前扣除的金额。若第 1 列≥第 2 列,第 3 列“调增金额”填报第 1－2 列金额。若第 1 列<第 2 列,第 4 列“调减金额”填报第 1－2 列金额的绝对值。

42. 第 39.3 行“其中:已发生未报案未决赔款准备金”:第 1 列“账载金额”填报纳税人会计核算的保险公司未决赔款准备金中已发生未报案准备金的金额。第 2 列“税收金额”填报按照税收规定允许税前扣除的金额。若第 1 列≥第 2 列,第 3 列“调增金额”填报第 1－2 列金额。若第 1 列<第 2 列,第 4 列“调减金额”填报第 1－2 列金额的绝对值。

43. 第 39.4 行“3. 证券行业准备金”:第 1 列“账载金额”填报纳税人会计核算的证券行业准备金的金额。第 2 列“税收金额”填报按照税收规定允许税前扣除的金额。若第 1 列≥第 2 列,第 3 列“调增金额”填报第 1－2 列金额。若第 1 列<第 2 列,第 4 列“调减金额”填报第 1－2 列金额的绝对值。

44. 第 39.5 行“4. 期货行业准备金”:第 1 列“账载金额”填报纳税人会计核算的期货行业准备金的金额。第 2 列“税收金额”填报按照税收规定允许税前扣除的金额。若第 1 列≥第 2 列,第 3 列“调增金额”填报第 1－2 列金额。若第 1 列<第 2 列,第 4 列“调减金额”填报第 1－2 列金额的绝对值。

45. 第 39.6 行“5. 中小企业融资(信用)担保机构准备金”:第 1 列“账载金额”填报纳税人会计核算的中小企业融资(信用)担保机构准备金的金额。第 2 列“税收金额”填报按照税收规定允许税前扣除的金额。若第 1 列≥第 2 列,第 3 列“调增金额”填报第 1－2 列金额。若第 1 列<第 2 列,第 4 列“调减金额”填报第 1－2 列金额的绝对值。

46. 第 39.7 行“6. 金融企业、小额贷款公司准备金”:根据《贷款损失准备金及纳税调整明细表》(A105120)填报。若表 A105120 第 10 行第 11 列≥0,第 3 列“调增金额”填报表 A105120 第 10 行第 11 列金额。若表 A105120 第 10 行第 11 列<0,第 4 列“调减金额”填报表 A105120 第 10 行第 11 列金额的绝对值。

47. 第 40 行“(四)房地产开发企业特定业务计算的纳税调整额”:根据视同销售和房地产开发企业特定业务纳税调整明细表(A105010)填报。第 2 列“税收金额”填报表 A105010 第 21 行第 1 列金额。若表 A105010 第 21 行第 2 列≥0,第 3 列“调增金额”填报表 A105010 第 21 行第 2 列金额。若表 A105010 第 21 行第 2 列<0,第 4 列“调减金额”填报表 A105010 第 21 行第 2 列金额的绝对值。

48. 第 41 行“(五)合伙企业法人合伙人分得的应纳税所得额”:第 1 列“账载金额”填报合伙企业法人合伙人本年会计核算上确认的对合伙企业的投资所得。第 2 列“税收金额”填报纳税人按照“先分后税”原则和《财政部　国家税务总局关于合伙企业合伙人所得税问题的通知》(财税〔2008〕159 号)文件第四条规定计算的从合伙企业分得的法人合伙人应纳税所得额。若第 1 列≤第 2 列,第 3 列“调增金额”填报第 2-1 列金额。若第 1 列>第 2 列,第 4 列“调减金额”填报第 2-1 列金额的绝对值。

49. 第 42 行“(六)发行永续债利息支出”:本行填报企业发行永续债采取的税收处理办法与会计核算方式不一致时的纳税调整情况。当永续债发行方会计上按照债务核算,税收上适用股息、红利企业所得税政策时,第 1 列“账载金额”填报支付的永续债利息支出计入当期损益的金额;第 2 列“税收金额”填报 0。永续债发行方会计上按照权益核算,税收上按照债券利息适用企业所得税政策时,第 1 列“账载金额”填报 0;第 2 列“税收金额”填报永续债发行方支付的永续债利息支出准予在企业所得税税前扣除的金额。若第 2 列≤第 1 列,第 3 列“调增金额”填报第 1-2 列金额。若第 2 列>第 1 列,第 4 列“调减金额”填报第 1-2 列金额的绝对值。

50. 第 43 行“(七)其他”:填报其他因会计处理与税收规定有差异需纳税调整的特殊事项金额。

(五) 特殊纳税调整所得项目

51. 第 44 行“五、特别纳税调整应税所得”:第 3 列“调增金额”填报纳税人按特别纳税调整规定自行调增的当年应税所得。第 4 列“调减金额”填报纳税人依据双边预约定价安排或者转让定价相应调整磋商结果的通知,需要调减的当年应税所得。

(六) 其他

52. 第 45 行“六、其他”:填报其他会计处理与税收规定存在差异需纳税调整的项目金额,包括企业执行《企业会计准则第 14 号——收入》(财会〔2017〕22 号发布)产生的税会差异纳税调整金额。

53. 第 46 行“合计”:填报第 1+12+31+36+44+45 行的合计金额。

**附表 5-10(A105010)　　视同销售和房地产开发企业特定业务纳税调整明细表**

| 行次 | 项目 | 税收金额 | 纳税调整金额 |
|---|---|---|---|
| | | 1 | 2 |
| 1 | 一、视同销售(营业)收入(2+3+4+5+6+7+8+9+10) | | |
| 2 | (一)非货币性资产交换视同销售收入 | | |
| 3 | (二)用于市场推广或销售视同销售收入 | | |
| 4 | (三)用于交际应酬视同销售收入 | | |
| 5 | (四)用于职工奖励或福利视同销售收入 | | |
| 6 | (五)用于股息分配视同销售收入 | | |
| 7 | (六)用于对外捐赠视同销售收入 | | |
| 8 | (七)用于对外投资项目视同销售收入 | | |
| 9 | (八)提供劳务视同销售收入 | | |
| 10 | (九)其他 | | |
| 11 | 二、视同销售(营业)成本(12+13+14+15+16+17+18+19+20) | | |
| 12 | (一)非货币性资产交换视同销售成本 | | |
| 13 | (二)用于市场推广或销售视同销售成本 | | |
| 14 | (三)用于交际应酬视同销售成本 | | |
| 15 | (四)用于职工奖励或福利视同销售成本 | | |
| 16 | (五)用于股息分配视同销售成本 | | |
| 17 | (六)用于对外捐赠视同销售成本 | | |
| 18 | (七)用于对外投资项目视同销售成本 | | |
| 19 | (八)提供劳务视同销售成本 | | |
| 20 | (九)其他 | | |
| 21 | 三、房地产开发企业特定业务计算的纳税调整额(22−26) | | |
| 22 | (一)房地产企业销售未完工开发产品特定业务计算的纳税调整额(24−25) | | |
| 23 | 1. 销售未完工产品的收入 | | * |
| 24 | 2. 销售未完工产品预计毛利额 | | |
| 25 | 3. 实际发生的税金及附加、土地增值税 | | |
| 26 | (二)房地产企业销售的未完工产品转完工产品特定业务计算的纳税调整额(28−29) | | |
| 27 | 1. 销售未完工产品转完工产品确认的销售收入 | | * |
| 28 | 2. 转回的销售未完工产品预计毛利额 | | |
| 29 | 3. 转回实际发生的税金及附加、土地增值税 | | |

附表 5-11(A105050)

**职工薪酬支出及纳税调整明细表**

| 行次 | 项目 | 账载金额 | 实际发生额 | 税收规定扣除率 | 以前年度累计结转扣除额 | 税收金额 | 纳税调整金额 | 累计结转以后年度扣除额 |
|---|---|---|---|---|---|---|---|---|
| | | 1 | 2 | 3 | 4 | 5 | 6(1－5) | 7(2＋4－5) |
| 1 | 一、工资薪金支出 | | | * | * | | | * |
| 2 | 其中:股权激励 | | | * | * | | | * |
| 3 | 二、职工福利费支出 | | | | * | | | * |
| 4 | 三、职工教育经费支出 | | | * | | | | |
| 5 | 其中:按税收规定比例扣除的职工教育经费 | | | | | | | |
| 6 | 按税收规定全额扣除的职工培训费用 | | | | * | | | * |
| 7 | 四、工会经费支出 | | | | * | | | * |
| 8 | 五、各类基本社会保障性缴款 | | | * | * | | | * |
| 9 | 六、住房公积金 | | | * | * | | | * |
| 10 | 七、补充养老保险 | | | | * | | | * |
| 11 | 八、补充医疗保险 | | | | * | | | * |
| 12 | 九、其他 | | | * | * | | | * |
| 13 | 合计(1＋3＋4＋7＋8＋9＋10＋11＋12) | | | * | | | | |

## 职工薪酬支出及纳税调整明细表填报说明

1. 第1行"一、工资薪金支出"：填报纳税人本年度支付给在本企业任职或者受雇的员工的所有现金形式或非现金形式的劳动报酬及其会计核算、纳税调整等金额，具体如下：

(1) 第1列"账载金额"：填报纳税人会计核算计入成本费用的职工工资、奖金、津贴和补贴金额。

(2) 第2列"实际发生额"：分析填报纳税人"应付职工薪酬"会计科目借方发生额(实际发放的工资薪金)。

(3) 第5列"税收金额"：填报纳税人按照税收规定允许税前扣除的金额，按照第1列和第2列分析填报。

(4) 第6列"纳税调整金额"：填报第1列－第5列金额。

2. 第2行"股权激励"：适用于执行《上市公司股权激励管理办法》(中国证券监督管理委员会令第126号)的纳税人填报，具体如下：

(1) 第1列"账载金额"：填报纳税人按照国家有关规定建立职工股权激励计划，会计核算计入成本费用的金额。

(2) 第2列"实际发生额"：填报纳税人根据本年实际行权时股权的公允价格与激励对象实际行权支付价格的差额和数量计算确定的金额。

(3) 第5列"税收金额"：填报行权时按照税收规定允许税前扣除的金额，按第2列金额填报。

(4) 第6列"纳税调整金额"：填报第1列－第5列金额。

3. 第3行"二、职工福利费支出"：填报纳税人本年度发生的职工福利费及其会计核算、纳税调整等金额，具体如下：

(1) 第1列"账载金额"：填报纳税人会计核算计入成本费用的职工福利费的金额。

(2) 第2列"实际发生额"：分析填报纳税人"应付职工薪酬"会计科目下的职工福利费实际发生额。

(3) 第3列"税收规定扣除率"：填报税收规定的扣除比例。

(4) 第5列"税收金额"：填报按照税收规定允许税前扣除的金额，按第1行第5列"工资薪金支出\税收金额"×税收规定扣除率与第1列、第2列三者孰小值填报。

(5) 第6列"纳税调整金额"：填报第1列－第5列金额。

4. 第4行"三、职工教育经费支出"：填报第5行金额或者第5行＋第6行金额。

5. 第5行"按税收规定比例扣除的职工教育经费"：适用于按照税收规定职工教育经费按比例税前扣除的纳税人填报，填报纳税人本年度发生的按税收规定比例扣除的职工教育经费及其会计核算、纳税调整等金额，具体如下：

(1) 第1列"账载金额"填报纳税人会计核算计入成本费用的按税收规定比例扣除的职工教育经费金额，不包括第6行"按税收规定全额扣除的职工培训费用"金额。

(2) 第2列"实际发生额"：分析填报纳税人"应付职工薪酬"会计科目下的职工教育经费实际发生额，不包括第6行"按税收规定全额扣除的职工培训费用"金额。

(3) 第3列"税收规定扣除率"：填报税收规定的扣除比例。

(4) 第4列"以前年度累计结转扣除额"：填报纳税人以前年度累计结转准予扣除的职

工教育经费支出余额。

(5) 第 5 列“税收金额”:填报纳税人按照税收规定允许税前扣除的金额(不包括第 6 行“按税收规定全额扣除的职工培训费用”金额),按第 1 行第 5 列“工资薪金支出\税收金额”×税收规定扣除率与第 2 列+第 4 列的孰小值填报。

(6) 第 6 列“纳税调整金额”:填报第 1 列一第 5 列金额。

(7) 第 7 列“累计结转以后年度扣除额”:填报第 2 列+第 4 列一第 5 列金额。

6. 第 6 行“按税收规定全额扣除的职工培训费用”:适用于按照税收规定职工培训费用允许全额税前扣除的纳税人填报,填报纳税人本年度发生的按税收规定全额扣除的职工培训费用及其会计核算、纳税调整等金额,具体如下:

(1) 第 1 列“账载金额”:填报纳税人会计核算计入成本费用的按税收规定全额扣除的职工培训费用金额。

(2) 第 2 列“实际发生额”:分析填报纳税人“应付职工薪酬”会计科目下的职工教育经费本年实际发生额中可全额扣除的职工培训费用金额。

(3) 第 3 列“税收规定扣除率”:填报税收规定的扣除比例(100%)。

(4) 第 5 列“税收金额”:填报按照税收规定允许税前扣除的金额,按第 2 列金额填报。

(5) 第 6 列“纳税调整金额”:填报第 1 列一第 5 列金额。

7. 第 7 行“四、工会经费支出”:填报纳税人本年度拨缴工会经费及其会计核算、纳税调整等金额,具体如下:

(1) 第 1 列“账载金额”:填报纳税人会计核算计入成本费用的工会经费支出金额。

(2) 第 2 列“实际发生额”:分析填报纳税人“应付职工薪酬”会计科目下的工会经费本年实际发生额。

(3) 第 3 列“税收规定扣除率”:填报税收规定的扣除比例。

(4) 第 5 列“税收金额”:填报按照税收规定允许税前扣除的金额,按第 1 行第 5 列“工资薪金支出\税收金额”×税收规定扣除率与第 1 列、第 2 列三者孰小值填报。

(5) 第 6 列“纳税调整金额”:填报第 1 列一第 5 列金额。

8. 第 8 行“五、各类基本社会保障性缴款”:填报纳税人依照国务院有关主管部门或者省级人民政府规定的范围和标准为职工缴纳的基本社会保险费及其会计核算、纳税调整等金额,具体如下:

(1) 第 1 列“账载金额”:填报纳税人会计核算的各类基本社会保障性缴款的金额。

(2) 第 2 列“实际发生额”:分析填报纳税人“应付职工薪酬”会计科目下的各类基本社会保障性缴款本年实际发生额。

(3) 第 5 列“税收金额”:填报按照税收规定允许税前扣除的各类基本社会保障性缴款的金额,按纳税人依照国务院有关主管部门或者省级人民政府规定的范围和标准计算的各类基本社会保障性缴款的金额、第 1 列及第 2 列孰小值填报。

(4) 第 6 列“纳税调整金额”:填报第 1 列一第 5 列金额。

9. 第 9 行“六、住房公积金”:填报纳税人依照国务院有关主管部门或者省级人民政府规定的范围和标准为职工缴纳的住房公积金及其会计核算、纳税调整等金额,具体如下:

(1) 第 1 列“账载金额”:填报纳税人会计核算的住房公积金金额。

(2) 第 2 列“实际发生额”:分析填报纳税人“应付职工薪酬”会计科目下的住房公积金

本年实际发生额。

(3) 第 5 列“税收金额”:填报按照税收规定允许税前扣除的住房公积金金额,按纳税人依照国务院有关主管部门或者省级人民政府规定的范围和标准计算的住房公积金金额、第 1 列及第 2 列三者孰小值填报。

(4) 第 6 列“纳税调整金额”:填报第 1 列一第 5 列金额。

10. 第 10 行“七、补充养老保险”:填报纳税人为投资者或者职工支付的补充养老保险费及其会计核算、纳税调整等金额,具体如下:

(1) 第 1 列“账载金额”:填报纳税人会计核算的补充养老保险金额。

(2) 第 2 列“实际发生额”:分析填报纳税人“应付职工薪酬”会计科目下的补充养老保险本年实际发生额。

(3) 第 3 列“税收规定扣除率”:填报税收规定的扣除比例。

(4) 第 5 列“税收金额”:填报按照税收规定允许税前扣除的补充养老保险的金额,按第 1 行第 5 列“工资薪金支出\税收金额”×税收规定扣除率与第 1 列、第 2 列三者孰小值填报。

(5) 第 6 列“纳税调整金额”:填报第 1 列一第 5 列金额。

11. 第 11 行“八、补充医疗保险”:填报纳税人为投资者或者职工支付的补充医疗保险费及其会计核算、纳税调整等金额,具体如下:

(1) 第 1 列“账载金额”:填报纳税人会计核算的补充医疗保险金额。

(2) 第 2 列“实际发生额”:分析填报纳税人“应付职工薪酬”会计科目下的补充医疗保险本年实际发生额。

(3) 第 3 列“税收规定扣除率”:填报税收规定的扣除比例。

(4) 第 5 列“税收金额”:填报按照税收规定允许税前扣除的补充医疗保险的金额,按第 1 行第 5 列“工资薪金支出\税收金额”×税收规定扣除率与第 1 列、第 2 列三者孰小值填报。

(5) 第 6 列“纳税调整金额”:填报第 1 列一第 5 列金额。

12. 第 12 行“九、其他”:填报其他职工薪酬的金额及其会计核算、纳税调整等金额。

13. 第 13 行“合计”:填报第 1 行+第 3 行+第 4 行+第 7 行+第 8 行+第 9 行+第 10 行+第 11 行+第 12 行金额。

**附表 5-12(A105060)　　　　广告费和业务宣传费跨年度纳税调整明细表**

| 行次 | 项目 | 广告费和业务宣传费 | 保险企业手续费及佣金支出 |
|---|---|---|---|
| | | 1 | 2 |
| 1 | 一、本年支出 | | |
| 2 | 减:不允许扣除的支出 | | |
| 3 | 二、本年符合条件的支出(1-2) | | |
| 4 | 三、本年计算扣除限额的基数 | | |
| 5 | 乘:税收规定扣除率 | | |
| 6 | 四、本企业计算的扣除限额(4×5) | | |
| 7 | 五、本年结转以后年度扣除额<br>(3>6,本行=3－6;3≤6,本行=0) | | |
| 8 | 加:以前年度累计结转扣除额 | | |
| 9 | 减:本年扣除的以前年度结转额<br>[3>6,本行=0;3≤6,本行=8 与(6－3)孰小值] | | |
| 10 | 六、按照分摊协议归集至其他关联方的金额(10≤3 与 6 孰小值) | | * |
| 11 | 按照分摊协议从其他关联方归集至本企业的金额 | | * |
| 12 | 七、本年支出纳税调整金额<br>(3>6,本行=2+3－6+10－11;3≤6,本行=2+10－11－9) | | |
| 13 | 八、累计结转以后年度扣除额(7+8－9) | | |

**附表 5-13(A105070)　　　　捐赠支出纳税调整明细表**

| 行次 | 项　目 | 账载金额 | 以前年度结转可扣除的捐赠额 | 按税收规定计算的扣除限额 | 税收金额 | 纳税调增金额 | 纳税调减金额 | 可结转以后年度扣除的捐赠额 |
|---|---|---|---|---|---|---|---|---|
| | | 1 | 2 | 3 | 4 | 5 | 6 | 7 |
| 1 | 一、非公益性捐赠 | | * | * | * | | * | * |
| 2 | 二、限额扣除的公益性捐赠(3+4+5+6) | | | | | | | |
| 3 | 前三年度(　　年) | * | | * | * | * | | * |
| 4 | 前二年度(　　年) | * | | * | * | * | | |
| 5 | 前一年度(　　年) | * | | * | * | * | | |
| 6 | 本　年(　　年) | | * | | | | * | |
| 7 | 三、全额扣除的公益性捐赠 | | * | * | | * | * | * |
| 8 | 1. | | * | * | | * | * | * |
| 9 | 2. | | * | * | | * | * | * |
| 10 | 3. | | * | * | | * | * | * |
| 11 | 合计(1+2+7) | | | | | | | |
| 附列资料 | 2015 年度至本年发生的公益性扶贫捐赠合计金额 | | * | * | | * | * | * |

附表 5-14(A107010)　　　　免税、减计收入及加计扣除优惠明细表

| 行次 | 项　　目 | 金　额 |
| --- | --- | --- |
| 1 | 一、免税收入(2＋3＋9＋…＋16) | |
| 2 | (一)国债利息收入免征企业所得税 | |
| 3 | (二)符合条件的居民企业之间的股息、红利等权益性投资收益免征企业所得税(4＋5＋6＋7＋8) | |
| 4 | 1. 一般股息红利等权益性投资收益免征企业所得税(填写 A107011) | |
| 5 | 2. 内地居民企业通过沪港通投资且连续持有 H 股满 12 个月取得的股息红利所得免征企业所得税(填写 A107011) | |
| 6 | 3. 内地居民企业通过深港通投资且连续持有 H 股满 12 个月取得的股息红利所得免征企业所得税(填写 A107011) | |
| 7 | 4. 居民企业持有创新企业 CDR 取得的股息红利所得免征企业所得税(填写 A107011) | |
| 8 | 5. 符合条件的永续债利息收入免征企业所得税(填写 A107011) | |
| 9 | (三)符合条件的非营利组织的收入免征企业所得税 | |
| 10 | (四)中国清洁发展机制基金取得的收入免征企业所得税 | |
| 11 | (五)投资者从证券投资基金分配中取得的收入免征企业所得税 | |
| 12 | (六)取得的地方政府债券利息收入免征企业所得税 | |
| 13 | (七)中国保险保障基金有限责任公司取得的保险保障基金等收入免征企业所得税 | |
| 14 | (八)中国奥委会取得北京冬奥组委支付的收入免征企业所得税 | |
| 15 | (九)中国残奥委会取得北京冬奥组委分期支付的收入免征企业所得税 | |
| 16 | (十)其他 | |
| 17 | 二、减计收入(18＋19＋23＋24) | |
| 18 | (一)综合利用资源生产产品取得的收入在计算应纳税所得额时减计收入 | |
| 19 | (二)金融、保险等机构取得的涉农利息、保费减计收入(20＋21＋22) | |
| 20 | 1. 金融机构取得的涉农贷款利息收入在计算应纳税所得额时减计收入 | |
| 21 | 2. 保险机构取得的涉农保费收入在计算应纳税所得额时减计收入 | |
| 22 | 3. 小额贷款公司取得的农户小额贷款利息收入在计算应纳税所得额时减计收入 | |
| 23 | (三)取得铁路债券利息收入减半征收企业所得税 | |
| 24 | (四)其他(24.1＋24.2) | |
| 24.1 | 1. 取得的社区家庭服务收入在计算应纳税所得额时减计收入 | |
| 24.2 | 2. 其他 | |
| 25 | 三、加计扣除(26＋27＋28＋29＋30) | |
| 26 | (一)开发新技术、新产品、新工艺发生的研究开发费用加计扣除(填写 A107012) | |
| 27 | (二)科技型中小企业开发新技术、新产品、新工艺发生的研究开发费用加计扣除(填写 A107012) | |
| 28 | (三)企业为获得创新性、创意性、突破性的产品进行创意设计活动而发生的相关费用加计扣除 | |
| 29 | (四)安置残疾人员所支付的工资加计扣除 | |
| 30 | (五)其他 | |
| 31 | 合计(1＋17＋25) | |

## 免税、减计收入及加计扣除优惠明细表填报说明

1. 第 1 行“一、免税收入”：填报第 2＋3＋6＋7＋8＋9＋10＋11＋12＋13＋14＋15＋16 行金额。

2. 第 2 行“(一)国债利息收入免征企业所得税”：填报纳税人根据《国家税务总局关于企业国债投资业务企业所得税处理问题的公告》(国家税务总局公告 2011 年第 36 号)等相关税收政策规定，持有国务院财政部门发行的国债取得的利息收入。

3. 第 3 行“(二)符合条件的居民企业之间的股息、红利等权益性投资收益免征企业所得税”：填报《符合条件的居民企业之间的股息、红利等权益性投资收益明细表》(A107011)第 8 行第 17 列金额。

4. 第 4 行“1. 一般股息红利等权益性投资收益免征企业所得税”：填报《中华人民共和国企业所得税法实施条例》第八十三条规定的投资收益，不含持有 H 股、创新企业 CDR、永续债取得的投资收益，按表 A107011 第 9 行第 17 列金额填报。

5. 第 5 行“2. 内地居民企业通过沪港通投资且连续持有 H 股满 12 个月取得的股息红利所得免征企业所得税”：填报根据《财政部 国家税务总局 证监会关于沪港股票市场交易互联互通机制试点有关税收政策的通知》(财税〔2014〕81 号)等相关税收政策规定，内地居民企业连续持有 H 股满 12 个月取得的股息红利所得，按表 A107011 第 10 行第 17 列金额填报。

6. 第 6 行“3. 内地居民企业通过深港通投资且连续持有 H 股满 12 个月取得的股息红利所得免征企业所得税”：填报根据《财政部 国家税务总局证监会关于深港股票市场交易互联互通机制试点有关税收政策的通知》(财税〔2016〕127 号)等相关税收政策规定，内地居民企业连续持有 H 股满 12 个月取得的股息红利所得，按表 A107011 第 11 行第 17 列金额填报。

7. 第 7 行“居民企业持有创新企业 CDR 取得的股息红利所得免征企业所得税”：根据《财政部 税务总局 证监会关于创新企业境内发行存托凭证试点阶段有关税收政策的公告》(财政部 税务总局 证监会公告 2019 年第 52 号)等相关税收政策规定，居民企业持有创新企业 CDR 取得的股息红利所得，按表 A107011 第 12 行第 17 列金额填报。

8. 第 8 行“符合条件的永续债利息收入免征企业所得税”：填报根据《财政部 税务总局关于永续债企业所得税政策问题的公告》(财政部 税务总局公告 2019 年第 64 号)等相关税收政策规定，居民企业取得的可以适用企业所得税法规定的居民企业之间的股息、红利等权益性投资收益免征企业所得税规定的永续债利息收入，按表 A107011 第 13 行第 17 列金额填报。

9. 第 9 行“(三)符合条件的非营利组织的收入免征企业所得税”：填报纳税人根据税法、《财政部 国家税务总局关于非营利组织企业所得税免税收入问题的通知》(财税〔2009〕122 号)、《财政部 税务总局关于非营利组织免税资格认定管理有关问题的通知》(财税〔2018〕13 号)等相关税收政策规定，同时符合条件并依法履行登记手续的非营利组织，取得的捐赠收入等免税收入，不包括从事营利性活动所取得的收入。当表 A000000 的“207 非营利组织”选择“是”时，本行可以填报，否则不得填报。

10. 第 10 行“(四)中国清洁发展机制基金取得的收入免征企业所得税”：填报中国清洁

发展机制基金根据《财政部　国家税务总局关于中国清洁发展机制基金及清洁发展机制项目实施企业有关企业所得税政策问题的通知》(财税〔2009〕30号)等相关税收政策规定,取得的CDM项目温室气体减排量转让收入上缴国家的部分,国际金融组织赠款收入,基金资金的存款利息收入,购买国债的利息收入,国内外机构、组织和个人的捐赠收入。

11. 第11行"(五)投资者从证券投资基金分配中取得的收入免征企业所得税":填报纳税人根据《财政部　国家税务总局关于企业所得税若干优惠政策的通知》(财税〔2008〕1号)第二条第(二)项等相关税收政策规定,投资者从证券投资基金分配中取得的收入。

12. 第12行"(六)取得的地方政府债券利息收入免征企业所得税":填报纳税人根据《财政部　国家税务总局关于地方政府债券利息所得免征所得税问题的通知》(财税〔2011〕76号)、《财政部　国家税务总局关于地方政府债券利息免征所得税问题的通知》(财税〔2013〕5号)等相关税收政策规定,取得的2009年、2010年和2011年发行的地方政府债券利息所得,2012年及以后年度发行的地方政府债券利息收入。

13. 第13行"(七)中国保险保障基金有限责任公司取得的保险保障基金等收入免征企业所得税":填报中国保险保障基金有限责任公司根据《财政部　税务总局关于保险保障基金有关税收政策问题的通知》(财税〔2018〕41号)等相关税收政策规定,按《保险保障基金管理办法》规定取得的境内保险公司依法缴纳的保险保障基金;依法从撤销或破产保险公司清算财产中获得的受偿收入和向有关责任方追偿所得,以及依法从保险公司风险处置中获得的财产转让所得;捐赠所得;银行存款利息收入;购买政府债券、中央银行、中央企业和中央级金融机构发行债券的利息收入;国务院批准的其他资金运用取得的收入。

14. 第14行"(八)中国奥委会取得北京冬奥组委支付的收入免征企业所得税":根据《财政部　税务总局　海关总署关于北京2022年冬奥会和冬残奥会税收政策的通知》(财税〔2017〕60号)等相关税收政策规定,中国奥委会填报按中国奥委会、主办城市签订的《联合市场开发计划协议》和中国奥委会、主办城市、国际奥委会签订的《主办城市合同》取得的由北京冬奥组委分期支付的收入、按比例支付的盈余分成收入。

15. 第15行"(九)中国残奥委会取得北京冬奥组委分期支付的收入免征企业所得税":填报根据财税〔2017〕60号等相关税收政策规定,中国残奥委会按照《联合市场开发计划协议》取得的由北京冬奥组委分期支付的收入。

16. 第16行"(十)其他":填报纳税人享受的本表未列明的其他减免税项目名称、减免税代码及免税收入金额。

17. 第17行"二、减计收入":填报第18+19+23+24行金额。

18. 第18行"(一)综合利用资源生产产品取得的收入在计算应纳税所得额时减计收入":填报纳税人综合利用资源生产产品取得的收入总额乘以10%的金额。

19. 第19行"(二)金融、保险等机构取得的涉农利息、保费减计收入":填报金融、保险等机构取得的涉农利息、保费收入减计收入的金额,按第20+21+22行金额填报。

20. 第20行"1.金融机构取得的涉农贷款利息收入在计算应纳税所得额时减计收入":填报纳税人取得农户小额贷款利息收入总额乘以10%的金额。

21. 第21行"2.保险机构取得的涉农保费收入在计算应纳税所得额时减计收入":填报保险公司为种植业、养殖业提供保险业务取得的保费收入总额乘以10%的金额。其中保费收入总额=原保费收入+分保费收入-分出保费。

22. 第 22 行“3. 小额贷款公司取得的农户小额贷款利息收入在计算应纳税所得额时减计收入”：填报按照《财政部 税务总局关于小额贷款公司有关税收政策的通知》（财税〔2017〕48 号）等相关税收政策规定，对经省级金融管理部门（金融办、局等）批准成立的小额贷款公司取得的农户小额贷款利息收入乘以 10%的金额。

23. 第 23 行“（三）取得铁路债券利息收入减半征收企业所得税”：填报纳税人根据《财政部 国家税务总局关于铁路建设债券利息收入企业所得税政策的通知》（财税〔2011〕99 号）、《财政部 国家税务总局关于 2014 2015 年铁路建设债券利息收入企业所得税政策的通知》（财税〔2014〕2 号）及《财政部 国家税务总局关于铁路债券利息收入所得税政策问题的通知》（财税〔2016〕30 号）等相关税收政策规定，企业持有中国铁路建设铁路债券等企业债券取得的利息收入乘以 50%的金额。

24. 第 24 行“（四）其他”：根据相关行次计算结果填报。本行＝第 24.1＋24.2 行。第 24.1行和第 24.2 行按照以下要求填报：

第 24.1 行“1. 取得的社区家庭服务收入在计算应纳税所得额时减计收入”：填报纳税人根据《财政部 税务总局 发展改革委 民政部 商务部 卫生健康委关于养老、托育、家政等社区家庭服务业税费优惠政策的公告》（财政部 税务总局 发展改革委 民政部 商务部 卫生健康委公告 2019 年第 76 号）等相关税收政策规定，社区养老、托育、家政相关服务的收入乘以 10%的金额。

第 24.2 行“2. 其他”：填报纳税人享受的本表未列明的其他减计收入的税收优惠事项名称、减免税代码及减计收入金额。

25. 第 25 行“三、加计扣除”：填报第 26＋27＋28＋29＋30 行的合计金额。

26. 第 26 行“（一）开发新技术、新产品、新工艺发生的研究开发费用加计扣除”：当表 A000000“210-3”项目未填有入库编号时，填报表 A107012 第 51 行金额。本行与第 27 行不可同时填报。

27. 第 27 行“（二）科技型中小企业开发新技术、新产品、新工艺发生的研究开发费用加计扣除”：当表 A000000“210-3”项目填有入库编号时，填报表 A107012 第 51 行金额。本行与第 26 行不可同时填报。

28. 第 28 行“（三）企业为获得创新性、创意性、突破性的产品进行创意设计活动而发生的相关费用加计扣除”：填报纳税人根据《财政部 国家税务总局 科技部关于完善研究开发费用税前加计扣除政策的通知》（财税〔2015〕119 号）第二条第四项规定，为获得创新性、创意性、突破性的产品进行创意设计活动而发生的相关费用按照规定进行税前加计扣除的金额。

29. 第 29 行“（四）安置残疾人员所支付的工资加计扣除”：填报纳税人根据《财政部 国家税务总局关于安置残疾人员就业有关企业所得税优惠政策问题的通知》（财税〔2009〕70 号）等相关税收政策规定安置残疾人员的，按照支付给残疾职工工资的 100%加计扣除的金额。

30. 第 30 行“（五）其他”：填报纳税人享受的本表未列明的其他加计扣除项目名称、减免税代码及加计扣除的金额。

31. 第 31 行“合计”：填报第 1＋17＋25 行金额。

附表 5-15(A107011)

## 符合条件的居民企业之间的股息、红利等权益性投资收益优惠明细表

| 行次 | 被投资企业 | 被投资企业统一社会信用代码(纳税人识别号) | 投资性质 | 投资成本 | 投资比例 | 被投资企业利润分配确认金额 | | 被投资企业清算确认金额 | | | 撤回或减少投资确认金额 | | | | | | 合计 |
|---|---|---|---|---|---|---|---|---|---|---|---|---|---|---|---|---|---|
| | | | | | | 被投资企业做出利润分配或转股决定时间 | 依决定归属于本公司的股息、红利等权益性投资收益金额 | 分得的被投资企业清算剩余资产 | 被清算企业累计未分配利润和累计盈余公积应享有部分 | 应确认的股息所得 | 从被投资企业撤回或减少投资取得的资产 | 减少投资比例 | 收回初始投资成本 | 取得资产中超过收回初始投资成本部分 | 撤回或减少投资应享有被投资企业累计未分配利润和累计盈余公积 | 应确认的股息所得 | |
| | 1 | 2 | 3 | 4 | 5 | 6 | 7 | 8 | 9 | 10(8与9孰小) | 11 | 12 | 13(4×12) | 14(11－13) | 15 | 16(14与15孰小) | 17(7＋10＋16) |
| 1 | | | | | | | | | | | | | | | | | |
| 2 | | | | | | | | | | | | | | | | | |
| 3 | | | | | | | | | | | | | | | | | |
| 4 | | | | | | | | | | | | | | | | | |
| 5 | | | | | | | | | | | | | | | | | |
| 6 | | | | | | | | | | | | | | | | | |
| 7 | | | | | | | | | | | | | | | | | |
| 8 | 合计 | | | | | | | | | | | | | | | | |
| 9 | 其中:直接投资或非H股票投资 | | | | | | | | | | | | | | | | |
| 10 | 股票投资—沪港通H股 | | | | | | | | | | | | | | | | |
| 11 | 股票投资—深港通H股 | | | | | | | | | | | | | | | | |
| 12 | 创新企业CDR | | | | | | | | | | | | | | | | |
| 13 | 永续债 | | | | | | | | | | | | | | | | |

附表 6-1

**2021 年第四季度房产税应纳税额计算表**

单位：元（列至角分）

| 楼号 | 房产原值 | 按房产余值计征房产税 | | | | 按租金收入计征房产税 | | | 第四季度应纳税额 |
|---|---|---|---|---|---|---|---|---|---|
| | | 扣除率 | 房产余值 | 适用税率 | 应纳税额 | 租金收入 | 适用税率 | 应纳税额 | |
| | | | | | | | | | |
| | | | | | | | | | |
| | | | | | | | | | |
| | | | | | | | | | |
| | | | | | | | | | |
| | | | | | | | | | |
| | | | | | | | | | |
| | | | | | | | | | |
| | | | | | | | | | |
| | | | | | | | | | |
| 合计 | | | | | | | | | |

附表 6-2　　2021 年第四季度城镇土地使用税应纳税额计算表

单位:元(列至角分)

| 土地编号 | 占地总面积（平方米） | 免税占地面积（平方米） | 计税占地面面积（平方米） | 税额标准（元/平方米） | 应纳税额 |
| --- | --- | --- | --- | --- | --- |
| | | | | | |
| | | | | | |
| | | | | | |
| 合计 | | | | | |

**附表 6-3**

## 城镇土地使用税　房产税税源明细表

纳税人识别号(统一社会信用代码):□□□□□□□□□□□□□□□□□□□□

纳税人名称:　　　　　　　　　　　　　　　　金额单位:人民币元(列至角分);面积单位:平方米

<table>
<tr><td colspan="13">一、城镇土地使用税税源明细</td></tr>
<tr><td colspan="2">*纳税人类型</td><td colspan="2">土地使用权人□　集体土地使用人□　无偿使用人□　代管人□　实际使用人□(必选)</td><td colspan="2">土地使用权人纳税人识别号(统一社会信用代码)</td><td colspan="3"></td><td colspan="2">土地使用权人名称</td><td colspan="2"></td></tr>
<tr><td colspan="2">*土地编号</td><td colspan="2"></td><td colspan="2">土地名称</td><td colspan="3"></td><td colspan="2">不动产权证号</td><td colspan="2"></td></tr>
<tr><td colspan="2">不动产单元代码</td><td colspan="2"></td><td colspan="2">宗地号</td><td colspan="3"></td><td colspan="2">*土地性质</td><td colspan="2">国有□　集体□(必选)</td></tr>
<tr><td colspan="2">*土地取得方式</td><td colspan="2">划拨□　出让□　转让□<br>租赁□　其他□(必选)</td><td colspan="2">*土地用途</td><td colspan="7">工业□　商业□　居住□　综合□　房地产开发企业的开发用地□<br>其他□(必选)</td></tr>
<tr><td colspan="2">*土地坐落地址<br>(详细地址)</td><td colspan="11">省(自治区、直辖市)　　市(区)　　县(区)　　乡镇(街道)　　(必填)</td></tr>
<tr><td colspan="2">*土地所属主管税务所<br>(科、分局)</td><td colspan="11"></td></tr>
<tr><td colspan="2">*土地取得时间</td><td>年　月</td><td>变更类型</td><td colspan="6">纳税义务终止(权属转移□　其他□)<br>信息项变更(土地面积变更□　土地等级变更□<br>减免税变更□　其他□)</td><td colspan="2">变更时间</td><td>年　月</td></tr>
<tr><td colspan="2">*占用土地面积</td><td></td><td>地价</td><td></td><td colspan="2">*土地等级</td><td colspan="3"></td><td colspan="2">*税额标准</td><td></td></tr>
<tr><td rowspan="5">减免税部分</td><td rowspan="2">序号</td><td colspan="4" rowspan="2">减免性质代码和项目名称</td><td colspan="4">减免起止时间</td><td colspan="2" rowspan="2">减免税土地面积</td><td rowspan="2">月减免税金额</td></tr>
<tr><td colspan="2">减免起始月份</td><td colspan="2">减免终止月份</td></tr>
<tr><td>1</td><td colspan="4"></td><td colspan="2">年　月</td><td colspan="2">年　月</td><td colspan="2"></td><td></td></tr>
<tr><td>2</td><td colspan="4"></td><td colspan="2"></td><td colspan="2"></td><td colspan="2"></td><td></td></tr>
<tr><td>3</td><td colspan="4"></td><td colspan="2"></td><td colspan="2"></td><td colspan="2"></td><td></td></tr>
</table>

（续表）

<table>
<tr><td colspan="12">二、房产税税源明细</td></tr>
<tr><td colspan="12">（一）从价计征房产税明细</td></tr>
<tr><td colspan="2">＊纳税人类型</td><td colspan="2">产权所有人□　经营管理人□　承典人□　房屋代管人□　房屋使用人□　融资租赁承租人□(必选)</td><td>所有权人纳税人识别号（统一社会信用代码）</td><td colspan="2"></td><td colspan="2">所有权人名称</td><td colspan="3"></td></tr>
<tr><td colspan="2">＊房产编号</td><td colspan="2"></td><td>房产名称</td><td colspan="7"></td></tr>
<tr><td colspan="2">不动产权证号</td><td colspan="2"></td><td>不动产单元代码</td><td colspan="7"></td></tr>
<tr><td colspan="2">＊房屋坐落地址（详细地址）</td><td colspan="10">省(自治区、直辖市)　市(区)　县(区)　乡镇(街道)　(必填)</td></tr>
<tr><td colspan="2">＊房产所属主管税务所（科、分局）</td><td colspan="10"></td></tr>
<tr><td colspan="2">房屋所在土地编号</td><td colspan="2"></td><td>＊房产用途</td><td colspan="7">工业□ 商业及办公□　住房□　其他□(必选)</td></tr>
<tr><td colspan="2">＊房产取得时间</td><td>年　月</td><td>变更类型</td><td colspan="4">纳税义务终止(权属转移□　其他□)<br>信息项变更(房产原值变更□　出租房产原值变更□　减免税变更□　申报租金收入变更□　其他□)</td><td colspan="2">变更时间</td><td colspan="2">年　月</td></tr>
<tr><td colspan="2">＊建筑面积</td><td colspan="2"></td><td>其中:出租房产面积</td><td colspan="7"></td></tr>
<tr><td colspan="2">＊房产原值</td><td colspan="2"></td><td>其中:出租房产原值</td><td colspan="3"></td><td colspan="3">计税比例</td><td></td></tr>
<tr><td rowspan="5">减免税部分</td><td rowspan="2">序号</td><td colspan="3" rowspan="2">减免性质代码和项目名称</td><td colspan="3">减免起止时间</td><td colspan="3" rowspan="2">减免税房产原值</td><td rowspan="2">月减免税金额</td></tr>
<tr><td>减免起始月份</td><td colspan="2">减免终止月份</td></tr>
<tr><td>1</td><td colspan="3"></td><td>年　月</td><td colspan="2">年　月</td><td colspan="3"></td><td></td></tr>
<tr><td>2</td><td colspan="3"></td><td></td><td colspan="2"></td><td colspan="3"></td><td></td></tr>
<tr><td>3</td><td colspan="3"></td><td></td><td colspan="2"></td><td colspan="3"></td><td></td></tr>
</table>

（续表）

<table>
<tr><td colspan="7">（二）从租计征房产税明细</td></tr>
<tr><td colspan="3">＊房产编号</td><td></td><td colspan="2">房产名称</td><td></td></tr>
<tr><td colspan="3">＊房产所属主管税务所(科、分局)</td><td colspan="4"></td></tr>
<tr><td colspan="3">承租方纳税人识别号<br>（统一社会信用代码）</td><td></td><td colspan="2">承租方名称</td><td></td></tr>
<tr><td colspan="3">＊出租面积</td><td></td><td colspan="2">＊申报租金收入</td><td></td></tr>
<tr><td colspan="3">＊申报租金所属租赁期起</td><td></td><td colspan="2">＊申报租金所属租赁期止</td><td></td></tr>
<tr><td rowspan="5">减免税部分</td><td rowspan="2">序号</td><td rowspan="2">减免性质代码和项目名称</td><td colspan="2">减免起止时间</td><td rowspan="2">减免税租金收入</td><td rowspan="2">月减免税金额</td></tr>
<tr><td>减免起始月份</td><td>减免终止月份</td></tr>
<tr><td>1</td><td></td><td>年　月</td><td>年　月</td><td></td><td></td></tr>
<tr><td>2</td><td></td><td></td><td></td><td></td><td></td></tr>
<tr><td>3</td><td></td><td></td><td></td><td></td><td></td></tr>
</table>

## 城镇土地使用税　房产税税源明细表填表说明

（一）城镇土地使用税税源明细

1. 首次进行纳税申报的纳税人，需要填写全部土地的相关信息。此后办理纳税申报时，纳税人的土地及相关信息未发生变化的，可仅对已填报的信息进行确认；发生变化的，仅就变化的内容进行填写。

2. 城镇土地使用税税源明细填报遵循“谁纳税谁申报”的原则，只要存在城镇土地使用税纳税义务，就应当如实填报土地信息。

3. 每一宗土地填写一张表。同一宗土地跨两个土地等级的，按照不同等级分别填表。无不动产权证（土地使用权证）的，按照土地坐落地址分别填表。纳税人不得将多宗土地合并成一条记录填表。

4. 对于本表中的数据项目，有不动产权证（土地使用权证）的，依据证件记载内容填写，没有不动产权证（土地使用权证）的，依据实际情况填写。

5. 纳税人类型（必填）：分为土地使用权人、集体土地使用人、无偿使用人、代管人、实际使用人。必选一项，且只能选一项。

6. 土地使用权人纳税人识别号（统一社会信用代码）：填写土地使用权人纳税人识别号或统一社会信用代码。

7. 土地使用权人名称：填写土地使用权人的名称。

8. 土地编号：纳税人不必填写。由系统赋予编号。

9. 土地名称：纳税人自行填写，以便于识别。如：1 号土地、第一车间土地等。

10. 不动产权证号：纳税人有不动产权证（土地使用权证）的，必填。填写不动产权证（土地使用权证）载明的证件编号。

11. 不动产单元代码：纳税人有不动产权证的，必填。填写不动产权证载明的不动产单元代码。

12. 宗地号：填写土地权属证书记载的宗地号，有不动产单元代码的不必填写。

13. 土地性质（必选）：根据实际的土地性质选择。选项为国有、集体。

14. 土地取得方式（必选）：根据土地的取得方式选择，分为：划拨、出让、转让、租赁和其他。

15. 土地用途（必选）：分为工业、商业、居住、综合、房地产开发企业的开发用地和其他，必选一项，且只能选一项，不同用途的土地应当分别填表。

16. 土地坐落地址（必填）：应当填写详细地址，具体为：××省（自治区、直辖市）××市（区）××县（区）××乡镇（街道）＋详细地址。

17. 土地所属主管税务所（科、分局）：系统自动带出，纳税人不必填写。

18. 土地取得时间（必填）：填写纳税人取得该土地的时间。

19. 变更类型：有变更情况的必选。

20. 变更时间：有变更情况的必填，填至月。变更类型选择纳税义务终止的，税款计算至当月末；变更类型选择信息项变更的，自变更次月起按新状态计算税款。

21. 占用土地面积（必填）：根据纳税人本表所填列土地实际占用的土地面积填写，保留两位小数。此面积为全部面积，包括减税面积和免税面积。

22. 地价:地价为取得土地使用权支付的价款与开发土地发生的成本费用之和。若未支付价款和成本费用,则填0。

23. 土地等级(必填):根据本地区土地等级的有关规定,填写纳税人占用土地所属的土地的等级。不同土地等级的土地应当分别填表。

24. 税额标准:系统自动带出,纳税人不必填写。

25. 减免性质代码和项目名称:有减免税情况的必填,按照税务机关最新制发的减免税政策代码表中最细项减免性质代码填写。适用不同减免性质政策的土地应当分行填表。纳税人减免税情况发生变化时,应当进行变更。

26. 减免起始月份:有减免税情况的必填。纳税人如有困难减免的情况,填写经税务机关核准的困难减免的起始月份。

27. 减免终止月份:有减免税情况的必填。纳税人如有困难减免的情况,填写经税务机关核准的困难减免的终止月份。

28. 减免税土地的面积:填写享受减免税政策的土地的全部面积。

29. 月减免税金额:本表所列土地本项减免税项目享受的月减免税金额。

(二)从价计征房产税税源明细

1. 首次进行纳税申报的纳税人,需要填写全部房产的相关信息,此后办理纳税申报时,纳税人的房产及相关信息未发生变化的,可仅对已填报的信息进行确认;发生变化的,仅就变化的内容进行填写。

2. 房产税税源明细填报遵循"谁纳税谁申报"的原则,只要存在房产税纳税义务,就应当如实填报房产明细信息。

3. 每一独立房产应当填写一张表。即:同一不动产权证(房屋所有权证)有多幢(个)房产的,每幢(个)房产填写一张表。无不动产权证(房屋所有权证)的房产,每幢(个)房产填写一张表。纳税人不得将多幢房产合并成一条记录填写。

4. 对于本表中的数据项目,有不动产权证(房屋所有权证)的,依据证件记载的内容填写,没有不动产权证(房屋所有权证)的,依据实际情况填写。

5. 纳税人有出租房产的,应当先填写从价计征房产税税源明细,再填写从租计征房产税税源明细。

6. 纳税人类型(必选):分为产权所有人、经营管理人、承典人、房屋代管人、房屋使用人、融资租赁承租人。必选一项,且只能选一项。

7. 所有权人纳税人识别号(统一社会信用代码):填写房屋所有权人的纳税人识别号或统一社会信用代码。

8. 所有权人名称:填写房屋所有权人的名称。

9. 房产编号:纳税人不必填写。由系统赋予编号。

10. 房产名称:纳税人自行编写,以便于识别。如:1号办公楼、第一车间厂房等。

11. 不动产权证号:纳税人有不动产权证(房屋所有权证)的,必填。填写不动产权证(房屋所有权证)载明的证件编号。

12. 不动产单元代码:纳税人有不动产权证的,必填。填写不动产权证载明的不动产单元代码。

13. 房屋坐落地址:应当填写详细地址,具体为:××省(自治区、直辖市)××市(区)×

×县(区)××乡镇(街道)+详细地址,且应当与土地税源明细数据关联并一致。系统自动带出已填报的土地税源信息,供选择。一栋房产仅可选择对应一条土地信息。

14. 房产所属主管税务所(科、分局):系统自动带出,纳税人不必填写。

15. 房屋所在土地编号:系统自动带出。

16. 房产用途(必选):房产用途依据不动产权证(房屋所有权证)登记的用途填写,无证的,依据实际用途填写。分为工业、商业及办公、住房、其他,必选一项,且只能选一项,不同用途的房产应当分别填表。

17. 房产取得时间(必填):填写纳税人取得该房产的时间。

18. 变更类型:有变更情况的必选。

19. 变更时间:有变更情况的必填,填至月。变更类型选择纳税义务终止的,税款计算至当月末;变更类型选择信息项变更的,自变更次月起按新状态计算税款。

20. 建筑面积(必填):保留两位小数。

21. 出租房产面积:有出租情况的必填。

22. 房产原值(必填):填写房产的全部房产原值。应包括:分摊的应计入房产原值的地价,与房产不可分割的设备设施的原值,房产中已出租部分的原值,以及房产中减免税部分的原值。

23. 出租房产原值:有出租情况的必填。

24. 计税比例:各地房产原值减除的比例。系统自动带出,纳税人不必填写。

25. 减免性质代码和项目名称:有减免税情况的必填。按照税务机关最新制发的减免税政策代码表中最细项减免性质代码填写。不同减免性质代码的房产应当分行填表。纳税人减免税情况发生变化时,应当进行变更。

26. 减免起始月份:有减免税情况的必填。纳税人如有困难减免的情况,填写经税务机关(人民政府)核准的困难减免的起始月份。

27. 减免终止月份:有减免税情况的必填。纳税人如有困难减免的情况,填写经税务机关(人民政府)核准的困难减免的终止月份。

28. 减免税房产原值:依据政策确定的可以享受减免税政策的房产原值。政策明确按一定比例进行减免的,该项为经过比例换算确定的减免税房产原值。例如:供热企业用于居民供热的免税房产原值=房产原值×实际从居民取得的采暖费收入/采暖费总收入。

29. 月减免税金额:本表所列房产本项减免税项目享受的月减免税金额。

(三) 从租计征房产税税源明细

1. 每一独立出租房产应当填写一张表。即:同一不动产权证(房屋所有权证)有多幢(个)房产的,每幢(个)房产填写一张表。无不动产权证(房屋所有权证)的房产,每幢(个)房产填写一张表。纳税人不得将多幢房产合并成一条记录填写。

2. 纳税人有出租房产的,应先填写从价计征房产税税源明细,再填写从租计征房产税税源明细。

3. 房产编号:由系统赋予编号,纳税人不必填写。

4. 房产名称:纳税人自行编写,以便于识别。与从价计征房产税明细信息关联并一致。

5. 房产所属主管税务所(科、分局):系统自动带出,纳税人不必填写。

6. 承租方纳税人识别号(统一社会信用代码):填写承租方的纳税人识别号或统一社会

信用代码。

7. 承租方名称:填写承租方的单位名称或个人姓名。

8. 出租面积(必填):填写出租房产的面积。

9. 申报租金收入(必填):填写本次申报的应税租金收入。

10. 申报租金所属租赁期起(必填):填写申报租金收入的所属租赁期起。

11. 申报租金所属租赁期止(必填):填写申报租金收入的所属租赁期止。

12. 减免性质代码和项目名称:有减免税情况的必填。按照税务机关制发的减免税政策代码表中最细项减免性质代码填写,对于出租房产不适用12%法定税率的,应当填写相关的减免税内容。

13. 减免起始月份:有减免税情况的必填。纳税人如有困难减免的情况,填写经税务机关(人民政府)核准的困难减免的起始月份。

14. 减免终止月份:有减免税情况的必填。纳税人如有困难减免的情况,填写经税务机关(人民政府)核准的困难减免的终止月份。

15. 减免税租金收入:填写本出租房产可以享受减免税政策的租金收入。

16. 月减免税金额:本表所列房产出租部分本项减免税项目享受的月减免税金额。

附表 6-4

## 财产和行为税减免税明细申报附表

纳税人识别号(统一社会信用代码):□□□□□□□□□□□□□□□□□□

纳税人名称:

金额单位:人民币元(列至角分)

| 本期是否适用增值税小规模纳税人减征政策 | | □是 □否 | 本期适用增值税小规模纳税人减征政策起始时间 | | 年 月 |
|---|---|---|---|---|---|
| | | | 本期适用增值税小规模纳税人减征政策终止时间 | | 年 月 |
| 合计减免税额 | | | | | |
| 城镇土地使用税 | | | | | |
| 序号 | 土地编号 | 税款所属期起 | 税款所属期止 | 减免性质代码和项目名称 | 减免税额 |
| 1 | | | | | |
| 2 | | | | | |
| 小计 | — | | | — | |
| 房产税 | | | | | |
| 序号 | 房产编号 | 税款所属期起 | 税款所属期止 | 减免性质代码和项目名称 | 减免税额 |
| 1 | | | | | |
| 2 | | | | | |
| 小计 | — | | | — | |
| 车船税 | | | | | |
| 序号 | 车辆识别代码/船舶识别码 | 税款所属期起 | 税款所属期止 | 减免性质代码和项目名称 | 减免税额 |
| 1 | | | | | |
| 2 | | | | | |
| 小计 | | | | — | |

（续表）

| 印花税 | | | | | |
|---|---|---|---|---|---|
| 序号 | 税目 | 税款所属期起 | 税款所属期止 | 减免性质代码和项目名称 | 减免税额 |
| 1 | | | | | |
| 2 | | | | | |
| 小计 | — | | | — | |

| 资源税 | | | | | | |
|---|---|---|---|---|---|---|
| 序号 | 税目 | 子目 | 税款所属期起 | 税款所属期止 | 减免性质代码和项目名称 | 减免税额 |
| 1 | | | | | | |
| 2 | | | | | | |
| 小计 | — | — | | | — | |

| 耕地占用税 | | | | | |
|---|---|---|---|---|---|
| 序号 | 税源编号 | 税款所属期起 | 税款所属期止 | 减免性质代码和项目名称 | 减免税额 |
| 1 | | | | | |
| 2 | | | | | |
| 小计 | — | | | — | |

| 契税 | | | | | |
|---|---|---|---|---|---|
| 序号 | 税源编号 | 税款所属期起 | 税款所属期止 | 减免性质代码和项目名称 | 减免税额 |
| 1 | | | | | |
| 2 | | | | | |
| 小计 | — | | | — | |

(续表)

| 土地增值税 | | | | | |
|---|---|---|---|---|---|
| 序号 | 项目编号 | 税款所属期起 | 税款所属期止 | 减免性质代码和项目名称 | 减免税额 |
| 1 | | | | | |
| 2 | | | | | |
| 小计 | — | | | — | |

| 环境保护税 | | | | | | | |
|---|---|---|---|---|---|---|---|
| 序号 | 税源编号 | 污染物类别 | 污染物名称 | 税款所属期起 | 税款所属期止 | 减免性质代码和项目名称 | 减免税额 |
| 1 | | | | | | | |
| 2 | | | | | | | |
| 小计 | — | — | — | | | — | |

声明:此表是根据国家税收法律法规及相关规定填写的,本人(单位)对填报内容(及附带资料)的真实性、可靠性、完整性负责。

纳税人(签章):　　　　年　　月　　日

| | |
|---|---|
| 经办人:<br>经办人身份证号:代理机构签章:<br>代理机构统一社会信用代码: | 受理人:<br>受理税务机关(章):<br>受理日期:　　年　　月　　日 |

## 财产和行为税减免税明细申报附表填表说明

1. 本表为《财产和行为税纳税申报表》的附表，适用于申报城镇土地使用税、房产税、契税、耕地占用税、土地增值税、印花税、车船税、环境保护税、资源税的减免税。

2. 纳税人识别号(统一社会信用代码)：填写税务机关核发的纳税人识别号或有关部门核发的统一社会信用代码。纳税人名称：填写营业执照、税务登记证等证件载明的纳税人名称。

3. 适用增值税小规模纳税人减征政策的，需填写“本期是否适用增值税小规模纳税人减征政策”“本期适用增值税小规模纳税人减征政策起始时间”“本期适用增值税小规模纳税人减征政策终止时间”。其余项目根据各税种税源明细表自动生成，减免税申报前需填写税源明细表。

4. 本期是否适用增值税小规模纳税人减征政策：适用增值税小规模纳税人减征政策的，填写本项。纳税人在税款所属期内适用增值税小规模纳税人减征政策的，勾选“是”；否则，勾选“否”。纳税人自增值税一般纳税人按规定转登记为小规模纳税人的，自成为小规模纳税人的当月起适用减征优惠。增值税小规模纳税人按规定登记为一般纳税人的，自一般纳税人生效之日起不再适用减征优惠；增值税年应税销售额超过小规模纳税人标准应当登记为一般纳税人而未登记，经税务机关通知，逾期仍不办理登记的，自逾期次月起不再适用减征优惠。

5. 本期适用增值税小规模纳税人减征政策起始时间：适用增值税小规模纳税人减征政策的，填写本项。如果税款所属期内纳税人一直为增值税小规模纳税人，填写税款所属期起始月份；如果税款所属期内纳税人由增值税一般纳税人转登记为增值税小规模纳税人，填写成为增值税小规模纳税人的月份。

6. 本期适用增值税小规模纳税人减征政策终止时间：适用增值税小规模纳税人减征政策的，填写本项。如果税款所属期内纳税人一直为增值税小规模纳税人，填写税款所属期终止月份，如同时存在多个税款所属期，则填写最晚的税款所属期终止月份；如果税款所属期内纳税人由增值税小规模纳税人登记为增值税一般纳税人，填写增值税一般纳税人生效之日上月；经税务机关通知，逾期仍不办理增值税一般纳税人登记的，自逾期次月起不再适用减征优惠，填写逾期当月所在的月份。

7. 税款所属期起：指纳税人申报相应税种所属期的起始时间，具体到年、月、日。

8. 税款所属期止：指纳税人申报相应税种所属期的终止时间，具体到年、月、日。

9. 减免性质代码和项目名称：按照税务机关最新制发的减免税政策代码表中最细项减免项目名称填写。

10. 减免税额：减免税项目对应的减免税金额。

**附表 6-5**

## 财产和行为税纳税申报表

纳税人识别号(统一社会信用代码):□□□□□□□□□□□□□□□□□□

纳税人名称:

金额单位:人民币元(列至角分)

| 序号 | 税种 | 税目 | 税款所属期起 | 税款所属期止 | 计税依据 | 税率 | 应纳税额 | 减免税额 | 已缴税额 | 应补(退)税额 |
|---|---|---|---|---|---|---|---|---|---|---|
| 1 | | | | | | | | | | |
| 2 | | | | | | | | | | |
| 3 | | | | | | | | | | |
| 4 | | | | | | | | | | |
| 5 | | | | | | | | | | |
| 6 | | | | | | | | | | |
| 7 | | | | | | | | | | |
| 8 | | | | | | | | | | |
| 9 | | | | | | | | | | |
| 10 | | | | | | | | | | |
| 11 | 合计 | — | — | — | — | — | | | | |

声明:此表是根据国家税收法律法规及相关规定填写的,本人(单位)对填报内容(及附带资料)的真实性、可靠性、完整性负责。

纳税人(签章):　　　　年　　月　　日

| | |
|---|---|
| 经办人:<br>经办人身份证号:代理机构签章:<br>代理机构统一社会信用代码: | 受理人:<br>受理税务机关(章):<br>受理日期:　　年　　月　　日 |

## 财产和行为税纳税申报表填表说明

1. 本表适用于申报城镇土地使用税、房产税、契税、耕地占用税、土地增值税、印花税、车船税、烟叶税、环境保护税、资源税。

2. 本表根据各税种税源明细表自动生成，申报前需填写税源明细表。

3. 本表包含一张附表《财产和行为税减免税明细申报附表》。

4. 纳税人识别号(统一社会信用代码)：填写税务机关核发的纳税人识别号或有关部门核发的统一社会信用代码。纳税人名称：填写营业执照、税务登记证等证件载明的纳税人名称。

5. 税种：税种名称，多个税种的，可增加行次。

6. 税目：税目名称，多个税目的，可增加行次。

7. 税款所属期起：纳税人申报相应税种所属期的起始时间，填写具体的年、月、日。

8. 税款所属期止：纳税人申报相应税种所属期的终止时间，填写具体的年、月、日。

9. 计税依据：计算税款的依据。

10. 税率：适用的税率。

11. 应纳税额：纳税人本期应当缴纳的税额。

12. 减免税额：纳税人本期享受的减免税金额，等于减免税附表中该税种的减免税额小计。

13. 已缴税额：纳税人本期应纳税额中已经缴纳的部分。

14. 应补(退)税额：纳税人本期实际需要缴纳的税额。应补(退)税额＝应纳税额－减免税额－已缴税额。

**附表 6-6**

## 印花税税源明细表

纳税人识别号(统一社会信用代码):□□□□□□□□□□□□□□□□□□

纳税人名称:

金额单位:人民币元(列至角分)

| 序号 | * 税目 | * 税款所属期起 | * 税款所属期止 | 应纳税凭证编号 | 应纳税凭证书立(领受)日期 | * 计税金额或件数 | 核定比例 | * 税率 | 减免性质代码和项目名称 |
|---|---|---|---|---|---|---|---|---|---|
| 按期申报 | | | | | | | | | |
| 1 | | | | | | | | | |
| 2 | | | | | | | | | |
| 3 | | | | | | | | | |
| 4 | | | | | | | | | |
| 按次申报 | | | | | | | | | |
| 1 | | | | | | | | | |
| 2 | | | | | | | | | |
| 3 | | | | | | | | | |

## 印花税税源明细表填表说明

1. 税目:必填。可填项:购销合同、加工承揽合同、建设工程勘察设计合同、建筑安装工程承包合同、财产租赁合同、货物运输合同、仓储保管合同、借款合同、财产保险合同、技术合同、产权转移书据、营业账簿(记载资金的账簿)、营业账簿(其他帐簿),以及权利、许可证照。

2. 税款所属期起:按期申报的,填写所属期的起始时间,应填写具体的年、月、日。按次申报的,如填写了应纳税凭证书立(领受)日期,则为应纳税凭证书立(领受)日期;否则为填表当日。

3. 税款所属期止:按期申报的,填写所属期的终止时间,应填写具体的年、月、日。按次申报的,如填写了应纳税凭证书立(领受)日期,则为应纳税凭证书立(领受)日期;否则为填表当日。

4. 应纳税凭证编号:申报购销合同、加工承揽合同、建设工程勘察设计合同、建筑安装工程承包合同、财产租赁合同、货物运输合同、仓储保管合同、借款合同、财产保险合同、技术合同、产权转移书据等税目的,填写合同或者凭证编号。各省、区、市根据税源管理需要,设置该项是否为必填项,默认为选填。

5. 应纳税凭证书立(领受)日期:申报购销合同、加工承揽合同、建设工程勘察设计合同、建筑安装工程承包合同、财产租赁合同、货物运输合同、仓储保管合同、借款合同、财产保险合同、技术合同、产权转移书据等税目的,填写合同或者凭证书立(领受)日期。各省、区、市根据税源管理需要,设置该项是否为必填项,默认为选填。

6. 计税金额或件数:必填。营业账簿(其他账簿)和权利、许可证照税目填写件数,其他税目填写金额。

7. 核定比例:实行核定征收的,填写核定比例。根据各省、区、市确定的核定比例填写。

8. 税率:按照《中华人民共和国印花税暂行条例》等相关规定,填写税目对应的适用税率。

9. 减免性质代码和项目名称:有减免税情况的,必填。按照税务机关最新制发的减免税政策代码表中最细项减免性质代码填写。

**附表 6-7**

**财产和行为税减免税明细申报附表**

纳税人识别号(统一社会信用代码):□□□□□□□□□□□□□□□□□□

纳税人名称:

金额单位:人民币元(列至角分)

| | | | | | |
|---|---|---|---|---|---|
| 本期是否适用增值税小规模纳税人减征政策 | | □是 □否 | 本期适用增值税小规模纳税人减征政策起始时间 | | 年 月 |
| | | | 本期适用增值税小规模纳税人减征政策终止时间 | | 年 月 |
| 合计减免税额 | | | | | |
| 城镇土地使用税 | | | | | |
| 序号 | 土地编号 | 税款所属期起 | 税款所属期止 | 减免性质代码和项目名称 | 减免税额 |
| 1 | | | | | |
| 2 | | | | | |
| 小计 | — | | | — | |
| 房产税 | | | | | |
| 序号 | 房产编号 | 税款所属期起 | 税款所属期止 | 减免性质代码和项目名称 | 减免税额 |
| 1 | | | | | |
| 2 | | | | | |
| 小计 | — | | | — | |
| 车船税 | | | | | |
| 序号 | 车辆识别代码/船舶识别码 | 税款所属期起 | 税款所属期止 | 减免性质代码和项目名称 | 减免税额 |
| 1 | | | | | |
| 2 | | | | | |
| 小计 | | | | — | |

（续表）

印花税

| 序号 | 税目 | 税款所属期起 | 税款所属期止 | 减免性质代码和项目名称 | 减免税额 |
|---|---|---|---|---|---|
| 1 | | | | | |
| 2 | | | | | |
| 3 | | | | | |
| 小计 | — | | | — | |

资源税

| 序号 | 税目 | 子目 | 税款所属期起 | 税款所属期止 | 减免性质代码和项目名称 | 减免税额 |
|---|---|---|---|---|---|---|
| 1 | | | | | | |
| 2 | | | | | | |
| 小计 | — | — | | | — | |

耕地占用税

| 序号 | 税源编号 | 税款所属期起 | 税款所属期止 | 减免性质代码和项目名称 | 减免税额 |
|---|---|---|---|---|---|
| 1 | | | | | |
| 2 | | | | | |
| 小计 | — | | | — | |

契税

| 序号 | 税源编号 | 税款所属期起 | 税款所属期止 | 减免性质代码和项目名称 | 减免税额 |
|---|---|---|---|---|---|
| 1 | | | | | |
| 2 | | | | | |
| 小计 | — | | | — | |

(续表)

| 土地增值税 | | | | | |
|---|---|---|---|---|---|
| 序号 | 项目编号 | 税款所属期起 | 税款所属期止 | 减免性质代码和项目名称 | 减免税额 |
| 1 | | | | | |
| 2 | | | | | |
| 小计 | — | | | — | |

| 环境保护税 | | | | | | | |
|---|---|---|---|---|---|---|---|
| 序号 | 税源编号 | 污染物类别 | 污染物名称 | 税款所属期起 | 税款所属期止 | 减免性质代码和项目名称 | 减免税额 |
| 1 | | | | | | | |
| 2 | | | | | | | |
| 小计 | — | — | — | | | — | |

| | |
|---|---|
| 声明:此表是根据国家税收法律法规及相关规定填写的,本人(单位)对填报内容(及附带资料)的真实性、可靠性、完整性负责。<br>纳税人(签章): 年 月 日 | |
| 经办人:<br>经办人身份证号:代理机构签章:<br>代理机构统一社会信用代码: | 受理人:<br>受理税务机关(章):<br>受理日期: 年 月 日 |

**附表 6-8**

## 财产和行为税纳税申报表

纳税人识别号(统一社会信用代码):□□□□□□□□□□□□□□□□□□

纳税人名称:

金额单位:人民币元(列至角分)

| 序号 | 税种 | 税目 | 税款<br>所属期起 | 税款<br>所属期止 | 计税依据 | 税率 | 应纳税额 | 减免税额 | 已缴税额 | 应补(退)税额 |
|---|---|---|---|---|---|---|---|---|---|---|
| 1 | | | | | | | | | | |
| 2 | | | | | | | | | | |
| 3 | | | | | | | | | | |
| 4 | | | | | | | | | | |
| 5 | | | | | | | | | | |
| 6 | | | | | | | | | | |
| 7 | | | | | | | | | | |
| 8 | | | | | | | | | | |
| 9 | | | | | | | | | | |
| 10 | | | | | | | | | | |
| 11 | 合计 | — | — | — | — | — | | | | |

声明:此表是根据国家税收法律法规及相关规定填写的,本人(单位)对填报内容(及附带资料)的真实性、可靠性、完整性负责。

纳税人(签章): 年 月 日

| | |
|---|---|
| 经办人:<br>经办人身份证号:代理机构签章:<br>代理机构统一社会信用代码: | 受理人:<br>受理税务机关(章):<br>受理日期: 年 月 日 |

高等院校“十三五”规划教材
“互联网+”融媒体系列教材

# 纳税申报实务

朱淑梅 邓亚丽 孔令一／主编
刘璐 迟春龙／副主编

立信会计出版社
LIXIN ACCOUNTING PUBLISHING HOUSE

**图书在版编目(CIP)数据**

纳税申报实务 / 朱淑梅,邓亚丽,孔令一主编. —
上海:立信会计出版社,2021.4(2022.7 重印)
ISBN 978-7-5429-6799-2

Ⅰ.①纳… Ⅱ.①朱… ②邓… ③孔… Ⅲ.①纳税—
税收管理—中国 Ⅳ.①F812.423

中国版本图书馆 CIP 数据核字(2021)第 055955 号

策划编辑 郭 光
责任编辑 郭 光
封面设计 南房间

**纳税申报实务**

NASHUI SHENBAO SHIWU

| | | | |
|---|---|---|---|
| 出版发行 | 立信会计出版社 | | |
| 地 址 | 上海市中山西路 2230 号 | 邮政编码 | 200235 |
| 电 话 | (021)64411389 | 传 真 | (021)64411325 |
| 网 址 | www.lixinaph.com | 电子邮箱 | lixinaph2019@126.com |
| 网上书店 | http://lixin.jd.com | | http://lxkjcbs.tmall.com |
| 经 销 | 各地新华书店 | | |

| | | | |
|---|---|---|---|
| 印 刷 | 上海天地海设计印刷有限公司 | | |
| 开 本 | 787 毫米×1092 毫米 | 1/16 | |
| 印 张 | 17.25 | | |
| 字 数 | 308 千字 | | |
| 版 次 | 2021 年 4 月第 1 版 | | |
| 印 次 | 2022 年 7 月第 3 次 | | |
| 印 数 | 4 201—7 300 | | |
| 书 号 | ISBN 978-7-5429-6799-2/F | | |
| 定 价 | 48.00 元 | | |

# 前　言

纳税申报实务是经管类专业的核心实践类课程。近几年，我国税收法律政策一直在不断调整，加之社会对税务人才需求的不断增加，为全面提高学生的税务“应岗能力”，培养满足社会需要的高素质应用型税务人才，我们根据多年教学经验，编写了本书。

本书通过大量的仿真原始凭证，对企业的涉税业务进行模拟训练，培养学生对各税种核算能力、纳税申报表及附表资料的填制能力，让学生能够全面理解和掌握税务理论知识，将税务理论与实际应用相结合，从而提高涉税业务处理能力。

本书以培养应用型人才为宗旨，主要有以下特色：

1. 以最新的税收法律政策为依据，时效性强。本书根据《国家税务总局关于增值税消费税与附加税费申报表整合有关事项的公告》《国家税务总局关于修订发布〈个人所得税专项附加扣除操作办法(试行)〉的公告》《国家税务总局关于企业所得税年度汇算清缴有关事项的公告》《国家税务总局关于简并税费申报有关事项的公告》等对增值税、消费税、个人所得税、企业所得税、小税种的纳税申报表及附表资料进行全部更新，适用的税收法律政策的截止时限为 2022 年 6 月。

2. 注重课程育人，突出课程思政。本书在章节内容安排中将知识点与思政元素相融合，增加思政案例，注重课程育人。

3. 突出应用性，注重培养学生的实际操作能力。本书对现行税制中的主要税种进行全面实务模拟操作，将学生学习的税法知识和会计专业知识相融合，以提高学生的涉税业务实操能力。此外，本书还配有大量的仿真原始凭证，通俗易懂，符合税务岗位操作规律。

4. 各税种纳税申报表及附表资料单独成册，应用方便。本书将原始凭证与需要填制的各税种明细账、纳税申报表及附表资料分开，单独编写《纳税申报实务附表》，方便教师收集学生完成的实训资料。此外，在附表部分对主要税种的纳税申报表及附表资料增加填报说明，方便老师教学和学生学习。

5. 涉税课程有机衔接，理论与实务兼顾。本书编者在立信会计出版社出版的《税法》《税法学习指导书》《税务会计》《税务会计学习指导书》《纳税筹划》等图书，基于统一的人才培养方案编写。有需求的教师，可以联系出版社获取样书。

6. 配套教学资源丰富。课程的教学资源包括教学课件、教学大纲以及记账凭证和各类账簿的答案。有需要的老师，可以添加立信会计出版社郭光老师 QQ(360090452)索取。

本书由朱淑梅、邓亚丽、孔令一任主编，刘璐、迟春龙任副主编，迟甜甜、宿怡、滕萍萍、刘燕、李满林等老师参与编写。

本书在编写过程中，参考和借鉴了大量相关实训教材成果，得到了立信会计出版社郭光老师的大力支持，在此表示诚挚谢意！

由于编者水平有限，加之税收法律政策规定变化较快，实训内容难免有疏漏之处，恳请读者提出改进意见，以便我们进一步修订和完善。

编　者

2022 年 6 月

# 目　录


**实训项目 1　纳税工作基本流程认知** …… 1

实训项目 1.1　税务登记管理 …… 1

实训项目 1.2　增值税一般纳税人登记 …… 6

实训项目 1.3　增值税发票管理 …… 7

**实训项目 2　增值税会计模拟实训** …… 10

实训项目 2.1　增值税一般纳税人模拟实训 …… 10

实训项目 2.2　增值税小规模纳税人模拟实训 …… 73

**实训项目 3　消费税会计模拟实训** …… 91

**实训项目 4　个人所得税会计模拟实训** …… 129

**实训项目 5　企业所得税会计模拟实训** …… 132

**实训项目 6　其他主要税种会计模拟实训** …… 136

实训项目 6.1　房产税和城镇土地使用税会计模拟实训 …… 136

实训项目 6.2　印花税会计模拟实训 …… 147

# 实训项目1　纳税工作基本流程认知

**思政课堂**

**革故鼎新、砥砺前行——青海省工商局“五证合一”窗口案例**

2016 年 8 月，国家工商总局、发改委、人力资源和社会保障部、统计局、国务院法制办公室联合发出通知，要求各相关部门贯彻落实《国务院办公厅关于加快推进“五证合一、一照一码”登记制度改革的通知》要求，确保从 10 月 1 日起在全国范围推行“五证合一”改革。

青海省工商局行政服务窗口为加强“五证合一”窗口规范化建设，创新思路，开展了“五证合一”文明窗口建设活动。根据省工商局的统一安排，窗口积极做好“五证合一、一照一码”登记制度改革实施前的准备工作，大厅一楼室内、室外大屏幕滚动播放“五证合一、一照一码”有关政府文件、政策解读，省政府行政服务中心门户网站工商登记业务流程也及时进行了修改和调整，2016 年 9 月 26 日，“五证合一、一照一码”登记改革正式启动，截至 12 月 1 日省工商局窗口共发放“五证合一、一照一码”营业执照 336 户。2017 年，省局登记窗口继续加大了“三证合一”“五证合一”营业执照换发的宣传力度，截至 12 月 1 日换照率为 77.4%，超额完成了省政府确定的 70%的目标任务。

**请思考**

1. 何为“五证合一”？
2. 在“三证合一”基础上再推进“五证合一”有什么重要意义？

## 实训项目 1.1　税务登记管理

我国于 2015 年 10 月 1 日起在全国范围全面推行“三证合一、一照一码”登记制度，2016 年 10 月 1 日起实施“五证合一、一照一码”登记制度，自此，税务登记管理的内容发生了较大的变化。

“五证合一、一照一码”登记制度是指将原来企业、农民专业合作社登记时依次申请，分别由“工商行政管理部门核发工商营业执照、质量技术监督部门核发组织机构代码证、税务部门核发税务登记证、统计部门核发统计证、社会保障部门核发的社会保险登记证”改为一次申请、由工商行政管理部门核发一个加载统一社会信用代码的营业执照的登记制度。该制度适用于依法由工商行政管理部门登记的除个体工商户以外的所有市场主体，包括各类企业、农民专业合作社及其分支机构。

## 一、新设登记的基本流程

“五证合一”之后，新设企业无需单独进行税务登记。“五证合一”的营业执照办证基本流程如图 1-1 所示。相关报送资料有：工商网上申报系统审核通过后打印新设企业“五证合一”登记申请表。

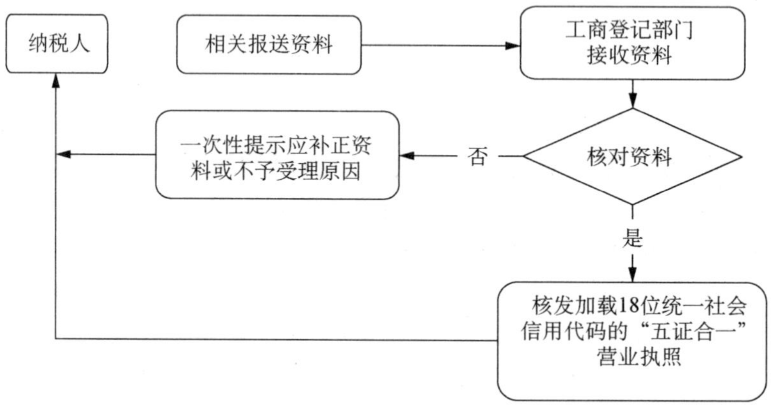


**图 1-1　“五证合一”的营业执照办证基本流程**

## 二、变更登记的基本流程

企业生产经营地、财务负责人、核算方式发生变化的，应向主管税务机关申请变更，不再向工商登记部门申请变更。除前述三项信息外，企业在登记机关新设时采集的信息发生变更，均由企业向工商登记部门申请变更。对于税务机关在后续管理中采集的其他必要涉税基础信息发生变更的，直接向税务机关申请变更即可。

领取“一照一码”营业执照企业变更登记流程如图 1-2 所示。

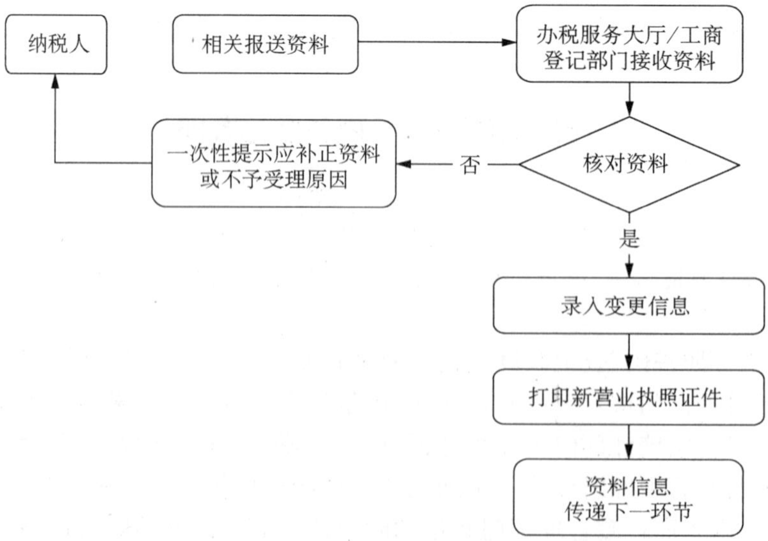


**图 1-2　变更登记流程**

1. 变更营业执照企业名称所需报送资料

（1）变更登记申请书。

（2）企业董事会决议。

（3）有关合同、章程的补充修改协议。

（4）营业执照正、副本。

（5）登记机关要求提交的其他材料。

2. 变更住所所需报送资料

（1）变更登记申请书。

（2）企业董事会决议。

（3）新住所使用证明。

（4）营业执照正、副本。

3. 变更营业执照经营范围所需报送资料

（1）变更登记申请书。

（2）企业董事会决议。

（3）有关合同、章程的补充修改协议及原审批机关的批准文件及换发的新批准证书。

（4）经营范围变更中涉及国家法律、法规需进行专项审批的批准文件。

（5）营业执照正、副本。

4. 增加营业执照注册资本或变更营业执照经营期限所需报送资料

（1）营业执照变更登记申请书。

（2）企业董事会决议。

（3）原有注册资本已出齐的验资报告（未出调整注册资本的除外）。

（4）合同、章程的补充修改协议、原审批机关的批准文件及换发的新批准证书。

（5）营业执照正、副本。

（6）登记机关要求提交的其他文件。

5. 减少（指未出调整的）注册资本所需报送资料

（1）减少营业执照注册资本的申请书。

（2）变更登记申请书。

（3）企业董事会决议。

（4）有关合同、章程的补充修改协议、原审批机关的批准文件及换发的新批准证书。

（5）登载企业减少注册资本公告的证明。

（6）企业债务清偿或债务担保情况说明书。

（7）营业执照正、副本。

（8）登记机关要求提交的其他文件。

## 三、纳税人跨县（区）迁出的税务登记流程

纳税人因住所、经营地变更涉及改变税务登记机关的，应向原主管税务机关提出办理迁

出。相关报送资料如下：

（1）注销税务登记申请审批表。

（2）营业执照。

（3）发票领用簿及未验旧、未使用发票。

（4）住所、经营地点变动的相关证明资料原件及复印件。

（5）使用增值税税控系统的增值税纳税人应提供金税盘、税控盘和报税盘，或者金税卡和IC卡。

（6）其他按规定应收缴的设备。

纳税人跨县（区）迁出的税务登记流程如图1-3所示。

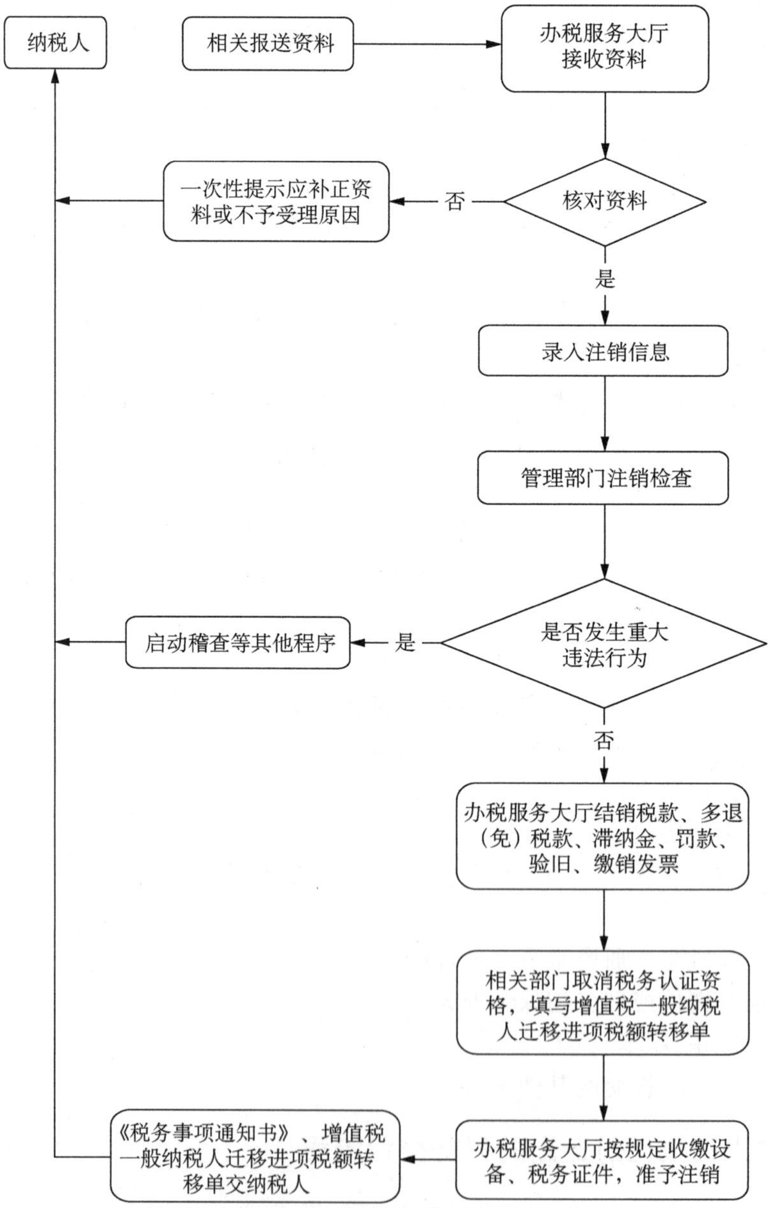


**图1-3 纳税人跨县(区)迁出的税务登记流程**

## 四、纳税人跨县(区)迁入的税务登记流程

纳税人因住所、经营地变更涉及改变税务登记机关的，应向原主管税务机关提出注销税务登记，并自注销登记之日起 30 日内向迁入地税务机关办理税务登记。相关报送资料如下：

(1) 迁出地税务机关出具的《税务事项通知书》。

(2) 增值税一般纳税人迁移进项税额转移单(增值税一般纳税人提供)。

纳税人跨县(区)迁入的税务登记流程如图 1-4 所示。

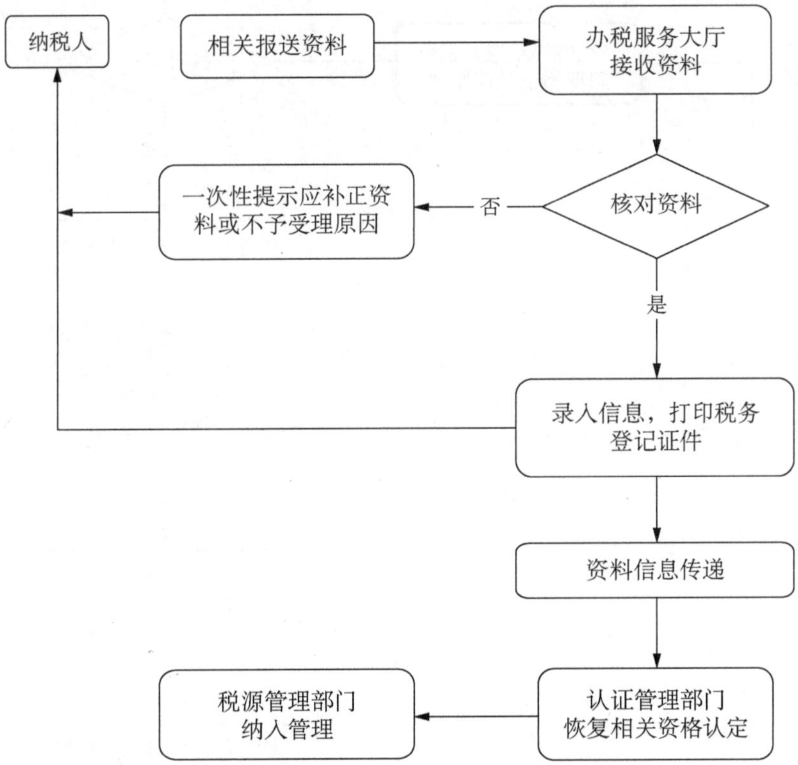


**图 1-4　纳税人跨县(区)迁入的税务登记流程**

## 五、注销税务登记的基本流程

已实行"一照一码"登记模式的纳税人向市场监督管理等部门申请办理注销登记前，须先向税务机关申报清税。清税完毕后，税务机关向纳税人出具《清税证明》，纳税人持《清税证明》到原登记机关办理注销。

相关报送资料如下：

(1) 清税申报表 2 份。

(2) 经办人身份证件原件。

(3) 上级主管、董事会决议注销的，应提供上级主管部门批复文件或董事会决议复印件 1 份(已实行实名办税的纳税人，可取消报送)。

（4）境外企业在中国境内承包建筑、安装、装配、勘探工程和提供劳务的，应提供项目完工证明、验收证明等相关文件复印件 1 份（已实行实名办税的纳税人，可取消报送）。

（5）已领取发票领用簿的纳税人，应提供《发票领用簿》（已实行实名办税的纳税人，可取消报送）。

注销税务登记的基本流程如图 1-5 所示。

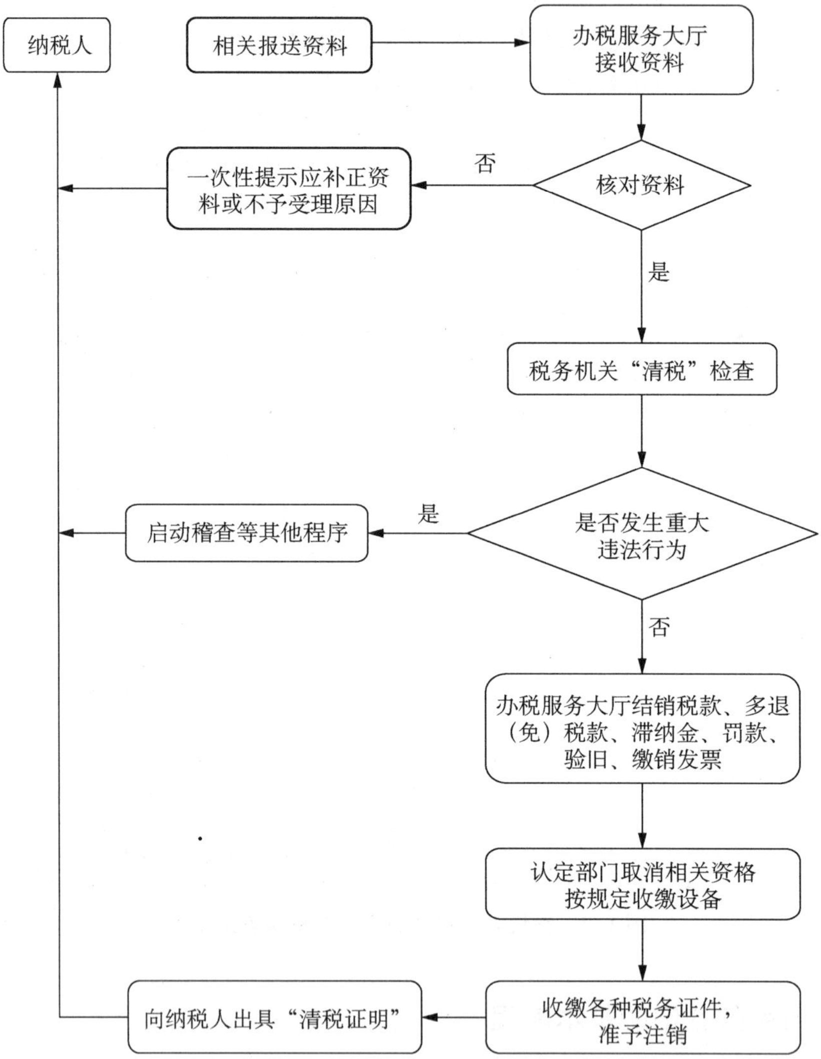


图 1-5　注销税务登记的基本流程

## 实训项目 1.2　增值税一般纳税人登记

纳税人在连续不超过 12 个月（或 4 个季度）的经营期内年应征增值税销售额超过 500 万元规定标准的，除特殊情形外，应在年应税销售额超过规定标准的月份（或季度）的所属申报期结束后 15 日内按照规定当向其机构所在地主管税务机关办理增值税一般纳税人登记手续。

年应征增值税销售额未超过 500 万元规定标准的纳税人，会计核算健全，能够提供准确税务资料的，可以向机构所在地主管税务机关办理增值税一般纳税人登记。

纳税人应征增值税销售额已超过规定标准，未按规定时限办理的，应在收到税务事项通知书后 5 日内向税务机关办理增值税一般纳税人登记手续或者选择按照小规模纳税人纳税的手续；逾期未办理的，自通知时限期满的次月起按销售额依照增值税税率计算应纳税额，不得抵扣进项税额，直至纳税人办理相关手续为止。

相关报送资料如下：

(1) 增值税一般纳税人登记表 2 份。

(2) 加载统一社会信用代码的营业执照(或税务登记证、组织机构代码证等)原件。

(3) 经办人身份证件原件。

增值税一般纳税人资格登记流程如图 1-6 所示。

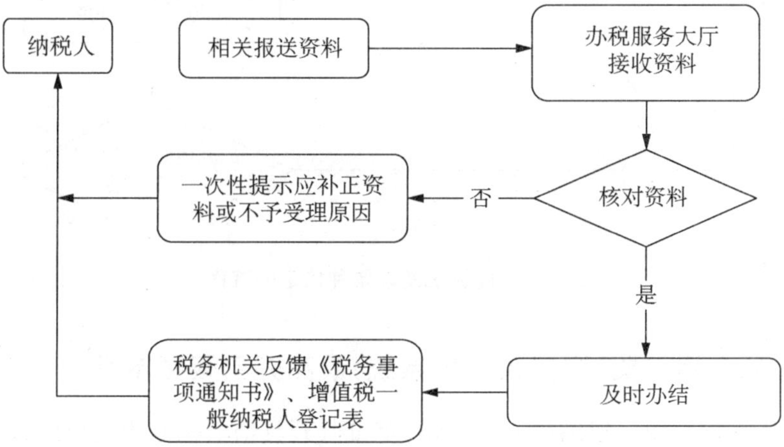


**图 1-6　增值税一般纳税人资格登记流程**

税务机关反馈的增值税一般纳税人登记表可以作为纳税人成为增值税一般纳税人的凭据。

## 实训项目 1.3　增值税发票管理

### 一、增值税发票票种核定

税务机关依据增值税纳税人的申请，核定其使用增值税税控系统开具的发票种类、数量、开票限额等事宜。已办理发票票种核定的纳税人，当前领用发票的种类、数量或开票限额不能满足经营需要的，可以向主管税务机关提出调整。

相关报送资料如下：

(1) 纳税人领用发票票种核定表 1 份。

(2) 加载统一社会信用代码的营业执照(或税务登记证、组织机构代码证等)原件。
(3) 经办人身份证件原件。
增值税发票票种核定的流程如图 1-7 所示。

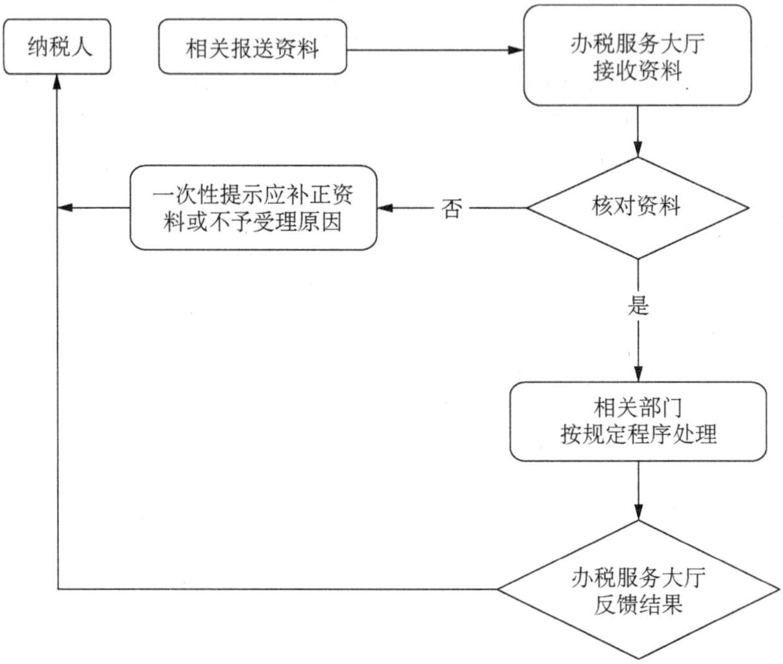


**图 1-7 增值税发票票种核定的流程**

## 二、增值税专用发票(增值税税控系统)最高开票限额审批

税务机关依据增值税一般纳税人的申请,审批其开具增值税专用发票的最高限额。
相关报送资料如下:
(1) 税务行政许可申请表 1 份。
(2) 增值税专用发票最高开票限额申请单 2 份。
(3) 经办人身份证件原件。
增值税专用发票最高开票限额审批流程如图 1-8 所示。

## 三、增值税税控系统专用设备初始发行

纳税人在初次使用或重新领购增值税税控系统专用设备开具发票之前,需要税务机关对增值税税控系统专用设备进行初始化发行,将开票所需的各种信息载入增值税税控系统专用设备。税务机关向需使用金税盘、税控盘的每一位纳税人发放《增值税税控系统安装使用告知书》(以下简称《使用告知书》),告知纳税人有关政策规定和享有的权利。服务单位凭《使用告知书》向纳税人销售专用设备,提供售后服务,严禁向未持有《使用告知书》的纳税人发售专用设备。

相关报送资料如下:

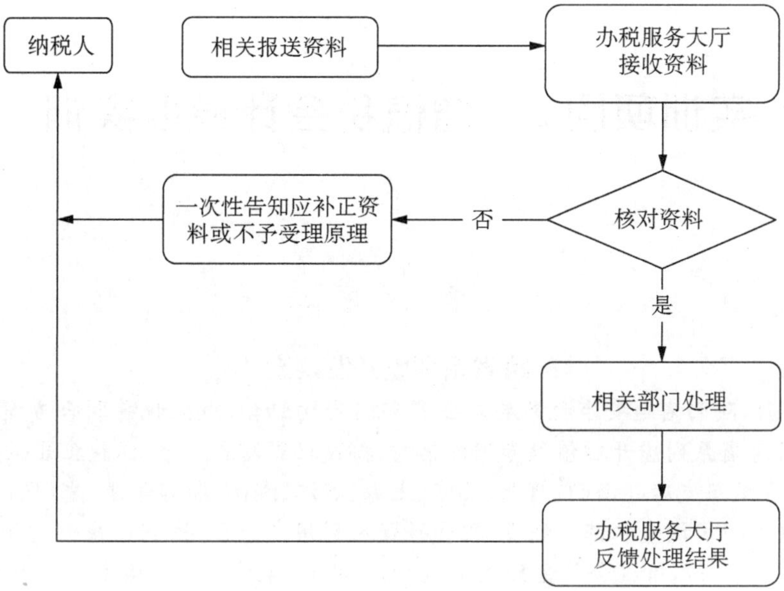


**图1-8　增值税专用发票最高开票限额审批流程**

(1) 金税盘(税控盘)、报税盘、税务 Ukey(根据领购的税控系统专用设备报送)。

(2) 经办人身份证件原件。

(3)《税务事项通知书》(发票票种核定通知)或《准予税务行政许可决定书》1份。

增值税税控系统专用设备初始发行流程如图1-9所示。

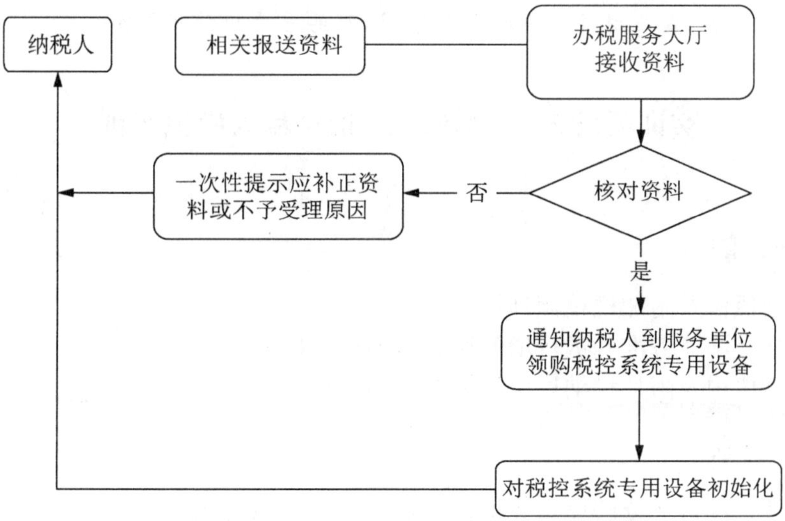


**图1-9　增值税税控系统专用设备初始化发行流程**

说明:各地区纳税工作流程及相关报送资料不断调整,具体以各地区实际政策为准。

# 实训项目2　增值税会计模拟实训

**思政课堂**

**跨省系列虚开发票案**

2022年1月，陕西省延安市税务局与公安部门密切配合，成立税警联合专案组，经过深入调查，成功破获跨省系列虚开增值税专用发票案，捣毁犯罪窝点5个，抓获犯罪嫌疑人11名。

税警联合专案组先后赴山西、河北、北京、上海、浙江、湖南、新疆等15省(区、市)90多个市县，深入200余家公司调查取证。经查，犯罪嫌疑人利用空壳公司，制造虚假购销合同，虚开增值税专用发票5 162份，价税合计金额近10亿元。目前，案件已移交检察机关审查起诉。

陕西省延安市税务局有关负责人表示，税务部门将充分发挥税务、公安、检察、海关、人民银行、外汇管理六部门联合打击涉税违法犯罪行为的工作机制作用，进一步加大对虚开骗税违法犯罪行为的常态化精准打击力度，为经济社会发展营造良好的税收环境。

资料来源：国家税务总局，日期：2022年01月26日。

**请思考**

为避免涉税风险，企业财务人员收到发票后，哪些发票应该拒收？

## 实训项目2.1　增值税一般纳税人模拟实训

### 一、实训目的

(1) 掌握增值税及附加税税额计算。

(2) 能根据经济业务准确进行增值税和附加税的核算。

(3) 掌握增值税及附加税纳税申报表的填制方法。

### 二、实训要求

(1) 根据涉税经济业务的原始凭证进行账务处理，填制记账凭证。

(2) 根据原始凭证、记账凭证，登记“应交税费——应交增值税”“应交税费——未交增值税”明细账。

(3) 汇总计算本期的销项税额、进项税额、进项税额转出，计算本期应缴纳的增值税税额，并根据本期应缴纳的增值税税额计算相应的附加税金额。

(4) 根据相关资料，填制增值税及附加税纳税申报表及附表资料。

(5) 为适当增加实训难度，本书中部分原始凭证存在错漏，请学员注意审核。

## 三、实训资料

1. 模拟实训企业基本信息

烟台祥瑞保温瓶制造有限公司(以下简称企业)为增值税一般纳税人，以一个月为纳税期限，适用增值税税率为13%，上期留抵税额为0，上月有应交未交的增值税税额69 000.00元，执行《企业会计准则》，企业存货采用实际成本计价核算。企业基本信息如下：

企业名称：烟台祥瑞保温瓶制造有限公司

经营地址：烟台市滨海路77号

经营范围：生产和销售保温瓶

经济性质：股份有限公司

电　　话：0535-6900777

开户银行：工行烟台滨海路支行

账　　号：370033440000 55667778

纳税人识别号：913706112222110011

主管税务机关：烟台市莱山区税务局

注册资本：3 000万元人民币

法定代表人：孙昭

财务主管：李琦

会计：张远

出纳：徐飞

2. 模拟企业2022年4月增值税涉税经济业务

【1】4月2日，企业向烟台市铝锭制造厂购入生产用材料铝锭，材料已验收入库。

【2】4月3日，企业向东海永恒百货公司销售保温瓶，开具增值税专用发票，办妥发货手续并为东海永恒百货公司代垫了运费。

【3】4月4日，企业某免税在建工程项目领用铝片，该批铝片为公司上月购入，购入时已作进项税额抵扣。

**知识链接：**下列业务进项税额不得从销项税额中抵扣：

(1) 用于简易计税方法项目、免征增值税项目、集体福利或个人消费的购进货物、应税劳务、应税服务、无形资产和不动产。

(2) 非正常损失的购进货物及相关的应税劳务和交通运输业服务。

(3) 非正常损失的在产品、产成品所耗用的购进货物(不包括固定资产)、应税劳务或交通运输业服务。

(4) 非正常损失的不动产，以及该不动产所耗用的购进货物、设计服务和建筑服务。

(5) 非正常损失的不动产在建工程所耗用的购进货物、设计服务和建筑服务。

(6) 购进的贷款服务、餐饮服务、居民日常服务和娱乐服务。

(7) 纳税人接受贷款服务向贷款方支付的与该笔贷款直接相关的投融资顾问费等费用。

【4】4月5日，企业收到中国工商银行划账通知，支付烟台市自来水公司水费。

【5】4月6日，企业将自产的一批A型保温瓶作为福利发放给职工。

**知识链接**:视同销售货物计税依据按下列顺序依次确定:

(1) 按纳税人最近时期同类货物或同类应税服务的平均销售价格确定。

(2) 按其他纳税人最近时期同类货物或同类应税服务的平均销售价格确定。

(3) 按组成计税价格确定。组成计税价格=成本×(1+成本利润率)+消费税额。其中非消费税应税产品的成本利润率为10%,消费税产品的成本利润率由主管税务机关统一规定。

【6】4 月 6 日,企业向上海瓶胆厂购入大号瓶胆,取得供货方开具的增值税专用发票和运输单位开具的增值税专用发票,货款已付。

【7】4 月 7 日,东海永恒百货公司声称 4 月 3 日从本企业购入的 A 型保温瓶部分有瑕疵,要求退货,经本企业业务人员认定同意给予退货,并根据相关证明开具了红字增值税专用发票。

**知识链接**:红字增值税专用发票开具的处理方法:

(1) 购买方、销售方未作账务处理:购买方只需将原发票联和抵扣联退还给销售方。销售方在原发票联、抵扣联、记账联上注明"作废"字样即可,不开具红字增值税专用发票。

(2) 购买方未作账务处理,销售方已作处理:购买方将原发票联和抵扣联退还销售方。销售方凭退回的发票开具相同内容的红字增值税专用发票。

(3) 购买方、销售方均已作账务处理:购买方不能退回原发票联和抵扣联。销售方在取得购买方主管税务机关证明单后,再开具相同内容的红字增值税专用发票。

【8】4 月 9 日,企业从烟台机械制造厂购入一台冲床。

【9】4 月 12 日,企业向烟台永旺有限公司销售 A 型保温瓶,款项已收到,货物由购买方自提。

【10】4 月 14 日,企业缴纳上月应交未交的增值税和附加税费。

【11】4 月 16 日,企业签发支票一张,支付烟台铝材厂 5 吨铝片的加工费,取得对方开具的增值税专用发票。

【12】4 月 17 日,企业收到中国工商银行转来的,托收承付结算部分拒绝付款理由书。

【13】4 月 19 日,企业向烟台鑫台有限公司销售生产用多余材料,款项已收到。

【14】4 月 20 日,企业向烟台东泰有限公司销售 B 型保温瓶,办妥托运手续,运费由本企业承担。

【15】4 月 25 日,企业收到本月 20 日向烟台东泰有限公司销售 B 型保温瓶的货款。

【16】4 月 26 日,企业将 2013 年 12 月购入的一台机械设备对外销售,该设备原值为 200 000 元,已计提折旧 120 000 元,款项已收到。

【17】4 月 28 日,企业支付烟台君和广告公司的广告宣传费。

【18】4 月 30 日,仓库送来存货盘点报告单。

【19】4 月 30 日,企业财务将本月应交未交的增值税转出。

【20】4 月 30 日,企业财务计提本月附加税费。

【21】根据上述经济业务,编制附表 2-1"应交税费——未交增值税"明细账、附表 2-2"应交税费——应交增值税"明细账。

【22】根据上述经济业务填制增值税及附加税纳税申报表及附表资料,附表 2-3、附表 2-4、附表 2-5、附表 2-6。

**业务凭证 2.1-1**

3700214130　**山东增值税专用发票**　No 07551211　3700214130　07551211

抵扣联

开票日期：2022年04月02日

| 购买方 | | 密码区 |
|---|---|---|
| 名　　称： | 烟台祥瑞保温瓶制造有限公司 | 1<6<6>**580331/373>67<599<< |
| 纳税人识别号： | 913706112222110011 | ++8+505>4-<+>/0<38+70/420/> |
| 地 址、电 话： | 烟台市滨海路77号0535-6900777 | 09>>+-*93+>6401/3/4541*2<-3 |
| 开户行及账号： | 工行烟台滨海路支行3700334400005566777 8 | -*2+88++5/320+6+*<2<>0+19<7 |

| 货物或应税劳务、服务名称 | 规格型号 | 单位 | 数　量 | 单　价 | 金　额 | 税 率 | 税　额 |
|---|---|---|---|---|---|---|---|
| *铝锭 | | 吨 | 6 | 14 000.00 | 84 000.00 | 13% | 10 920.00 |
| 合　计 | | | | | ¥84 000.00 | | ¥10 920.00 |
| 价税合计（大写） | ⊗玖万肆仟玖佰贰拾圆整 | | | | （小写）¥94 920.00 | | |

| 销货方 | | 备注 |
|---|---|---|
| 名　　称： | 烟台市铝锭制造厂 | 烟台市铝锭制造厂 913706221111220022 发票专用章 |
| 纳税人识别号： | 913706221111220022 | |
| 地 址、电 话： | 烟台市滨海路177号0535-6900890 | |
| 开户行及账号： | 工行烟台滨海路支行37003344000055669 96 | |

收款人：徐飞翔　　复核：李宇　　开票人：徐飞翔　　销售方：（章）

第二联：抵扣联　购买方抵扣凭证

3700214130　**山东增值税专用发票**　No 07551211　3700214130　07551211

发票联

开票日期：2022年04月02日

| 购买方 | | 密码区 |
|---|---|---|
| 名　　称： | 烟台祥瑞保温瓶制造有限公司 | 1<6<6>**580331/373>67<599<< |
| 纳税人识别号： | 913706112222110011 | ++8+505>4-<+>/0<38+70/420/> |
| 地 址、电 话： | 烟台市滨海路77号0535-6900777 | 09>>+-*93+>6401/3/4541*2<-3 |
| 开户行及账号： | 工行烟台滨海路支行3700334400005566777 8 | -*2+88++5/320+6+*<2<>0+19<7 |

| 货物或应税劳务、服务名称 | 规格型号 | 单位 | 数　量 | 单　价 | 金　额 | 税 率 | 税　额 |
|---|---|---|---|---|---|---|---|
| *铝锭 | | 吨 | 6 | 14 000.00 | 84 000.00 | 13% | 10 920.00 |
| 合　计 | | | | | ¥84 000.00 | | ¥10 920.00 |
| 价税合计（大写） | ⊗玖万肆仟玖佰贰拾圆整 | | | | （小写）¥94 920.00 | | |

| 销货方 | | 备注 |
|---|---|---|
| 名　　称： | 烟台市铝锭制造厂 | 烟台市铝锭制造厂 913706221111220022 发票专用章 |
| 纳税人识别号： | 913706221111220022 | |
| 地 址、电 话： | 烟台市滨海路177号0535-6900890 | |
| 开户行及账号： | 工行烟台滨海路支行37003344000055669 96 | |

收款人：徐飞翔　　复核：李宇　　开票人：徐飞翔　　销售方：（章）

第三联：发票联　购买方记账凭证

中国工商银行
转账支票存根
10201110
49860630

烟台证券印制有限公司 · 2021 年印制

附加信息

| | |
|---|---|
| | |
| | |
| | |
| 出票日期 | 2022 年 04 月 02 日 |
| 收款人： | 烟台市铝锭制造厂 |
| 金 额： | ¥94 920.00 |
| 用 途： | 付材料款 |

单位主管 李琦 会计 张远

## 中国工商银行 网上银行电子回单

电子回单号码：0020-2908-4777-1122 打印日期：2022年04月02日

| | | | | | |
|---|---|---|---|---|---|
| 付款人 | 户 名 | 烟台祥瑞保温瓶制造有限公司 | 收款人 | 户 名 | 烟台市铝锭制造厂 |
| | 账 户 | 37003344000055667778 | | 账 号 | 37003344000055566996 |
| | 开户银行 | 工行烟台滨海路支行 | | 开户银行 | 工行烟台滨海路支行 |
| 金额 | | ¥94 920.00 | 金额（大写） | | 人民币 玖万肆仟玖佰贰拾元整 |
| 摘要 | | 材料款 | 业务（产品）种类 | | 转账 |
| 用途 | | 材料款 | | | |
| 交易流水号 | | 71237796 | 时间戳 | | 2022-04-02-12.37.33 379623 |
| 中国工商银行 电子回单 专用章 | | 备注： | | | |
| | | 验证码： | | | |
| 记账网点 | 00307 | 记账柜员 | 00036 | 记账日期 | 2022年04月02日 |

重要提示：

1. 如果您是收款方，青岛工行网站www.icbc.com电子回单验证处进行回单验证。2. 本回单不作为收款方发货依据，并请勿重复记账。3. 您可以选择发送邮件，将此电子回单发送给指定的接收人。

## 收料单

No. 209701

**供货单位：** 烟台市铝锭制造厂

**发票号码：** 07551211

2022年04月02日

| 材料类别 | 材料名称 | 规格型号 | 计量单位 | 数量 | | 实际成本 | | | | 合计 |
|---|---|---|---|---|---|---|---|---|---|---|
| | | | | 应收 | 实收 | 买价 | | 运杂费 | 其他 | |
| | | | | | | 单价 | 金额 | | | |
| 金属 | 铝锭 | | 吨 | 6 | 6 | 14 000.00 | 84 000.00 | | | 84 000.00 |
| | | | | | | | | | | |
| | | | | | | | | | | |
| | | | | | | | | | | |
| 合计 | | | | 6 | 6 | | 84 000.00 | | | ¥84 000.00 |

记账联

**采购员：** 张全　**检验员：** 李丽　**记账员：**　**保管员：** 王林

## 业务凭证 2.1-2

3700214130　山东增值税专用发票　No 03020001　3700214130　03020001

此联不作报销、扣税凭证使用

开票日期：2022年04月03日

| | | | |
|---|---|---|---|
| 购买方 | 名　　称：东海永恒百货公司<br>纳税人识别号：520102722011223311<br>地 址、电 话：连云港市东海县人民路55号 0518-5411222<br>开户行及账号：工行东海苏中分行 250011110000587422 | 密码区 | 2<7<6>**584134/373>67<599<<<br>++8+787>4-<+>/0<38+70/420/><br>09>>+-*93+>6401/3/4541*2<-3<br>-*2+88++5/320+6+*<2<>0+19<8 |

| 货物或应税劳务、服务名称 | 规格型号 | 单位 | 数量 | 单价 | 金额 | 税率 | 税额 |
|---|---|---|---|---|---|---|---|
| *保温瓶 | A型 | 个 | 300 | 350.00 | 105 000.00 | 13% | 13 650.00 |
| *保温瓶 | B型 | 个 | 100 | 100.00 | 10 000.00 | 13% | 1 300.00 |
| 合　计 | | | | | ¥115 000.00 | | ¥14 950.00 |
| 价税合计（大写） | ⊗壹拾贰万玖仟玖佰伍拾圆整 | | | | （小写）¥129 950.00 | | |

| | | | |
|---|---|---|---|
| 销货方 | 名　　称：烟台祥瑞保温瓶制造有限公司<br>纳税人识别号：913706112222110011<br>地 址、电 话：烟台市滨海路77号0535-6900777<br>开户行及账号：工行烟台滨海路支行370033440000055667778 | 备注 | 烟台祥瑞保温瓶制造有限公司<br>913706112222110011<br>发票专用章 |

收款人：张远　复核：李琦　开票人：张远　销售方：（章）

第一联：记账联　销售方记账凭证

## 代垫运费清单

日期:2022 年 04 月 03 日

| | | | |
|---|---|---|---|
| 单位名称 | 东海永恒百货公司 | 代垫费用项目 | 运费 |
| 金额 | 人民币(大写)壹仟伍佰元整 | | ¥1 500.00 |
| 内容:保温瓶运费 | | | 附单据 |
| | | | 2 张 |
| 备注: | | | |

## 中国工商银行
## 转账支票存根

10201110

49860635

附加信息

| | |
|---|---|
| | |
| | |
| 出票日期 | 2022 年 04 月 03 日 |
| 收款人: | 烟台货物运输公司 |
| 金　额: | ¥1 500.00 |
| 用　途: | 运费 |

单位主管　李琦　会计　张远

烟台证券印制有限公司 · 2021 年印制

# 中国工商银行　网上银行电子回单

电子回单号码：0020-2906-4878-1122　　打印日期：2022年04月03日

| | | | | | |
|---|---|---|---|---|---|
| 付款人 | 户 名 | 烟台祥瑞保温瓶制造有限公司 | 收款人 | 户 名 | 烟台货物运输公司 |
| | 账 户 | 3700334400005566 7778 | | 账 号 | 370056780000556 6321 |
| | 开户银行 | 工行烟台滨海路支行 | | 开户银行 | 工行烟台迎春大街分理处 |
| 金额 | | ¥1 500.00 | 金额（大写） | | 人民币 壹仟伍佰元整 |
| 摘要 | | 运费 | 业务（产品）种类 | | 转账 |
| 用途 | | 运费 | | | |
| 交易流水号 | | 61236920 | 时间戳 | | 2022-04-03-09.39.33 379623 |
| 中国工商银行 电子回单专用章 | | 备注： | | | |
| | | 验证码： | | | |
| 记账网点 | | 00307 | 记账柜员 | 00037 | 记账日期 2022年04月03日 |

重要提示：

1. 如果您是收款方，青岛工行网站www.icbc.com电子回单验证处进行回单验证。2. 本回单不作为收款方发货依据，并请勿重复记账。3. 您可以选择发送邮件，将此电子回单发送给指定的接收人。

# 托收凭证（受理回单）　　1

委托日期：2022年 04 月 03 日

| | | | | | | |
|---|---|---|---|---|---|---|
| 业务类型 | 委托收款（☐邮划、 ☑电划） | | | 托收承付（☐邮划、 ☑电划） | | |
| 付款人 全称 | 东海永恒百货公司 | | 收款人 全称 | 烟台祥瑞保温瓶制造有限公司 | | |
| 付款人 账号 | 250011110000587422 | | 收款人 账号 | 370033440000556 67778 | | |
| 付款人 地址 | 江苏 省 东海 市县 | 开户行 工行苏中分行 | 收款人 地址 | 山东 省 烟台 市 | 开户行 工行烟台滨海路支行 | |
| 金额 人民币（大写） | 壹拾叁万壹仟肆佰伍拾元整 | | | | | |
| 款项内容 | 货款 | 托收凭据名称 | | 附寄单证张数 | 1张 | |
| 商品发运情况 | 已发货 | 合同名称号码 | 购销合同 21-0488 | | | |
| 备注：<br>复核　　记账 | | 款项收妥日期<br>年 月 日 | | 收款人开户银行签章<br>年 月 日 | | |

| 千 | 百 | 十 | 万 | 千 | 百 | 十 | 元 | 角 | 分 |
|---|---|---|---|---|---|---|---|---|---|
| | ¥ | 1 | 3 | 1 | 4 | 5 | 0 | 0 | 0 |

此联作收款人开户银行给收款人的受理回单

**业务凭证 2.1-3**

# 领 料 单

仓库：2号仓库　　　　2022 年 04 月 04 日　　　　领料单编号：2-001

| 材料类别 | 材料名称 | 规格型号 | 计量单位 | 数量 | | 实际价格 | |
|---|---|---|---|---|---|---|---|
| | | | | 请领 | 实发 | 单价 | 金额 |
| 金属 | 铝片 | | 吨 | 2 | 2 | 12 000.00 | 24 000.00 |
| | | | | | | | |
| | | | | | | | |
| | | | | | | | |
| 合计 | | | | 2 | 2 | | 24 000.00 |
| 用途 | 用于免税在建工程项目 | | | 领料部门 | | 发料部门 | |
| | | | | 负责人 | 领料人 | 核准人 | 发料人 |
| | | | | 朱辉 | 李艳 | 张媛 | 孙权 |

第三联　交财务

**业务凭证 2.1-4**

3700213130　山东增值税专用发票　No 03120016　3700213130　03120016

抵扣联

开票日期：2022年04月05日

| 购买方 | 名　　称：烟台祥瑞保温制造有限公司<br>纳税人识别号：913706112222110011<br>地 址、电 话：烟台市滨海路77号0535-6900777<br>开户行及账号：工行烟台滨海路支行37003344000055667778 | 密码区 | 1<6<6>**580331/373>67<599<<<br>++8+505>4-<+>/0<38+70/420/><br>09>>+-*93+>6401/3/4541*2<-3<br>-*2+88++5/320+6+*<2<>0+19<7 |
|---|---|---|---|

| 货物或应税劳务、服务名称 | 规格型号 | 单位 | 数量 | 单价 | 金额 | 税率 | 税额 |
|---|---|---|---|---|---|---|---|
| *水 | | 吨 | 7500 | 5.00 | 37500.00 | 9% | 3375.00 |
| 合　　计 | | | | | ¥37500.00 | | ¥3375.00 |
| 价税合计（大写） | ⊗肆万零捌佰柒拾伍圆整 | | | | （小写）¥40875.00 | | |

| 销售方 | 名　　称：烟台市自来水公司<br>纳税人识别号：913706778888770022<br>地 址、电 话：烟台市莱山区迎春大街352号0535-6901234<br>开户行及账号：工行烟台迎春大街分理处37003344000005566121 | 备注 | 烟台市自来水公司<br>913706778888770022<br>发票专用章 |
|---|---|---|---|

收款人：赵静　　复核：孙晨　　开票人：赵静　　销售方：（章）

第二联：抵扣联　购买方抵扣凭证

3700213130　山东增值税专用发票　No 03120016　3700213130 03120016

发票联

开票日期：2022年04月05日

| | | | |
|---|---|---|---|
| 购买方 | 名　　称：烟台祥瑞保温制造有限公司<br>纳税人识别号：913706112222110011<br>地 址、电 话：烟台市滨海路77号0535-6900777<br>开户行及账号：工行烟台滨海路支行370033440000055667778 | 密码区 | 1<6<6>**580331/373>67<599<<<br>++8+505>4-<+>/0<38+70/420/><br>09>>+-*93+>6401/3/4541*2<-3<br>-*2+88++5/320+6+*<2<>0+19<7 |

| 货物或应税劳务、服务名称 | 规格型号 | 单位 | 数 量 | 单 价 | 金 额 | 税率 | 税 额 |
|---|---|---|---|---|---|---|---|
| *水 | | 吨 | 7500 | 5.00 | 37500.00 | 9% | 3375.00 |
| 合　计 | | | | | ¥37500.00 | | ¥3375.00 |
| 价税合计（大写） | ⊗肆万零捌佰柒拾伍圆整 | | | | （小写）¥40875.00 | | |

| | | | |
|---|---|---|---|
| 销售方 | 名　　称：烟台市自来水公司<br>纳税人识别号：913706778888770022<br>地 址、电 话：烟台市莱山区迎春大街352号0535-6901234<br>开户行及账号：工行烟台迎春大街分理处370033440000556612 1 | 备注 | 烟台市自来水公司<br>913706778888770022<br>发票专用章 |

收款人：赵静　　复核：孙晨　　开票人：赵静　　销售方：（章）

第三联：发票联　购买方记账凭证

# 中国工商银行　网上银行电子回单

电子回单号码：0020-2908-4896-1122　　打印日期：2022年04月05日

| | | | | | |
|---|---|---|---|---|---|
| 付款人 | 户 名 | 烟台祥瑞保温瓶制造有限公司 | 收款人 | 户 名 | 烟台市自来水公司 |
| | 账 户 | 370033440000055667778 | | 账 号 | 370033440000556612 1 |
| | 开户银行 | 工行烟台滨海路支行 | | 开户银行 | 工行烟台迎春大街分理处 |
| 金额 | | ￥40 875.00 | 金额（大写） | | 人民币 肆万零捌佰柒拾伍元整 |
| 摘要 | | 水费 | 业务（产品）种类 | | 转账 |
| 用途 | | | | | |
| 交易流水号 | | 81238743 | 时间戳 | | 2022-04-05-14.23.35 389645 |
| 中国工商银行 电子回单 专用章 | | 备注： | | | |
| | | 验证码： | | | |
| 记账网点 | | 00307 | 记账柜员 | 00037 | 记账日期 2022年04月05日 |

重要提示：

1. 如果您是收款方，青岛工行网站www.icbc.com电子回单验证处进行回单验证。2. 本回单不作为收款方发货依据，并请勿重复记账。3. 您可以选择发送邮件，将此电子回单发送给指定的接收人。

业务凭证 2.1-5

## A 型保温瓶领用登记表

2022 年 04 月 06 日

| 部门 | 数量 | 领用人 | 备注 |
|---|---|---|---|
| 行政管理部门 | 20 | 张丽 | 凡公司在职人员一人一个。 |
| 人事部门 | 5 | 王祥 | |
| 财务处 | 5 | 张东 | |
| 一车间 | 150 | 张达 | |
| 二车间 | 100 | 郑丽 | |
| 销售部门 | 20 | 宋娜 | |
| 合计 | 300 | | |

## 发　货　单

2022 年 04 月 06 日

| 名称 | 单位 | 数量 | | 成本 | |
|---|---|---|---|---|---|
| | | 请领 | 实领 | 单位成本 | 金额 |
| A 型保温瓶 | 个 | 300 | 300 | 260.00 | 78 000.00 |
| 备注 | | | | | |

**业务凭证 2.1-6**

3100211130　上海增值税专用发票　No 51813003　3100211130 51813003

抵扣联

开票日期：2022年04月06日

| | | | |
|---|---|---|---|
| 购买方 | 名　　称：烟台祥瑞保温瓶制造有限公司<br>纳税人识别号：913706112222110011<br>地 址、电 话：烟台市滨海路77号0535-6900777<br>开户行及账号：工行烟台滨海路支行37003344000055667778 | 密码区 | 6<1<6>**580331/373>67<123<<<br>++8*789>4-<+>/0<38+70/420/><br>09>>+-*93+>7801/3/4541*2<-3<br>-*2+88++5/320+6+*<2<>0+19<7 |

| 货物或应税劳务、服务名称 | 规格型号 | 单位 | 数量 | 单价 | 金额 | 税率 | 税额 |
|---|---|---|---|---|---|---|---|
| *瓶胆 | 大号 | 个 | 5 000 | 10.00 | 50 000.00 | 13% | 6 500.00 |
| 合　计 | | | | | ¥50 000.00 | | ¥6 500.00 |
| 价税合计（大写） | ⊗伍万陆仟伍佰圆整 | | | | （小写）¥56 500.00 | | |

| | | | |
|---|---|---|---|
| 销货方 | 名　　称：上海瓶胆厂<br>纳税人识别号：310007666600001122<br>地 址、电 话：上海市人民路177号021-52570989<br>开户行及账号：工行上海分行0201000056010078 | 备注 | 上海瓶胆厂 310007666600001122 发票专用章 |

收款人：王晓　复核：杨文　开票人：王晓　销售方：（章）

第二联：抵扣联　购买方抵扣凭证

3100211130　上海增值税专用发票　No 51813003　3100211130 51813003

发票联

开票日期：2022年04月06日

| | | | |
|---|---|---|---|
| 购买方 | 名　　称：烟台祥瑞保温瓶制造有限公司<br>纳税人识别号：913706112222110011<br>地 址、电 话：烟台市滨海路77号0535-6900777<br>开户行及账号：工行烟台滨海路支行37003344000055667778 | 密码区 | 6<1<6>**580331/373>67<123<<<br>++8*789>4-<+>/0<38+70/420/><br>09>>+-*93+>7801/3/4541*2<-3<br>-*2+88++5/320+6+*<2<>0+19<7 |

| 货物或应税劳务、服务名称 | 规格型号 | 单位 | 数量 | 单价 | 金额 | 税率 | 税额 |
|---|---|---|---|---|---|---|---|
| *瓶胆 | 大号 | 个 | 5 000 | 10.00 | 50 000.00 | 13% | 6 500.00 |
| 合　计 | | | | | ¥50 000.00 | | ¥6 500.00 |
| 价税合计（大写） | ⊗伍万陆仟伍佰圆整 | | | | （小写）¥56 500.00 | | |

| | | | |
|---|---|---|---|
| 销货方 | 名　　称：上海瓶胆厂<br>纳税人识别号：310007666600001122<br>地 址、电 话：上海市人民路177号021-52570989<br>开户行及账号：工行上海分行0201000056010078 | 备注 | 上海瓶胆厂 310007666600001122 发票专用章 |

收款人：王晓　复核：杨文　开票人：王晓　销售方：（章）

第三联：发票联　购买方记账凭证

3100213130　**上海增值税专用发票**　No 00001278　3100213130　00001278

**抵扣联**

开票日期：2022年04月06日

| | | | |
|---|---|---|---|
| 购买方 | 名　　称：烟台祥瑞保温制造有限公司<br>纳税人识别号：913706112222110011<br>地 址、电 话：烟台市滨海路77号0535-6900777<br>开户行及账号：工行烟台滨海路支行37003344000055667778 | 密码区 | 0//1-94+*4075921/373>67<123<<<br>+8*756>9-<+>/0<23675/218089/><br>06//+-*93+>7801/3/4541*2<-3/<br>**2+88++5/320+6+*<2<>0+19<7+ |

| 货物或应税劳务、服务名称 | 规格型号 | 单位 | 数 量 | 单 价 | 金 额 | 税率 | 税 额 |
|---|---|---|---|---|---|---|---|
| *运输服务*运费 | | | | | 2000.00 | 9% | 180.00 |
| 合　计 | | | | | ¥2000.00 | | ¥180.00 |
| 价税合计（大写） | ⊗贰仟壹佰捌拾圆整 | | | | （小写）¥2180.00 | | |

| | | | |
|---|---|---|---|
| 销售方 | 名　　称：上海货物运输公司<br>纳税人识别号：310007123127891163<br>地 址、电 话：上海市人民路89号021-52570654<br>开户行及账号：工行上海分行0201000056011123 | 备注 | 起始地：上海　到达地：烟台<br>货物信息：大号瓶胆<br>车牌号：沪A12345 |

收款人：刘雪　复核：王平　开票人：刘雪　销售方：（章）

第二联：抵扣联　购买方抵扣凭证

3100213130　**上海增值税专用发票**　No 00001278　3100213130　00001278

**发票联**

开票日期：2022年04月06日

| | | | |
|---|---|---|---|
| 购买方 | 名　　称：烟台祥瑞保温制造有限公司<br>纳税人识别号：913706112222110011<br>地 址、电 话：烟台市滨海路77号0535-6900777<br>开户行及账号：工行烟台滨海路支行37003344000055667778 | 密码区 | 0//1-94+*4075921/373>67<123<<<br>+8*756>9-<+>/0<23675/218089/><br>06//+-*93+>7801/3/4541*2<-3/<br>**2+88++5/320+6+*<2<>0+19<7+ |

| 货物或应税劳务、服务名称 | 规格型号 | 单位 | 数 量 | 单 价 | 金 额 | 税率 | 税 额 |
|---|---|---|---|---|---|---|---|
| *运输服务*运费 | | | | | 2000.00 | 9% | 180.00 |
| 合　计 | | | | | ¥2000.00 | | ¥180.00 |
| 价税合计（大写） | ⊗贰仟壹佰捌拾圆整 | | | | （小写）¥2180.00 | | |

| | | | |
|---|---|---|---|
| 销售方 | 名　　称：上海货物运输公司<br>纳税人识别号：310007123127891163<br>地 址、电 话：上海市人民路89号021-52570654<br>开户行及账号：工行上海分行0201000056011123 | 备注 | 起始地：上海　到达地：烟台<br>货物信息：大号瓶胆<br>车牌号：沪A12345 |

收款人：刘雪　复核：王平　开票人：刘雪　销售方：（章）

第三联：发票联　购买方记账凭证

**中国工商银行**
**转账支票存根**
10201110
49860640

烟台证券印制有限公司·2021年印制

附加信息

| | |
|---|---|
| | |
| | |
| 出票日期 | 2022 年 04 月 06 日 |
| 收款人： | 上海货物运输公司 |
| 金　额： | ¥2 180.00 |
| 用　途： | 运费 |

单位主管　李琦　会计　张远

## 中国工商银行　网上银行电子回单

电子回单号码：0020-2906-4890-1122　　打印日期：2022年04月06日

| | | | | | |
|---|---|---|---|---|---|
| 付款人 | 户　名 | 烟台祥瑞保温瓶制造有限公司 | 收款人 | 户　名 | 上海货物运输公司 |
| | 账　户 | 37003344000055667778 | | 账　号 | 3100567800005566456 |
| | 开户银行 | 烟台滨海路支行 | | 开户银行 | 上海江湾所分理处 |
| 金额 | | ¥2 180.00 | 金额（大写） | | 人民币 贰仟壹佰捌拾元整 |
| 摘要 | | 运费 | 业务（产品）种类 | | 转账 |
| 用途 | | 运费 | | | |
| 交易流水号 | | 81236934 | 时间戳 | | 2022-04-06-10.37.13 389745 |
| 中国工商银行 电子回单 专用章 | | 备注： | | | |
| | | 验证码： | | | |
| 记账网点 | 00307 | 记账柜员 | 00037 | 记账日期 | 2022年04月06日 |

重要提示：
1. 如果您是收款方，青岛工行网站www. icbc. com电子回单验证处进行回单验证。2. 本回单不作为收款方发货依据，并请勿重复记账。3. 您可以选择发送邮件，将此电子回单发送给指定的接收人。

**中国工商银行**
**转账支票存根**
10201110
49860641

烟台证券印制有限公司 · 2021年印制

**附加信息**

**出票日期**　2022 年 04 月 06 日
**收款人：**　上海瓶胆厂
**金　额：**　¥56 500.00
**用　途：**　材料款
**单位主管**　李琦　**会计**　张远

## 中国工商银行　网上银行电子回单

电子回单号码：0020-2906-4896-1122　　　　打印日期：2022年04月06日

| | | | | | |
|---|---|---|---|---|---|
| 付款人 | 户　名 | 烟台祥瑞保温瓶制造有限公司 | 收款人 | 户　名 | 上海瓶胆厂 |
| | 账　户 | 37003344000055667778 | | 账　号 | 0201000056010078 |
| | 开户银行 | 烟台滨海路支行 | | 开户银行 | 上海分行 |
| 金额 | | ￥56 500.00 | 金额（大写） | | 人民币 伍万陆仟伍佰元整 |
| 摘要 | | 材料款 | 业务（产品）种类 | | 转账 |
| 用途 | | 材料款 | | | |
| 交易流水号 | | 81236956 | 时间戳 | | 2022-04-06-13.37.13 389745 |
| 中国工商银行 电子回单 专用章 | | 备注： | | | |
| | | 验证码： | | | |

| 记账网点 | 00307 | 记账柜员 | 00037 | 记账日期 | 2022年04月06日 |
|---|---|---|---|---|---|

重要提示：
1. 如果您是收款方，青岛工行网站www.icbc.com电子回单验证处进行回单验证。2. 本回单不作为收款方发货依据，并请勿重复记账。3. 您可以选择发送邮件，将此电子回单发送给指定的接收人。

## 收料单

No. 209702

**供货单位：** 上海瓶胆厂

**发票号码：** 51813003

2022年04月06日

| 材料类别 | 材料名称 | 规格型号 | 计量单位 | 数量 | | 实际成本 | | | | 合计 |
|---|---|---|---|---|---|---|---|---|---|---|
| | | | | 应收 | 实收 | 买价 | | 运杂费 | 其他 | |
| | | | | | | 单价 | 金额 | | | |
| 金属 | 瓶胆 | 大号 | 个 | 5 000 | 5 000 | 10.00 | 50 000.00 | 2 000.00 | | 52 000.00 |
| | | | | | | | | | | |
| | | | | | | | | | | |
| | | | | | | | | | | |
| 合计 | | | | 5 000 | 5 000 | | 50 000.00 | 2 000.00 | | ¥52 000.00 |

记账联

**采购员：** 张全　**检验员：** 李丽　**记账员：**　**保管员：** 王林

## 业务凭证 2.1-7

3700214130　山东增值税专用发票　No 03020002　3700214130 03020002

此联不作报销、扣税凭证使用

开票日期：2022年04月07日

| | | | |
|---|---|---|---|
| 购买方 | 名　　称：东海永恒百货公司<br>纳税人识别号：520102722011223311<br>地 址、电 话：连云港市东海县人民路55号 0518-5411222<br>开户行及账号：工行东海苏中分行 250011110000587422 | 密码区 | 2<7<6>**584134/373>67<599<<<br>++8+787>4-<+>/0<38+70/420/><br>09>>+-*93+>6401/3/4541*2<-3<br>-*2+88++5/320+6+*<2<>0+19<8 |

| 货物或应税劳务、服务名称 | 规格型号 | 单位 | 数量 | 单价 | 金额 | 税率 | 税额 |
|---|---|---|---|---|---|---|---|
| *保温瓶 | A型 | 个 | 100 | 350.00 | -35 000.00 | 13% | -4 550.00 |
| 合计 | | | | | ¥ -35 000.00 | | ¥ -4 550.00 |
| 价税合计（大写） | 负数⊗叁万玖仟伍佰伍拾圆整 | | | | （小写）¥ -39 550.00 | | |

| | | | |
|---|---|---|---|
| 销货方 | 名　　称：烟台祥瑞保温瓶制造有限公司<br>纳税人识别号：913706112222110011<br>地 址、电 话：烟台市滨海路77号0535-6900777<br>开户行及账号：工行烟台滨海路支行370033440000055667778 | 备注 | 烟台祥瑞保温瓶制造有限公司 913706112222110011 发票专用章 |

第一联：记账联 销售方记账凭证

收款人：张远　复核：李琦　开票人：张远　销售方：（章）

**业务凭证 2.1-8**

3700213130　山东增值税专用发票　No 07566789　3700213130　07566789

抵扣联

开票日期：2022年04月09日

| | | | |
|---|---|---|---|
| 购买方 | 名　　称：烟台祥瑞保温瓶制造有限公司<br>纳税人识别号：913706112222110011<br>地 址、电 话：烟台市滨海路77号0535-6900777<br>开户行及账号：工行烟台滨海路支行37003344000055667778 | 密码区 | 76/<6>**666666/373>67<599<<<br>++8+505>4-<+>/0<38+70/420/><br>09>>+-*93+>6000/3/4541*2<-3<br>-*2+88++5/320+6+*<2<>0+19<7 |

| 货物或应税劳务、服务名称 | 规格型号 | 单位 | 数量 | 单价 | 金额 | 税率 | 税额 |
|---|---|---|---|---|---|---|---|
| *冲床 | | 台 | 1 | 150 000.00 | 150 000.00 | 13% | 19 500.00 |
| 合　　计 | | | | | ¥150 000.00 | | ¥19 500.00 |
| 价税合计（大写） | ⊗壹拾陆万玖仟伍佰圆整 | | | （小写）¥169 500.00 | | | |

| | | | |
|---|---|---|---|
| 销货方 | 名　　称：烟台机械制造厂<br>纳税人识别号：913706030491926791<br>地 址、电 话：烟台市芝罘区烟岗路7号0535-6500111<br>开户行及账号：工行芝罘支行6222300501201000981 | 备注 | 烟台机械制造厂<br>913706030491926791<br>发票专用章 |

收款人：许飞　　复核：叶芹　　开票人：许飞　　销售方：（章）

第二联：抵扣联　购买方抵扣凭证

3700213130　山东增值税专用发票　No 07566789　3700213130　07566789

发票联

开票日期：2022年04月09日

| | | | |
|---|---|---|---|
| 购买方 | 名　　称：烟台祥瑞保温瓶制造有限公司<br>纳税人识别号：913706112222110011<br>地 址、电 话：烟台市滨海路77号0535-6900777<br>开户行及账号：工行烟台滨海路支行37003344000055667778 | 密码区 | 76/<6>**666666/373>67<599<<<br>++8+505>4-<+>/0<38+70/420/><br>09>>+-*93+>6000/3/4541*2<-3<br>-*2+88++5/320+6+*<2<>0+19<7 |

| 货物或应税劳务、服务名称 | 规格型号 | 单位 | 数量 | 单价 | 金额 | 税率 | 税额 |
|---|---|---|---|---|---|---|---|
| *冲床 | | 台 | 1 | 150 000.00 | 150 000.00 | 13% | 19 500.00 |
| 合　　计 | | | | | ¥150 000.00 | | ¥19 500.00 |
| 价税合计（大写） | ⊗壹拾陆万玖仟伍佰圆整 | | | （小写）¥169 500.00 | | | |

| | | | |
|---|---|---|---|
| 销货方 | 名　　称：烟台机械制造厂<br>纳税人识别号：913706030491926791<br>地 址、电 话：烟台市芝罘区烟岗路7号0535-6500111<br>开户行及账号：工行芝罘支行6222300501201000981 | 备注 | 烟台机械制造厂<br>913706030491926791<br>发票专用章 |

收款人：许飞　　复核：叶芹　　开票人：许飞　　销售方：（章）

第三联：发票联　购买方记账凭证

**中国工商银行**
**转账支票存根**

10201110

49860652

烟台证券印制有限公司·2021年印制

附加信息

| | |
|---|---|
| | |
| | |
| 出票日期 | 2022 年 04 月 09 日 |
| 收款人： | 烟台机械制造厂 |
| 金　额： | ¥169 500.00 |
| 用　途： | 设备款 |

单位主管　李琦　会计　张远

## 中国工商银行　网上银行电子回单

电子回单号码：0020-2906-4899-1122　　打印日期：2022年04月09日

| | | | | | |
|---|---|---|---|---|---|
| 付款人 | 户名 | 烟台祥瑞保温瓶制造有限公司 | 收款人 | 户名 | 烟台机械制造厂 |
| | 账户 | 37003344000055667778 | | 账号 | 6222300501201000981 |
| | 开户银行 | 烟台滨海路支行 | | 开户银行 | 芝罘支行 |
| 金额 | | ¥169 500.00 | 金额（大写） | | 人民币 壹拾陆万玖仟伍佰元整 |
| 摘要 | | 设备款 | 业务（产品）种类 | | 转账 |
| 用途 | | 设备款 | | | |
| 交易流水号 | | 81236971 | 时间戳 | | 2022-04-09-15.26.10 389747 |
| 中国工商银行 电子回单 专用章 | | 备注： | | | |
| | | 验证码： | | | |
| 记账网点 | | 00307 | 记账柜员 | 00036 | 记账日期 2022年04月09日 |

重要提示：

1. 如果您是收款方，青岛工行网站www.icbc.com电子回单验证处进行回单验证。2. 本回单不作为收款方发货依据，并请勿重复记账。3. 您可以选择发送邮件，将此电子回单发送给指定的接收人。

## 固定资产验收入库单

入库单编号：6-001

| 资产名称 | 冲床 | | 型号/规格 | |
|---|---|---|---|---|
| 资产编号 | 0717 | | 供应商名称 | 烟台机械制造厂 |
| 入库日期 | 2022.04.09 | | 安装使用地点 | 第一车间 |
| 资产原值 | 150 000.00(元) | | 安装使用日期 | 2022.04.09 |
| 附件： | | | | |
| 名称 | 数量 | 单位 | 备注 | |
| 1. 技术资料 | 1 | 本 | | |
| 2. 说明书 | 1 | 本 | | |
| 3. 出厂合格证 | 1 | 张 | | |
| 4. 备品清单 | 1 | 本 | | |
| 5. 工具清单 | 1 | 本 | | |
| 经办人：王明 | 验收人：张勤 | 资产管理员：李乐 | | |

**业务凭证 2.1-9**

3700214130　**山东增值税专用发票**　No 03020003　3700214130　03020003

此联不作报销、扣税凭证使用

开票日期：2022年04月12日

| 购买方 | 名称：烟台永旺有限公司<br>纳税人识别号：913706007788997R<br>地址、电话：烟台市芝罘区机场路99号0535-6013777<br>开户行及账号：工行机场路支行6222307701304000772 | 密码区 | 4<8<9>**584134/373>67<599<<<br>++9+237>4-<+>/0<38+70/420/><br>32>>+-*93+>5678/3/4541*2<-3<br>-*2+99++5/456+6+*<2<>0+19<8 |
|---|---|---|---|

| 货物或应税劳务、服务名称 | 规格型号 | 单位 | 数量 | 单价 | 金额 | 税率 | 税额 |
|---|---|---|---|---|---|---|---|
| *保温瓶 | A型 | 个 | 500 | 350.00 | 175 000.00 | 13% | 22 750.00 |
| 合　　计 | | | | | ¥175 000.00 | | ¥22 750.00 |
| 价税合计（大写） | ⊗壹拾玖万柒仟柒佰伍拾圆整 | | | | （小写）¥197 750.00 | | |

| 销货方 | 名称：烟台祥瑞保温瓶制造有限公司<br>纳税人识别号：913706112222110011<br>地址、电话：烟台市滨海路77号0535-6900777<br>开户行及账号：工行烟台滨海路支行3700334400055667778 | 备注 | 烟台祥瑞保温瓶制造有限公司 913706112222110011 发票专用章 |
|---|---|---|---|

收款人：张远　　复核：李琦　　开票人：张远　　销售方：（章）

第一联：记账联　销售方记账凭证

# 中国工商银行　网上银行电子回单

电子回单号码：0020-2906-4910-1122　　　　打印日期：2022年04月12日

| | | | | | |
|---|---|---|---|---|---|
| 付款人 | 户　名 | 烟台永旺有限公司 | 收款人 | 户　名 | 烟台祥瑞保温瓶制造有限公司 |
| | 账　户 | 6222307701304000772 | | 账　号 | 370033440000556677778 |
| | 开户银行 | 烟台机场路支行 | | 开户银行 | 烟台滨海路支行 |
| 金额 | | ¥197 750.00 | 金额（大写） | | 人民币 壹拾玖万柒仟柒佰伍拾元整 |
| 摘要 | | 货款 | 业务（产品）种类 | | 转账 |
| 用途 | | 货款 | | | |
| 交易流水号 | | 81236976 | 时间戳 | | 2022-04-12-14.26.16 389749 |
| 中国工商银行 电子回单 专用章 | | 备注： | | | |
| | | 验证码： | | | |
| 记账网点 | 00307 | 记账柜员 | 00036 | 记账日期 | 2022年04月12日 |

重要提示：

1. 如果您是收款方，青岛工行网站www.icbc.com电子回单验证处进行回单验证。2. 本回单不作为收款方发货依据，并请勿重复记账。3. 您可以选择发送邮件，将此电子回单发送给指定的接收人。

## 业务凭证 2.1-10

### 中华人民共和国 税收完税证明

No. 337065220400043065

填发日期：2022年 04 月 14 日　　　　税务机关：国家税务总局烟台市税务局

| 纳税人识别号 | 913706112222110011 | | 纳税人名称 | 烟台祥瑞保温瓶制造有限公司 | |
|---|---|---|---|---|---|
| 原凭证号 | 税　种 | 品目名称 | 税款所属时期 | 入（退）库日期 | 实缴（退）金额 |
| 337066220400011379 | 增值税 | 其他制造业（13%） | 2022-03-01至2022-03-31 | 2022-04-14 | 69 000.00 |
| 337066220400011379 | 城市维护建设税 | 市区 | 2022-03-01至2022-03-31 | 2022-04-14 | 4 830.00 |
| 337066220400011379 | 教育费附加 | 增值税教育费附加 | 2022-03-01至2022-03-31 | 2022-04-14 | 2 070.00 |
| 337066220400011379 | 地方教育费附加 | 增值税地方教育费附加 | 2022-03-01至2022-03-31 | 2022-04-14 | 1 380.00 |
| 金额合计 | （大写）柒万柒仟贰佰捌拾元整 | | | | ¥77 280.00 |
| 烟台莱山区国家税务局 税务机关 12号 税收专用章（盖章） | 填票人 张一静 | 备注 主管税务所（科、分局）：国家税务总局烟台市税务局 | | | |

第一联（收据）交纳税人作完税证明

妥善保管、手写无效

## ICBC 中国工商银行

缴税日期:2022 年 04 月 14 日　　凭证字号:2022041498872041

纳税人全称及纳税人识别号:烟台祥瑞保温瓶制造有限公司 913706112222110011
付款人全称:烟台祥瑞保温瓶制造有限公司
付款人账户:37003344000055667778　　征收机关名称:烟台市莱山区税务局
付款人开户行:工行烟台滨海路支行　　收款国库(银行)名称:国家金库烟台莱山区支库
小写(合计)金额:77 280.00　　缴款书交易流水号:33323889
大写(合计)金额:柒万柒仟贰佰捌拾元整　　税票号码:337065220400043065

| 税(费)种名称 | 所属日期 | 实缴金额(单位:元) |
|---|---|---|
| 增值税 | 20220301—20220331 | 69 000.00 |
| 城市维护建设税 | 20220301—20220331 | 4 830.00 |
| 教育费附加 | 20220301—20220331 | 2 070.00 |
| 地方教育费附加 | 20220301—20220331 | 1 380.00 |

（印章：中国工商银行股份有限公司 烟台莱山区支行 自助回单机专用章）

客户回单联　　验证码:C37A70603006　　复核:　　记账:

**业务凭证 2.1-11**

3700213130　山东增值税专用发票　No 07589112　3700213130 07589112

抵扣联

开票日期：2022年04月16日

| | | | | |
|---|---|---|---|---|
| 购买方 | 名　　称：烟台祥瑞保温瓶制造有限公司<br>纳税人识别号：913706112222110011<br>地 址、电 话：烟台市滨海路77号0535-6900777<br>开户行及账号：工行烟台滨海路支行37003344000055667778 | 密码区 | 98/<6>**12345/373>67<599<<<br>++8+505>4-<+>/0<38+70/420/><br>23>>+-*93+>6789/3/4541*2<-3<br>-*4+88++5/978+6+*<2<>0+19<7 | |

| 货物或应税劳务、服务名称 | 规格型号 | 单位 | 数量 | 单价 | 金额 | 税率 | 税额 |
|---|---|---|---|---|---|---|---|
| *铝片加工费 | | 吨 | 5 | 6 000.00 | 30 000.00 | 13% | 3 900.00 |
| 合　计 | | | | | ¥30 000.00 | | ¥3 900.00 |
| 价税合计（大写） | ⊗叁万叁仟玖佰圆整 | | | | （小写）¥33 900.00 | | |

| | | | |
|---|---|---|---|
| 销货方 | 名　　称：烟台铝材厂<br>纳税人识别号：913706117788998T32<br>地 址、电 话：烟台市芝罘区机场路107号0535-6033666<br>开户行及账号：工行机场路支行6222308800001122343 | 备注 | （印章：烟台铝材厂 913706117788998T32 发票专用章） |

第二联：抵扣联　购买方抵扣凭证

收款人：付君　　复核：杨娟　　开票人：付君　　销售方：（章）

3700213130　**山东增值税专用发票**　No 07589112　3700213130 07589112

发票联

开票日期：2022年04月16日

| | | | |
|---|---|---|---|
| 购买方 | 名　　称：烟台祥瑞保温瓶制造有限公司<br>纳税人识别号：913706112222110011<br>地 址、电 话：烟台市滨海路77号0535-6900777<br>开户行及账号：工行烟台滨海路支行37003344000055667778 | 密码区 | 98/<6>**12345/373>67<599<<<br>++8+505>4-<+>/0<38+70/420/><br>23>>+-*93+>6789/3/4541*2<-3<br>-*4+88++5/978+6+*<2<>0+19<7 |

| 货物或应税劳务、服务名称 | 规格型号 | 单位 | 数量 | 单价 | 金额 | 税率 | 税额 |
|---|---|---|---|---|---|---|---|
| *铝片加工费 | | 吨 | 5 | 6 000.00 | 30 000.00 | 13% | 3 900.00 |
| 合　　计 | | | | | ¥30 000.00 | | ¥3 900.00 |
| 价税合计（大写） | ⊗叁万叁仟玖佰圆整 | | | | （小写）¥33 900.00 | | |

| | | | |
|---|---|---|---|
| 销货方 | 名　　称：烟台铝材厂<br>纳税人识别号：913706117788998T32<br>地 址、电 话：烟台市芝罘区机场路107号0535-6033666<br>开户行及账号：工行机场路支行6222308800001122343 | 备注 | 烟台铝材厂<br>913706117788998T32<br>发票专用章 |

收款人：付君　　复核：杨娟　　开票人：付君　　销售方：（章）

第三联：发票联　购买方记账凭证

---

**中国工商银行**
**转账支票存根**

10201110
49860643

**附加信息**

| | |
|---|---|
| | |
| | |
| **出票日期** | 2022 年 04 月 16 日 |
| **收款人：** | 烟台铝材厂 |
| **金　额：** | ¥33 900.00 |
| **用　途：** | 加工费 |

**单位主管**　李琦　**会计**　张远

烟台证券印制有限公司 · 2021年印制

# 中国工商银行　网上银行电子回单

电子回单号码：0020-2906-4901-1122　　　　打印日期：2022年04月16日

| | | | | | |
|---|---|---|---|---|---|
| 付款人 | 户　名 | 烟台祥瑞保温瓶制造有限公司 | 收款人 | 户　名 | 烟台铝材厂 |
| | 账　户 | 37003344000055667778 | | 账　号 | 6222308800001122343 |
| | 开户银行 | 工行烟台滨海路支行 | | 开户银行 | 工行机场路支行 |
| 金额 | | ¥33 900.00 | 金额（大写） | | 人民币　叁万叁仟玖佰元整 |
| 摘要 | | 加工费 | 业务（产品）种类 | | 转账 |
| 用途 | | 加工费 | | | |
| 交易流水号 | | 81236981 | 时间戳 | | 2022-04-16-10.16.10 389748 |
| 中国工商银行 电子回单专用章 | | 备注： | | | |
| | | 验证码： | | | |
| 记账网点 | 00307 | 记账柜员 | 00036 | 记账日期 | 2022年04月16日 |

重要提示：

1. 如果您是收款方，青岛工行网站www.icbc.com电子回单验证处进行回单验证。2. 本回单不作为收款方发货依据，并请勿重复记账。3. 您可以选择发送邮件，将此电子回单发送给指定的接收人。

**业务凭证 2.1-12**

# 托收承付／委托收款　结算　全部／部分　拒绝付款理由书（代通知或收账通知）　4

拒付日期：2022年 04 月 17 日

| | | | | | | | |
|---|---|---|---|---|---|---|---|
| 付款人 | 全称 | 东海永恒百货公司 | | 收款人 | 全称 | 烟台祥瑞保温瓶制造有限公司 | |
| | 账号 | 250011110000587422 | | | 账号 | 37003344000055667778 | |
| | 开户银行 | 工行东海苏中分行 | 行号 23227 | | 开户银行 | 工行烟台滨海路支行 | 行号 27134 |
| 托收金额 | ¥131 450.00 | 拒付金额 | ¥39 550.00 | 部分付款金额 | | | |
| 附寄单证 | 张 | 部分付款金额（大写） | 玖万壹仟玖佰元整 | | | | |
| 拒付理由：A型保温瓶有瑕疵，退货100件 | | 烟台祥瑞保温瓶制造有限公司 财务专用章　付款人盖章 | | | | | |

部分付款金额：

| 千 | 百 | 十 | 万 | 千 | 百 | 十 | 元 | 角 | 分 |
|---|---|---|---|---|---|---|---|---|---|
| | | ¥ | 9 | 1 | 9 | 0 | 0 | 0 | 0 |

此联银行给收款人作收账通知或全部拒付通知书

**业务凭证 2.1-13**

3700214130 山东增值税专用发票 No 03020004 3700214130 03020004

此联不作报销、扣税凭证使用

开票日期：2022年04月19日

| | | | | | | | |
|---|---|---|---|---|---|---|---|
| 购买方 | 名称：烟台鑫台有限公司<br>纳税人识别号：91370600811223317R<br>地址、电话：烟台市芝罘区南洪街67号0535-6657123<br>开户行及账号：工行南洪街分行6222307701304123678 | | | 密码区 | 4<8<9>**584134/373>67<599<<<br>++9+237>4-<+>/0<38+70/420/><br>32>>+-*93+>5678/3/4541*2<-3<br>-*2+99++5/456+6+*<2<>0+19<8 | | |
| 货物或应税劳务、服务名称 | 规格型号 | 单位 | 数量 | 单价 | 金额 | 税率 | 税额 |
| *塑料粒子 | | 吨 | 10 | 8 000.00 | 80 000.00 | 13% | 10 400.00 |
| 合计 | | | | | ¥80 000.00 | | ¥10 400.00 |
| 价税合计（大写） | ⊗玖万零肆佰圆整 | | | | （小写）¥ 90 400.00 | | |
| 销货方 | 名称：烟台祥瑞保温瓶制造有限公司<br>纳税人识别号：913706112222110011<br>地址、电话：烟台市滨海路77号0535-6900777<br>开户行及账号：工行烟台滨海路支行37003344000055667778 | | | 备注 | 烟台祥瑞保温瓶制造有限公司 913706112222110011 发票专用章 | | |

第一联：记账联 销售方记账凭证

收款人：张远 复核：李琦 开票人：张远 销售方：（章）

# 中国工商银行 网上银行电子回单

电子回单号码：0020-2906-4970-1122 打印日期：2022年04月19日

| | | | | | |
|---|---|---|---|---|---|
| 付款人 | 户名 | 烟台鑫台有限公司 | 收款人 | 户名 | 烟台祥瑞保温瓶制造有限公司 |
| | 账户 | 6222307701304123678 | | 账号 | 37003344000055667778 |
| | 开户银行 | 工行南洪街分行 | | 开户银行 | 工行烟台滨海路支行 |
| 金额 | | ¥90 400.00 | 金额（大写） | | 人民币 玖万零肆佰元整 |
| 摘要 | | 货款 | 业务（产品）种类 | | 转账 |
| 用途 | | 货款 | | | |
| 交易流水号 | | 81236987 | 时间戳 | | 2022-04-19-11.26.16 389751 |
| 中国工商银行 电子回单专用章 | | 备注： | | | |
| | | 验证码： | | | |
| 记账网点 | | 00307 | 记账柜员 00036 | 记账日期 | 2022年04月19日 |

重要提示：

1. 如果您是收款方，青岛工行网站www.icbc.com电子回单验证处进行回单验证。2. 本回单不作为收款方发货依据，并请勿重复记账。3. 您可以选择发送邮件，将此电子回单发送给指定的接收人。

**业务凭证 2.1-14**

3700213130　山东增值税专用发票　No 00121347　3700213130　00121347

抵扣联

开票日期：2022年04月20日

| | | | | | | | | |
|---|---|---|---|---|---|---|---|---|
| 购买方 | 名　称：烟台祥瑞保温制造有限公司<br>纳税人识别号：913706112222110011<br>地址、电话：烟台市滨海路77号0535-6900777<br>开户行及账号：工行烟台滨海路支行37003344000055667778 | | | | 密码区 | 0//1-94+*4075921/373>67<123<<<br>+8*756>9-<+>/0<23675/218089/><br>06//+-*93+>7801/3/4541*2<-3/<br>**2+88++5/320+6+*<2<>0+19<7+ | | |
| 货物或应税劳务、服务名称 | 规格型号 | 单位 | 数量 | 单价 | 金额 | 税率 | 税额 | |
| *运输服务*运费 | | | | | 1 200.00 | 9% | 108.00 | |
| 合　计 | | | | | ¥1 200.00 | | ¥108.00 | |
| 价税合计（大写） | ⊗壹仟叁佰零捌圆整 | | | | （小写）¥1 308.00 | | | |
| 销售方 | 名　称：烟台货物运输公司<br>纳税人识别号：913706123127891177<br>地址、电话：烟台市滨海路11号0535-6900366<br>开户行及账号：工行烟台滨海路支行37003344123488991234 | | | | 备注 | 起始地：烟台莱山区　到达地：烟台芝罘区<br>货物信息：B型保温瓶<br>车牌号：鲁Y17878 | | |

收款人：刘平　复核：王雪　开票人：刘平　销售方：（章）

第二联：抵扣联　购买方抵扣凭证

3700213130　山东增值税专用发票　No 00121347　3700213130　00121347

发票联

开票日期：2022年04月20日

| | | | | | | | | |
|---|---|---|---|---|---|---|---|---|
| 购买方 | 名　称：烟台祥瑞保温制造有限公司<br>纳税人识别号：913706112222110011<br>地址、电话：烟台市滨海路77号0535-6900777<br>开户行及账号：工行烟台滨海路支行37003344000055667778 | | | | 密码区 | 0//1-94+*4075921/373>67<123<<<br>+8*756>9-<+>/0<23675/218089/><br>06//+-*93+>7801/3/4541*2<-3/<br>**2+88++5/320+6+*<2<>0+19<7+ | | |
| 货物或应税劳务、服务名称 | 规格型号 | 单位 | 数量 | 单价 | 金额 | 税率 | 税额 | |
| *运输服务*运费 | | | | | 1 200.00 | 9% | 108.00 | |
| 合　计 | | | | | ¥1 200.00 | | ¥108.00 | |
| 价税合计（大写） | ⊗壹仟叁佰零捌圆整 | | | | （小写）¥1 308.00 | | | |
| 销售方 | 名　称：烟台货物运输公司<br>纳税人识别号：913706123127891177<br>地址、电话：烟台市滨海路11号0535-6900366<br>开户行及账号：工行烟台滨海路支行37003344123488991234 | | | | 备注 | 起始地：烟台莱山区　到达地：烟台芝罘区<br>货物信息：B型保温瓶<br>车牌号：鲁Y17878 | | |

收款人：刘平　复核：王雪　开票人：刘平　销售方：（章）

第三联：发票联　购买方记账凭证

中国工商银行
转账支票存根
10201110
49860645

烟台证券印制有限公司·2021年印制

附加信息

| |
|---|
| |
| |
| 出票日期　2022 年 04 月 20 日 |
| 收款人：　烟台货物运输公司 |
| 金　额：　¥1 308.00 |
| 用　途：　运费 |

单位主管　李琦　会计　张远

# 中国工商银行

网上银行电子回单

电子回单号码：0020-2906-4912-1122　　打印日期：2022年04月20日

| | | | | | |
|---|---|---|---|---|---|
| 付款人 | 户　名 | 烟台祥瑞保温瓶制造有限公司 | 收款人 | 户　名 | 烟台货物运输公司 |
| | 账　户 | 37003344000055667778 | | 账　号 | 37005678000055663 21 |
| | 开户银行 | 工行烟台滨海路支行 | | 开户银行 | 工行烟台迎春大街分理处 |
| 金额 | | ¥1 308.00 | 金额（大写） | | 人民币　壹仟叁佰零捌元整 |
| 摘要 | | 运费 | 业务（产品）种类 | | 转账 |
| 用途 | | 运费 | | | |
| 交易流水号 | | 81236983 | 时间戳 | | 2022-04-20-09.16.10 389750 |
| 中国工商银行 电子回单 专用章 | | 备注： | | | |
| | | 验证码： | | | |
| 记账网点 | 00307 | 记账柜员 | 00037 | 记账日期 | 2022年04月20日 |

重要提示：

1. 如果您是收款方，青岛工行网站www. icbc. com电子回单验证处进行回单验证。2. 本回单不作为收款方发货依据，并请勿重复记账。3. 您可以选择发送邮件，将此电子回单发送给指定的接收人。

3700214130 山东增值税专用发票 No 03020005 3700214130 03020005

山东

此联不作报销、扣税凭证使用

开票日期：2022年04月20日

| | | | | | | | |
|---|---|---|---|---|---|---|---|
| 购买方 | 名　　称：烟台东泰有限公司<br>纳税人识别号：913706113300887D<br>地 址、电 话：烟台市芝罘区南洪街89号0535-6657789<br>开户行及账号：工行南洪街分行6222303443217711225 | | | 密码区 | 7<8<9>**12347/373>67<599<<<br>++9+237>4-<+>/0<38+70/420/><br>89>>+-*93+>7899/3/1122*2<-3<br>-*2+99++5/456+6+*<2<>0+19<8 | | |
| 货物或应税劳务、服务名称 | 规格型号 | 单位 | 数　量 | 单 价 | 金　额 | 税 率 | 税　额 |
| *保温瓶 | B型 | 个 | 300 | 100.00 | 30 000.00 | 13% | 3 900.00 |
| 合　　计 | | | | | ¥30 000.00 | | ¥3 900.00 |
| 价税合计（大写） | ⊗叁万叁仟玖佰圆整 | | | | （小写）¥ 33 900.00 | | |
| 销货方 | 名　　称：烟台祥瑞保温瓶制造有限公司<br>纳税人识别号：913706112222110011<br>地 址、电 话：烟台市滨海路77号0535-6900777<br>开户行及账号：工行烟台滨海路支行37003344000055667778 | | | 备注 | 烟台祥瑞保温瓶制造有限公司 913706112222110011 发票专用章 | | |

收款人：张远　　复核：李琦　　开票人：张远　　销售方：（章）

第一联：记账联 销售方记账凭证

**业务凭证 2.1-15**

# 中国工商银行 网上银行电子回单

电子回单号码：0020-2906-4929-1122　　打印日期：2022年04月25日

| | | | | | |
|---|---|---|---|---|---|
| 付款人 | 户 名 | 烟台东泰有限公司 | 收款人 | 户 名 | 烟台祥瑞保温瓶制造有限公司 |
| | 账 户 | 6222303443217711225 | | 账 号 | 37003344000055667778 |
| | 开户银行 | 工行南洪街分行 | | 开户银行 | 工行烟台滨海路支行 |
| 金额 | | ¥33 900.00 | 金额（大写） | | 人民币 叁万叁仟玖佰元整 |
| 摘要 | | 货款 | 业务（产品）种类 | | 转账 |
| 用途 | | 货款 | | | |
| 交易流水号 | | 81236979 | 时间戳 | | 2022-04-25-14.16.20 389750 |
| 中国工商银行 电子回单 专用章 | | 备注： | | | |
| | | 验证码： | | | |
| 记账网点 | 00307 | 记账柜员 | 00036 | 记账日期 | 2022年04月25日 |

重要提示：

1. 如果您是收款方，青岛工行网站www.icbc.com电子回单验证处进行回单验证。2. 本回单不作为收款方发货依据，并请勿重复记账。3. 您可以选择发送邮件，将此电子回单发送给指定的接收人。

**业务凭证 2. 1-16**

3700214130　　**山东增值税专用发票**　　No 03020006　3700214130 03020006

此联不作报销、扣税凭证使用

开票日期：2022年04月26日

| | | | | | | | |
|---|---|---|---|---|---|---|---|
| 购买方 | 名　　称：烟台福源有限公司<br>纳税人识别号：913706345600007879<br>地 址、电 话：烟台市开发区横山路134号0535-5833123<br>开户行及账号：工行烟台开发区支行6222300000988911783 | | | 密码区 | 3<8<9>**667788/373>67<599<<<br>++9+456>4-<+>/0<38+70/420/><br>89>>+-*93+>5555/3/1122*2<-3<br>-*2+99++5/456+6+*<2<>0+19<8 | | |
| 货物或应税劳务、服务名称 | 规格型号 | 单位 | 数　量 | 单　价 | 金　额 | 税 率 | 税　额 |
| *机械设备 | | 台 | 1 | 100 000.00 | 100 000.00 | 13% | 13 000.00 |
| 合　　计 | | | | | ¥100 000.00 | | ¥13 000.00 |
| 价税合计（大写） | ⊗壹拾壹万叁仟圆整 | | | | （小写）¥ 113 000.00 | | |
| 销货方 | 名　　称：烟台祥瑞保温瓶制造有限公司<br>纳税人识别号：913706112222110011<br>地 址、电 话：烟台市滨海路77号0535-6900777<br>开户行及账号：工行烟台滨海路支行37003344000055667778 | | | 备注 | 烟台祥瑞保温瓶制造有限公司<br>913706112222110011<br>发票专用章 | | |

第一联：记账联　销售方记账凭证

收款人：　张远　　　　复核：　李琦　　　　开票人：　张远　　　　销售方：（章）

**中国工商银行**　　网上银行电子回单

电子回单号码：0020-2906-4977-1122　　　　打印日期：2022年04月26日

| | | | | | |
|---|---|---|---|---|---|
| 付款人 | 户 名 | 烟台福源有限公司 | 收款人 | 户 名 | 烟台祥瑞保温瓶制造有限公司 |
| | 账 户 | 6222300000988911783 | | 账 号 | 37003344000055667778 |
| | 开户银行 | 工行烟台开发区支行 | | 开户银行 | 工行烟台滨海路支行 |
| 金额 | | ¥113 000.00 | 金额（大写） | | 人民币 壹拾壹万叁仟元整 |
| 摘要 | | 设备款 | 业务（产品）种类 | | 转账 |
| 用途 | | 设备款 | | | |
| 交易流水号 | | 81236989 | 时间戳 | | 2022 04-20-10.26.14 389756 |
| 中国工商银行 电子回单 专用章 | | 备注： | | | |
| | | 验证码： | | | |
| 记账网点 | | 00307 | 记账柜员 | 00036 | 记账日期 2022年04月26日 |

重要提示：

1. 如果您是收款方，青岛工行网站www.icbc.com电子回单验证处进行回单验证。2. 本回单不作为收款方发货依据，并请勿重复记账。3. 您可以选择发送邮件，将此电子回单发送给指定的接收人。

# 固定资产清理单

2022 年 04 月 26 日

| 主管部门： | 财务处 | | | 使用单位： | 生产车间 | | | | |
|---|---|---|---|---|---|---|---|---|---|
| 名称及型号 | 单位 | 数量 | 原始价值 | 已提折旧 | 净值 | 预计使用年限 | 实际使用年限 | 支付清理费 | 收回变价收入 |
| 生产设备 | 台 | 1 | 200 000.00 | 120 000.00 | 80 000.00 | 10 | 6 | | 100 000.00 |
| | | | | | | | | | |
| 建造单位 | | | | 清理原因：产品更新 | | 处理意见 | | 部门负责人 | |
| | | | | | | | | 李琦 | |
| 建造年份 | | | | | | 同意 | | 公司负责人 | |
| 出厂号 | | | | | | | | 孙昭 | |

单位公章：（章） 财务主管：李琦 会计：张远 制单：

## 附加税费计算表

纳税人:烟台祥瑞保温瓶制造有限公司 2022 年 04 月 26 日 金额单位:元

| 税费名称 | 计税(费)依据 | 税(费)率 | 本期应纳税(费)额 |
|---|---|---|---|
| | 增值税税额 | | |
| 城市维护建设税 | 13 000.00 | 7% | 910.00 |
| 教育费附加 | 13 000.00 | 3% | 390.00 |
| 地方教育费附加 | 13 000.00 | 2% | 260.00 |
| 合　计 | — | — | 1 560.00 |

财务主管:李琦 复核:李琦 制单:张远

业务凭证 2.1-17

3700213130　山东增值税专用发票　No 07660077　3700213130 07660077

抵扣联

开票日期：2022年04月28日

| | | | |
|---|---|---|---|
| 购买方 | 名　　称：烟台祥瑞保温瓶制造有限公司<br>纳税人识别号：913706112222110011<br>地 址、电 话：烟台市滨海路77号0535-6900777<br>开户行及账号：工行烟台滨海路支行37003344000055667778 | 密码区 | 72/<6>**888888/373>67<599<<<br>++8+707>4-<+>/0<38+70/420/><br>23>>+-*93+>5678/3/4541*2<-3<br>-*4+88++5/978+6+*<2<>0+19<7 |

| 货物或应税劳务、服务名称 | 规格型号 | 单位 | 数量 | 单价 | 金额 | 税率 | 税额 |
|---|---|---|---|---|---|---|---|
| *广告费 | | | | 10 000.00 | 10 000.00 | 6% | 600.00 |
| 合　　计 | | | | | ¥10 000.00 | | ¥600.00 |
| 价税合计（大写） | ⊗壹万零陆佰圆整 | | | | （小写）¥10 600.00 | | |

| | | | |
|---|---|---|---|
| 销货方 | 名　　称：烟台君和广告公司<br>纳税人识别号：91370634560034981T<br>地 址、电 话：烟台市莱山区迎春大街378号0535-6913007<br>开户行及账号：工行迎春大街分理处6222301100006677127 | 备注 | 烟台君和广告公司 913706345600349８IT 发票专用章 |

收款人：赵静　　复核：黄迎春　　开票人：赵静　　销售方：（章）

第二联：抵扣联　购买方抵扣凭证

3700213130　山东增值税专用发票　No 07660077　3700213130 07660077

发票联

开票日期：2022年04月28日

| | | | |
|---|---|---|---|
| 购买方 | 名　　称：烟台祥瑞保温瓶制造有限公司<br>纳税人识别号：913706112222110011<br>地 址、电 话：烟台市滨海路77号0535-6900777<br>开户行及账号：工行烟台滨海路支行37003344000055667778 | 密码区 | 72/<6>**888888/373>67<599<<<br>++8+707>4-<+>/0<38+70/420/><br>23>>+-*93+>5678/3/4541*2<-3<br>-*4+88++5/978+6+*<2<>0+19<7 |

| 货物或应税劳务、服务名称 | 规格型号 | 单位 | 数量 | 单价 | 金额 | 税率 | 税额 |
|---|---|---|---|---|---|---|---|
| *广告费 | | | | 10 000.00 | 10 000.00 | 6% | 600.00 |
| 合　　计 | | | | | ¥10 000.00 | | ¥600.00 |
| 价税合计（大写） | ⊗壹万零陆佰圆整 | | | | （小写）¥10 600.00 | | |

| | | | |
|---|---|---|---|
| 销货方 | 名　　称：烟台君和广告公司<br>纳税人识别号：91370634560034981T<br>地 址、电 话：烟台市莱山区迎春大街378号0535-6913007<br>开户行及账号：工行迎春大街分理处6222301100006677127 | 备注 | 烟台君和广告公司 913706345600349８IT 发票专用章 |

收款人：赵静　　复核：黄迎春　　开票人：赵静　　销售方：（章）

第三联：发票联　购买方记账凭证

中国工商银行
转账支票存根
10201110
49860648

烟台证券印制有限公司 · 2021 年印制

附加信息

出票日期　2022 年 04 月 28 日

| | |
|---|---|
| 收款人： | 烟台君和广告公司 |
| 金　额： | ¥10 600.00 |
| 用　途： | 广告费 |

单位主管　李琦　会计　张远

## 中国工商银行　网上银行电子回单

电子回单号码：0020-2906-4932-1122　　打印日期：2022年04月28日

| | | | | | |
|---|---|---|---|---|---|
| 付款人 | 户 名 | 烟台祥瑞保温瓶制造有限公司 | 收款人 | 户 名 | 烟台君和广告公司 |
| | 账 户 | 37003344000055667778 | | 账 号 | 6222301100006677127 |
| | 开户银行 | 工行烟台滨海路支行 | | 开户银行 | 工行烟台迎春大街分理处 |
| 金额 | | ¥10 600.00 | 金额（大写） | | 人民币 壹万零陆佰元整 |
| 摘要 | | 广告费 | 业务（产品）种类 | | 转账 |
| 用途 | | 广告费 | | | |
| 交易流水号 | | 81236989 | 时间戳 | | 2022-04-28-13.16.10 389752 |
| 中国工商银行 电子回单 专用章 | | 备注： | | | |
| | | 验证码： | | | |
| 记账网点 | 00307 | 记账柜员 | 00037 | 记账日期 | 2022年04月28日 |

重要提示：

1. 如果您是收款方，青岛工行网站www.icbc.com电子回单验证处进行回单验证。2. 本回单不作为收款方发货依据，并请勿重复记账。3. 您可以选择发送邮件，将此电子回单发送给指定的接收人。

业务凭证 2.1-18

# 存货盘点报告单

2022 年 04 月 30 日

| 名称 | 单位 | 单价 | 数量 | | 盘盈 | | 盘亏 | | 原因 |
|---|---|---|---|---|---|---|---|---|---|
| | | | 账存 | 实存 | 数量 | 金额 | 数量 | 金额 | |
| 铝片 | 吨 | 12 000.00 | 15 | 14.9 | | | 0.1 | 1 200.00 | 管理不当毁损<br>经领导批准<br>计入管理费用 |
| | | | | | | | | | |
| | | | | | | | | | |
| | | | | | | | | | |
| 合计 | | | 15 | 14.9 | | | 0.1 | 1 200.00 | |

业务凭证 2.1-19

# 未交增值税计提表

年　　月　　日

| | |
|---|---|
| 1. 应交增值税明细账期初余额 | |
| 2. 应交增值税明细账进项税额本期发生额 | |
| 3. 应交增值税明细账进项税额转出本期发生额 | |
| 4. 应交增值税明细账销项税额本期发生额 | |
| 5. 本月应交增值税额 | |

**业务凭证 2.1-20**

## 附加税费计算表

纳税人:烟台祥瑞保温瓶制造有限公司　　2022 年 04 月 30 日　　金额单位:元

| 税费名称 | 计税(费)依据<br>增值税税额 | 税(费)率 | 本期应纳税(费)额 | 本期已计提金额 | 本期应补提金额 |
|---|---|---|---|---|---|
| 城市维护建设税 | | 7% | | | |
| 教育费附加 | | 3% | | | |
| 地方教育费附加 | | 2% | | | |
| 合　计 | — | — | | | |

财务主管:李琦　　复核:李琦　　制单:张远

# 实训项目 2.2　增值税小规模纳税人模拟实训

## 一、实训目的

（1）能根据经济业务准确进行小规模纳税人增值税及附加税的计算与核算。

（2）掌握增值税小规模纳税人增值税及附加税纳税申报表的填制方法。

## 二、实训要求

（1）根据涉税经济业务的原始凭证进行账务处理，填制记账凭证。

（2）根据原始凭证、记账凭证，登记小规模纳税人"应交税费——应交增值税"明细账。

（3）根据相关资料，填制增值税小规模纳税人增值税及附加税费申报表和相关附表资料。

## 三、实训资料

1. 模拟实训企业基本信息

烟台万家植物油加工公司（以下简称企业）为增值税小规模纳税人，以一个季度为纳税期限，上季度无应纳税额，企业具体信息如下：

企业名称：烟台万家植物油加工公司

经营地址：烟台市滨海路 87 号

经营范围：生产和销售植物油

企业类型：有限责任公司

电　　话：0535-6900888

开户银行：工行烟台滨海路支行

账　　号：37003344000006655888

纳税人识别号：91370611222211O022

法定代表人：王洋

财务主管：张明

会计：赵伟

出纳：徐亮

2. 企业 2022 年 4～6 月份增值税涉税业务

【1】4 月 12 日，企业从烟台农产品收购站购入花生，取得增值税普通发票，已支付款项并验收入库。

【2】4 月 26 日，企业向烟台家乐超市销售植物油，款项已收到，开具增值税普通发票。

**知识链接：**自2022年4月1日至2022年12月31日，增值税小规模纳税人适用3%征收率的应税销售收入，免征增值税；适用3%预征率的预缴增值税项目，暂停预缴增值税。

增值税小规模纳税人适用3%征收率应税销售收入免征增值税的，应按规定开具免税普通发票。纳税人选择放弃免税并开具增值税专用发票的，应开具征收率为3%的增值税专用发票。

【3】5月10日，企业将一栋办公楼出售，该办公楼系企业2015年以2 100 000.00元购入，出售时已开具增值税专用发票。

【4】6月15日，企业向烟台丽云超市发出80桶植物油，委托烟台丽云超市代销。

【5】6月20日，企业将办公楼出租，收取租金收入，向承租方开具了增值税专用发票。

【6】6月30日，企业与烟台丽云超市结算80桶植物油的代销款项，按照植物油不含税售价的5%支付超市代销手续费，收到烟台丽云超市扣除手续费后的代销款，同时向烟台丽云超市开具增值税普通发票。

【7】6月30日，企业财务计提第二季度附加税费。

【8】根据上述经济业务，编制附表2-7小规模纳税人"应交税费——应交增值税"明细账。

【9】根据上述经济业务填制小规模纳税人增值税及附加税费申报表和附列资料，附表2-8、附表2-9、附表2-10。

**业务凭证 2.2-1**

3700214130 山东增值税普通发票 No 03020017 3700214130 03020017

发票联

开票日期：2022年04月12日

| | | | |
|---|---|---|---|
| 购买方 | 名 称：烟台万家植物油加工公司<br>纳税人识别号：913706112222110022<br>地 址、电 话：烟台市滨海路87号0535-6900888<br>开户行及账号：工行烟台滨海路支行3700334400006655888 | 密码区 | 1<6<6>**580331/373>67<599<<<br>++8+505>4-<+>/0<38+70/420/><br>09>>+-*93+>6401/3/4541*2<-3<br>-*2+88++5/320+6+*<2<>0+19<7 |

| 货物或应税劳务、服务名称 | 规格型号 | 单位 | 数 量 | 单 价 | 金 额 | 税 率 | 税 额 |
|---|---|---|---|---|---|---|---|
| *花生 | | 千克 | 6 000 | 5.00 | 30 000.00 | 免税 | *** |
| 合 计 | | | | | ¥30 000.00 | | *** |
| 价税合计（大写） | ⊗叁万圆整 | | | | （小写）¥30 000.00 | | |

| | | | |
|---|---|---|---|
| 销货方 | 名 称：烟台农产品收购站<br>纳税人识别号：913706113344111122<br>地 址、电 话：烟台市滨海路96号0535-6900890<br>开户行及账号：工行烟台滨海路支行3700334400006677999 | 备注 | 烟台农产品收购站 913706113344111122 发票专用章 |

收款人：苏华 复核：张兴 开票人：苏华 销售方：（章）

第二联：发票联 购买方记账凭证

**中国工商银行**
**转账支票存根**

10201110
49860624

烟台证券印制有限公司·2021年印制

附加信息

| | |
|---|---|
| | |
| | |
| 出票日期 | 2022 年 04 月 12 日 |
| 收款人： | 烟台农产品收购站 |
| 金 额： | ¥30 000.00 |
| 用 途： | 付货款 |

单位主管 张明 会计 赵伟

# 中国工商银行　网上银行电子回单

电子回单号码：0020-2908-4767-1123　　打印日期：2022年04月12日

| | | | | | |
|---|---|---|---|---|---|
| 付款人 | 户　名 | 烟台万家植物油加工公司 | 收款人 | 户　名 | 烟台农产品收购站 |
| | 账　户 | 3700334400006655888 | | 账　号 | 3700334400006677999 |
| | 开户银行 | 工行烟台滨海路支行 | | 开户银行 | 工行烟台滨海路支行 |
| 金额 | | ￥30 000.00 | 金额（大写） | | 人民币　叁万元整 |
| 摘要 | | 货款 | 业务（产品）种类 | | 转账 |
| 用途 | | | | | |
| 交易流水号 | | 71237745 | 时间戳 | | 2022-04-12-12.37.33　379631 |
| 中国工商银行 电子回单 专用章 | | 备注： | | | |
| | | 验证码： | | | |
| 记账网点 | 00307 | 记账柜员 | 00036 | 记账日期 | 2022年04月12日 |

重要提示：

1.如果您是收款方，青岛工行网站www.icbc.com电子回单验证处进行回单验证。2.本回单不作为收款方发货依据，并请勿重复记账。3.您可以选择发送邮件，将此电子回单发送给指定的接收人。

# 收　料　单

No.203001

**供货单位：** 烟台农产品收购站

**发票号码：** 03020017

2022年04月12日

| 材料类别 | 材料名称 | 规格型号 | 计量单位 | 数量 | | 实际成本 | | | | 合计 |
|---|---|---|---|---|---|---|---|---|---|---|
| | | | | 应收 | 实收 | 买价 | | 运杂费 | 其他 | |
| | | | | | | 单价 | 金额 | | | |
| 农产品 | 花生 | | 千克 | 6 000 | 6 000 | 5 | 30 000.00 | | | 30 000.00 |
| | | | | | | | | | | |
| | | | | | | | | | | |
| | | | | | | | | | | |
| 合计 | | | | 6 000 | 6 000 | | 30 000.00 | | | ￥30 000.00 |

记账联

**采购员：** 张林　　**检验员：** 李丽　　**记账员：**　　**保管员：** 王林

业务凭证 2.2-2

3700214130　　**山东增值税普通发票**　　No 07550001　3700214130　07550001

此联不作报销、扣税凭证使用

开票日期：2022年04月26日

| | | | | | | | |
|---|---|---|---|---|---|---|---|
| 购买方 | 名　　称：烟台家乐超市<br>纳税人识别号：913706556622113344<br>地 址、电 话：烟台市莱山区迎春大街122号0535-6913128<br>开户行及账号：工行迎春大街分理处6222301100005566278 | | | 密码区 | 2<7<6>**203994/373>67<599<<<br>++8+787>4-<+>/0<38+70/420/><br>09>>+-*93+>4589/3/4541*2<-3<br>-*2+88++5/320+6+*<2<>0+19<8 | | |
| 货物或应税劳务、服务名称 | 规格型号 | 单位 | 数量 | 单价 | 金额 | 税率 | 税额 |
| *植物油 | | 桶 | 200 | 106.09 | 21 218.00 | 免税 | *** |
| 合　计 | | | | | ¥21 218.00 | | *** |
| 价税合计（大写） | ⊗贰万壹仟贰佰壹拾捌圆整 | | | | （小写）¥21 218.00 | | |
| 销货方 | 名　　称：烟台万家植物油加工公司<br>纳税人识别号：913706112222110022<br>地 址、电 话：烟台市滨海路87号0535-6900888<br>开户行及账号：工行烟台滨海路支行3700334400006655888 | | | 备注 | （烟台万家植物油加工公司 913706112222110022 发票专用章） | | |

第一联：记账联　销售方记账凭证

收款人：赵伟　　复核：张明　　开票人：赵伟　　销售方：（章）

**中国工商银行**　网上银行电子回单

电子回单号码：0020-2908-4767-1123　　打印日期：2022年04月26日

| | | | | | |
|---|---|---|---|---|---|
| 付款人 | 户名 | 烟台家乐超市 | 收款人 | 户名 | 烟台万家植物油加工公司 |
| | 账户 | 6222301100005566278 | | 账号 | 3700334400006655888 |
| | 开户银行 | 工行迎春大街分理处 | | 开户银行 | 工行烟台滨海路支行 |
| 金额 | | ¥21 218.00 | 金额（大写） | | 人民币 贰万壹仟贰佰壹拾捌元整 |
| 摘要 | | 货款 | 业务（产品）种类 | | 转账 |
| 用途 | | | | | |
| 交易流水号 | | 71237756 | 时间戳 | | 2022 04 26 14.37.33 379631 |
| （中国工商银行 电子回单专用章） | | 备注： | | | |
| | | 验证码： | | | |
| 记账网点 | | 00307 | 记账柜员 00036 | 记账日期 | 2022年04月26日 |

重要提示：

1.如果您是收款方，青岛工行网站www.icbc.com电子回单验证处进行回单验证。2.本回单不作为收款方发货依据，并请勿重复记账。3.您可以选择发送邮件，将此电子回单发送给指定的接收人。

业务凭证 2.2-3

3700214130 山东增值税专用发票 No 07550002 3700214130 07550002

此联不作报销、扣税凭证使用

开票日期：2022年05月10日

| | | | |
|---|---|---|---|
| 购买方 | 名　　称：烟台科瑞股份有限公司<br>纳税人识别号：913706456722116688<br>地 址、电 话：烟台市滨海路66号0535-6900345<br>开户行及账号：工行烟台滨海路支行3700779900126655348 | 密码区 | 5<1<2>**774567/456>78<599<<<br>++8+678>4-<+>/0<38+70/420/><br>09>>+-*93+>1467/3/4541*2<-3<br>-*2+88++5/123+6+*<2<>0+19<8 |

| 货物或应税劳务、服务名称 | 规格型号 | 单位 | 数量 | 单价 | 金额 | 税率 | 税额 |
|---|---|---|---|---|---|---|---|
| *办公楼 | | 平方米 | 300 | 10 000.00 | 3 000 000.00 | 5% | 150 000.00 |
| 合　计 | | | | | ¥3 000 000.00 | | ¥150 000.00 |
| 价税合计（大写） | ⊗叁佰壹拾伍万圆整 | | | | （小写）¥3 150 000.00 | | |

| | | | |
|---|---|---|---|
| 销货方 | 名　　称：烟台万家植物油加工公司<br>纳税人识别号：913706112222110022<br>地 址、电 话：烟台市滨海路87号0535-6900888<br>开户行及账号：工行烟台滨海路支行3700334400006655888 | 备注 | 烟台万家植物油加工公司 913706112222110022 发票专用章 |

收款人：赵伟　　复核：张明　　开票人：赵伟　　销售方：（章）

第一联：记账联 销售方记账凭证

# 中国工商银行 网上银行电子回单

电子回单号码：0020-2908-4767-1123　　打印日期：2022年05月10日

| | | | | | |
|---|---|---|---|---|---|
| 付款人 | 户 名 | 烟台科瑞股份有限公司 | 收款人 | 户 名 | 烟台万家植物油加工公司 |
| | 账 户 | 3700779900126655348 | | 账 号 | 3700334400006655888 |
| | 开户银行 | 工行烟台滨海路支行 | | 开户银行 | 工行烟台滨海路支行 |
| 金额 | | ¥3 150 000.00 | 金额（大写） | | 人民币 叁佰壹拾伍万元整 |
| 摘要 | | 办公楼转让款 | 业务（产品）种类 | | 转账 |
| 用途 | | | | | |
| 交易流水号 | | 71237768 | 时间戳 | | 2022 05 10 14.37.12 379633 |
| 中国工商银行 电子回单 专用章 | | 备注：<br>验证码： | | | |
| 记账网点 | | 00307 | 记账柜员 00037 | 记账日期 | 2022年05月10日 |

重要提示：

1.如果您是收款方，青岛工行网站www.icbc.com电子回单验证处进行回单验证。2.本回单不作为收款方发货依据，并请勿重复记账。3.您可以选择发送邮件，将此电子回单发送给指定的接收人。

## 固定资产清理单

2022 年 05 月 10 日

| 主管部门: | 资产部 | | | 使用单位: | 烟台万家植物油加工公司 | | | | |
|---|---|---|---|---|---|---|---|---|---|
| 名称及型号 | 单位 | 数量 | 原始价值 | 已提折扣 | 净值 | 预计使用年限 | 实际使用年限 | 支付清理费 | 收回变价收入 |
| 办公楼 | 栋 | 1 | 2 100 000.00 | 735 000.00 | 1 365 000.00 | 20 | 7 | | 3 000 000.00 |
| | | | | | | | | | |
| 建造单位 | | | | 清理原因:闲置 | | 处理意见 | | 部门负责人 | |
| | | | | | | 同意 | | 张云 | |
| 建造年份 | | | | | | | | 公司负责人 | |
| | | | | | | | | 王洋 | |

财务主管:张明　　　　复核:张明　　　　制单:赵伟

## 附加税费计算表

纳税人:烟台万家植物油加工公司　　　　2022 年 05 月 10 日　　　　金额单位:元

| 税费名称 | 计税(费)依据 | 税(费)率 | 应纳税(费)额 | 减征比例 | 实际应计提金额 |
|---|---|---|---|---|---|
| | 增值税税额 | | | | |
| 城市维护建设税 | 50 000.00 | 7% | 3 500.00 | 50% | 1 750.00 |
| 教育费附加 | 50 000.00 | 3% | 1 500.00 | 50% | 750.00 |
| 地方教育费附加 | 50 000.00 | 2% | 1 000.00 | 50% | 500.00 |
| 合　计 | — | — | 6 000.00 | — | 3 000.00 |

财务主管:张明　　　　复核:张明　　　　制单:赵伟

业务凭证 2.2-4

# 出库单

仓库部门编号：1-003　　2022 年 06 月 15 日

| 名称 | 规格 | 单位 | 出库数量 | 单价 | 金额 | 备注 |
|---|---|---|---|---|---|---|
| 植物油 | | 桶 | 80 | 80 | 6 400.00 | 代销 |
| | | | | | | |
| | | | | | | |
| | | | | | | |
| 合计 | | | 80 | | ¥6 400.00 | |

第二联　交财务部

仓库保管员：刘鑫齐

业务凭证 2.2-5

3700214130　山东增值税专用发票　No 07550003　3700214130 07550003

此联不作报销、扣税凭证使用

开票日期：2022年06月20日

| | | | |
|---|---|---|---|
| 购买方 | 名　　称：烟台晶兴百货公司<br>纳税人识别号：913706678899114678<br>地 址、电 话：烟台市滨海路79号0535-6901456<br>开户行及账号：工行烟台滨海路支行370033441234665 6799 | 密码区 | 9<1<2>**345543/456>78<599<<<br>++8+333>4-<+>/0<38+70/420/><br>09>>+-*93+>3423/3/4541*2<-3<br>-*2+88++5/123+6+*<2<>0+19<8 |

| 货物或应税劳务、服务名称 | 规格型号 | 单位 | 数量 | 单价 | 金额 | 税率 | 税额 |
|---|---|---|---|---|---|---|---|
| *出租不动产 | | 平方米 | 200 | 200.00 | 40 000.00 | 5% | 2 000.00 |
| 合　　计 | | | | | ¥40 000.00 | | ¥2 000.00 |
| 价税合计（大写） | ⊗肆万贰仟圆整 | | | | （小写）¥42 000.00 | | |

| | | | |
|---|---|---|---|
| 销货方 | 名　　称：烟台万家植物油加工公司<br>纳税人识别号：913706112222110022<br>地 址、电 话：烟台市滨海路87号0535-6900888<br>开户行及账号：工行烟台滨海路支行370033440000665 5888 | 备注 | 烟台万家植物油加工公司 913706112222110022 发票专用章 |

收款人：赵伟　　复核：张明　　开票人：赵伟　　销售方：（章）

第一联：记账联　销售方记账凭证

# 中国工商银行　网上银行电子回单

电子回单号码：0020-2908-4769-1123　　打印日期：2022年06月20日

| | | | | | |
|---|---|---|---|---|---|
| 付款人 | 户　名 | 烟台晶兴百货公司 | 收款人 | 户　名 | 烟台万家植物油加工公司 |
| | 账　户 | 3700334412346656799 | | 账　号 | 3700334400006655888 |
| | 开户银行 | 工行烟台滨海路支行 | | 开户银行 | 工行烟台滨海路支行 |
| 金额 | | ¥42 000.00 | 金额（大写） | | 人民币 肆万贰仟元整 |
| 摘要 | | 出租不动产 | 业务（产品）种类 | | 转账 |
| 用途 | | | | | |
| 交易流水号 | | 71237759 | 时间戳 | | 2022-06-20-15.30.12 379635 |
| 中国工商银行 电子回单 专用章 | | 备注： | | | |
| | | 验证码： | | | |
| 记账网点 | | 00307 | 记账柜员 00037 | 记账日期 | 2022年06月20日 |

重要提示：

1. 如果您是收款方，青岛工行网站www.icbc.com电子回单验证处进行回单验证。2. 本回单不作为收款方发货依据，并请勿重复记账。3. 您可以选择发送邮件，将此电子回单发送给指定的接收人。

**业务凭证 2.2-6**

3700214130　山东增值税普通发票　No 07550004　3700214130 07550004

此联不作报销、扣税凭证使用

开票日期：2022年06月30日

| | | | | | | | |
|---|---|---|---|---|---|---|---|
| 购买方 | 名　称：烟台丽云超市<br>纳税人识别号：913706567822118899<br>地 址、电 话：烟台市滨海路90号0535-6903609<br>开户行及账号：工行烟台滨海路支行3700567800003456899 | | | 密码区 | 9<1<2>**667788/456>78<599<<<br>++8+908>4-<+>/0<38+70/420/><br>09>>+-*93+>7593/3/4541*2<-3<br>-*2+88++5/123+6+*<2<>0+19<8 | | |
| 货物或应税劳务、服务名称 | 规格型号 | 单位 | 数　量 | 单　价 | 金　额 | 税 率 | 税　额 |
| *植物油 | | 桶 | 80 | 103.00 | 8 240.00 | 免税 | *** |
| 合　　计 | | | | | ¥8 240.00 | | *** |
| 价税合计（大写） | ⊗捌仟贰佰肆拾圆整 | | | | （小写）¥8 240.00 | | |
| 销货方 | 名　称：烟台万家植物油加工公司<br>纳税人识别号：913706112222110022<br>地 址、电 话：烟台市滨海路87号0535-6900888<br>开户行及账号：工行烟台滨海路支行3700334400006655888 | | | 备注 | 烟台万家植物油加工公司 913706112222110022 发票专用章 | | |

收款人：赵伟　　复核：张明　　开票人：赵伟　　销售方：（章）

第一联：记账联 销售方记账凭证

# 中国工商银行　网上银行电子回单

电子回单号码：0020-2908-4769-1123　　　打印日期：2022年06月30日

| 付款人 | 户　名 | 烟台丽云超市 | 收款人 | 户　名 | 烟台万家植物油加工公司 |
| --- | --- | --- | --- | --- | --- |
| | 账　户 | 3700567800003456899 | | 账　号 | 3700334400006655888 |
| | 开户银行 | 工行烟台滨海路支行 | | 开户银行 | 工行烟台滨海路支行 |
| 金额 | | ¥7 828.00 | 金额（大写） | | 人民币 柒仟捌佰贰拾捌元整 |
| 摘要 | | 代销款 | 业务（产品）种类 | | 转账 |
| 用途 | | | | | |
| 交易流水号 | | 71237760 | 时间戳 | | 2022-06-30-15.30.22 379636 |
| 中国工商银行 电子回单专用章 | | 备注： | | | |
| | | 验证码： | | | |
| 记账网点 | 00307 | 记账柜员 | 00037 | 记账日期 | 2022年06月30日 |

重要提示：

1.如果您是收款方，青岛工行网站www.icbc.com电子回单验证处进行回单验证。2.本回单不作为收款方发货依据，并请勿重复记账。3.您可以选择发送邮件，将此电子回单发送给指定的接收人。

**业务凭证 2.2-7**

## 附加税费计算表

纳税人：烟台万家植物油加工公司　　　2022 年 06 月 30 日　　　金额单位：元

| 税费名称 | 计税（费）依据 | 税（费）率 | 本期应纳税（费）额 | 减征比例 | 本期已计提金额 | 本期应补提金额 |
| --- | --- | --- | --- | --- | --- | --- |
| | 增值税税额 | | | | | |
| 城市维护建设税 | 52 000.00 | 7% | 3 640.00 | 50% | 1 750.00 | 70.00 |
| 教育费附加 | 52 000.00 | 3% | 1 560.00 | 50% | 750.00 | 30.00 |
| 地方教育费附加 | 52 000.00 | 2% | 1 040.00 | 50% | 500.00 | 20.00 |
| 合　计 | — | — | 6 240.00 | — | 3 000.00 | 120.00 |

财务主管：张明　　　复核：张明　　　制单：赵伟

# 实训项目 3　消费税会计模拟实训

**思政课堂**

**珍爱生命，善待他人，远离烟草**

2021 年 05 月 26 日，国家卫健委和世卫组织驻华代表处共同发布《中国吸烟危害健康报告 2020》。该报告显示，我国吸烟人数已超过 3 亿人，烟草每年使我国 100 多万人失去生命，如不采取有效行动，预计到 2030 年将增至每年 200 万人，到 2050 年增至每年 300 万人。中国目前有 3.16 亿烟民，15 岁及以上人群吸烟率为 26.6%，其中男性吸烟率高达 50.5%，是世界最大的烟草生产国和消费国，同时也是世界最大的烟草受害国。全球每年因吸烟和二手烟死亡 830 万人，中国人口占全球总人口的 18.5%，但是因吸烟和二手烟死亡的人数却占到近三分之一。

烟草烟雾中含有至少 69 种致癌物，当人体暴露于这些致癌物中时，致癌物会引起体内关键基因发生永久性突变并逐渐积累，正常生长调控机制失调，导致恶性肿瘤发生。二手烟中含有大量有害物质与致癌物，不吸烟者暴露于二手烟，同样会增加吸烟相关疾病的发病风险。有证据提示，二手烟暴露可以导致儿童哮喘、肺癌、冠心病等，二手烟暴露并没有所谓的"安全水平"，短时间暴露于二手烟之中也会对人体的健康造成危害，排风扇、空调等通风装置存在也无法完全避免非吸烟者吸入二手烟。室内完全禁止吸烟是避免二手烟危害的唯一有效方法。

该报告列举了吸烟及二手烟暴露与四大慢性病，即慢性呼吸疾病、恶性肿瘤、心血管疾病以及糖尿病之间相关联的全球最新研究证据。

资料来源：《中国吸烟危害健康报告 2020》，日期：2021 年 05 月 26 日。

**请思考**

1. 烟作为应税消费品，征税环节和适用税率分别是什么？
2. 国家为什么对烟适用较高的消费税税率？

## 一、实训目的

(1) 掌握消费税及附加税的计算与核算。
(2) 掌握消费税及附加税申报表的填制方法。

## 二、实训要求

(1) 根据经济业务的原始凭证，编制会计分录，填制记账凭证。

(2) 根据原始凭证、记账凭证,登记“应交税费——应交消费税”明细账。

(3) 计算2022年5月份应纳消费税额,并据此计算附加税费。

(4) 根据业务资料,填制消费税及附加税申报表。

## 三、实训资料

1. 模拟实训企业基本信息

烟台科铭集团股份有限公司(以下简称企业),主要经营生产酒类、化妆品、成品油及卷烟,为增值税一般纳税人,增值税和消费税的纳税期限为一个月,期初应交未交消费税为87 630.00元,该企业基本资料如下:

企业名称:烟台科铭集团股份有限公司

开户银行:工行烟台华鑫支行

账号:6224140266876248763

纳税人识别号:913706112222110023

主管税务机关:烟台市莱山区税务局

经营地址:烟台市迎春大街100号

电话:0535-6913166

注册资本:5 000万人民币

法定代表人:仝岳

财务主管:赵杰

会计:姚琳

助理会计:石梦娟

出纳:李志

在职职工:290人

2. 企业2022年5月消费税涉税经济业务

【1】5月1日,企业向烟台市北苑集团销售成套化妆品,货款已收。

【2】5月4日,企业成立8周年,企业决定给全厂的女员工每人发放一套自产的化妆品。

**知识链接:**视同销售应税消费品的计税办法。

视同销售应税消费品应以同类产品对外加权平均售价为计税价格,没有同类产品对外售价的,应以组成计税价格计税。

组成计税价格=成本×(1+成本利润率)÷(1-消费税税率),其中,各行业的成本利润率由国家统一规定。

属于复合计税的:$$组成计税价格=\frac{成本\times(1+成本利润率)+移送数量\times定额税率}{1-消费税比例税率}$$

【3】5月4日,企业将外购的丙型香料运往上海市南吴化工厂委托加工香水精。

【4】5月12日,收回委托加工的香水精,支付加工费和代垫辅料。

【5】5月12日,受托方上海市南吴化工厂无同类香水精对外销售业务,计算受托方代收代缴的消费税税额及附加税税额,并填制转账支票(对方收据略)。收回的香水精用于继续

加工化妆品，计算结果保留两位小数。

**知识链接：**委托加工环节的消费税以受托方同类产品对外加权平均售价为计税依据，受托方没有同类产品对外销售的，应按组成计税价格计税：

$$组成计税价格=(材料成本+加工费)\div(1-消费税比例税率)$$

属于复合计税的：

$$\begin{matrix}组成计\\税价格\end{matrix}=\left(\begin{matrix}材料\\成本\end{matrix}+加工费+\begin{matrix}委托加\\工数量\end{matrix}\times\begin{matrix}定额\\税率\end{matrix}\right)\div\left(1-\begin{matrix}消费税\\比例税率\end{matrix}\right)$$

【6】5月12日，企业收回委托加工的香水精验收入库。香水精入库后，本月全部用于进一步加工高档化妆品。

【7】5月14日，企业缴纳4月份消费税及附加税费，取得完税凭证。

【8】5月17日，企业将自产果啤20吨销售给烟台华联超市。

【9】5月17日，企业将10吨自产果啤给顾客免费品尝。

【10】5月18日，企业领用上月购入的烟丝用于生产卷烟。

【11】5月27日，企业销售自产粮食白酒10吨。随同白酒出售单独计价包装桶400只，货款已通过银行转账收讫。

**知识链接：**包装物押金流转税征收的法律规定如表3-1所示。

**表3-1　包装物押金流转税征收的法律规定**

| 押金种类 | | 增值税 | | 消费税 | |
|---|---|---|---|---|---|
| | | 收取时，未逾期 | | 逾期时 | |
| 非酒类产品的包装物押金 | | 不征 | 征收 | 不征 | 征收 |
| 酒类产品包装物押金 | 黄酒、啤酒 | 不征 | 征收 | 不征 | 不征 |
| | 除黄酒、啤酒外的其他酒 | 征收 | 不征 | 征收 | 不征 |

注：① 应税包装物单独计价出售或者收取押金收入适用税率与所包装货物适用的税率相同。
② 期限超过1年的包装物押金视同逾期。

【12】5月28日，企业销售汽油180 000升，柴油50 000升，取得不含税销售额分别为900 000元、100 000元。款项已收存银行。

【13】5月30日，企业出售给烟台商河卷烟公司卷烟共计300 000元，共20个标准箱，该类卷烟每标准条调拨价格为60元，货款已收。

【14】5月31日，企业财务根据本月应交消费税税额计提附加税费。

【15】5月31日，根据业务【1】至业务【14】登记“应交税费——应交消费税”明细账（附表3-1）。

【16】编制本期准予扣除税额计算表（附表3-2）、本期委托加工收回情况报告表（附表3-3）、消费税附加税费计算表（附表3-4）、消费税及附加税费申报表（附表3-5）。

**业务凭证 3-1**

3700213130　山东增值税专用发票　No 03220001　3700213130 03220001

此联不作报销、扣税凭证使用

开票日期：2022年05月01日

| | | | | | | | |
|---|---|---|---|---|---|---|---|
| 购买方 | 名称：烟台市北苑集团<br>纳税人识别号：913706112222112769<br>地址、电话：烟台市新华北路19号0535-6917180<br>开户行及账号：工行烟台世茂支行62223000266876249080 | | | 密码区 | 4<8<9>**066611/373>67<599<<<br>++9+237>4-<+>/0<38+70/420/><br>45>>+-*93+>0011/3/4541*2<-3<br>-*2+99++5/456+6+*<2<>0+19<8 | | |
| 货物或应税劳务、服务名称 | 规格型号 | 单位 | 数量 | 单价 | 金额 | 税率 | 税额 |
| *化妆品 | | 盒 | 1 000 | 200.00 | 200 000.00 | 13% | 26 000.00 |
| 合计 | | | | | ¥200 000.00 | | ¥26 000.00 |
| 价税合计（大写） | ⊗贰拾贰万陆仟圆整 | | | | （小写）¥ 226 000.00 | | |
| 销货方 | 名称：烟台科铭集团股份有限公司<br>纳税人识别号：913706112222110023<br>地址、电话：烟台市迎春大街100号0535-6913166<br>开户行及账号：工行烟台华鑫支行6224140266876248763 | | | 备注 | 烟台科铭集团股份有限公司 913706112222110023 发票专用章 | | |

第二联：记账联　销售方记账凭证

收款人：姚琳　复核：赵杰　开票人：姚琳　销售方（章）

## 中国工商银行　网上银行电子回单

电子回单号码：0020-2906-4890-1122　打印日期：2022年05月01日

| | | | | | |
|---|---|---|---|---|---|
| 付款人 | 户名 | 烟台市北苑集团 | 收款人 | 户名 | 烟台科铭集团股份有限公司 |
| | 账户 | 62223000266876249080 | | 账号 | 6224140266876248763 |
| | 开户银行 | 工行烟台世贸支行 | | 开户银行 | 工行烟台华鑫支行 |
| 金额 | | ¥226 000.00 | 金额（大写） | | 人民币 贰拾贰万陆仟元整 |
| 摘要 | | 货款 | 业务（产品）种类 | | 转账 |
| 用途 | | 货款 | | | |
| 交易流水号 | | 81236920 | 时间戳 | | 2022-05-01-14.36.16 389720 |
| 中国工商银行 电子回单专用章 | | 备注： | | | |
| | | 验证码： | | | |
| 记账网点 | | 00309 | 记账柜员 00039 | | 记账日期 2022年05月01日 |

重要提示：

1. 如果您是收款方，青岛工行网站www.icbc.com电子回单验证处进行回单验证。2. 本回单不作为收款方发货依据，并请勿重复记账。3. 您可以选择发送邮件，将此电子回单发送给指定的接收人。

## 消费税计算表

纳税人:烟台科铭集团股份有限公司　　2022 年 05 月 01 日　　金额单位:元

| 项目 | 计税金额 | 计税数量 | 税率 | 应缴税额 |
|---|---|---|---|---|
| 化妆品 | | | 15% | |
| 合计 | | | | |

财务主管:赵杰　　复核:姚琳　　制单:石梦娟

**业务凭证 3-2**

## 化妆品领用登记表

2022 年 05 月 04 日

| 部门 | 数量 | 领用人 | 备注 |
|---|---|---|---|
| 人力资源部 | 2 | 李颖 | 以部门为单位领取 |
| 财务部 | 3 | 张明月 | |
| 车间 | 30 | 王智 | |
| 销售部 | 5 | 孟辉 | |
| 合计 | 40 | | |

批准:仝岳　　制单:石波

## 发　货　单

领料部门:工会　　　　用途:职工福利　　　　2022 年 05 月 04 号

| 品名 | 单位 | 数量 | | 对外销售 | | 生产成本 | |
|---|---|---|---|---|---|---|---|
| | | 请领 | 实领 | 单位价格 | 金额 | 单位成本 | 金额 |
| 化妆品 C 套装 | | 40 | 40 | 200.00 | 8 000.00 | 120.00 | 4 800.00 |

负责人:王乐　　　　领料人:曹斌　　　　发料人:周文豪

## 消费税计算表

纳税人:烟台科铭集团股份有限公司　　2022 年 05 月 04 日　　金额单位:元

| 项目 | 计税金额 | 计税数量 | 税率 | 应缴税额 |
|---|---|---|---|---|
| 化妆品 | | | 15% | |
| 合计 | | | | |

财务主管:赵杰　　　　复核:姚琳　　　　制单:石梦娟

**业务凭证 3-3**

## 领　料　单

仓库:3 号　　　　　　2022 年 05 月 04 日

| 品名 | 规格型号 | 单位 | 数量 | | 单价 | 金额 |
|---|---|---|---|---|---|---|
| | | | 请领 | 实领 | | |
| 香料 | 丙型 | 千克 | 1 500 | 1 500 | 50 | 75 000.00 |
| | | | | | | |
| 用途 | 委托加工香水精 | | 领料部门 | | 发料部门 | |
| | | | 负责人 | 领料人 | 核准人 | 发料人 |
| | | | 李猛 | 张芝 | 刘树林 | 王佳和 |

**业务凭证 3-4**

3100211130　　**上海增值税专用发票**　　No 51813116　3100211130　51813116

抵扣联

开票日期：2022年05月12日

| | | | |
|---|---|---|---|
| 购买方 | 名　　称：烟台科铭集团股份有限公司<br>纳税人识别号：913706112222110023<br>地 址、电 话：烟台市迎春大街100号0535-6913166<br>开户行及账号：工行烟台华鑫支行6224140266876248763 | 密码区 | 6<1<6>**580331/373>67<123<<<br>++8*789>4-<+>/0<38+70/420/><br>09>>+-*93+>7801/3/4541*2<-3<br>-*2+88++5/320+6+*<2<>0+19<7 |

| 货物或应税劳务、服务名称 | 规格型号 | 单位 | 数量 | 单价 | 金额 | 税率 | 税额 |
|---|---|---|---|---|---|---|---|
| *加工费 | | 瓶 | 20 | 500.00 | 10 000.00 | 13% | 1 300.00 |
| *代垫辅料 | | | | | 2 000.00 | 13% | 260.00 |
| 合　计 | | | | | ¥12 000.00 | | ¥1 560.00 |
| 价税合计（大写） | ⊗壹万叁仟伍佰陆拾圆整 | | | | （小写）¥13 560.00 | | |

| | | | |
|---|---|---|---|
| 销货方 | 名　　称：上海市南吴化工厂<br>纳税人识别号：310007666600002342<br>地 址、电 话：上海市复旦路47号021-23114589<br>开户行及账号：工行上海市复旦路支行6223102668259877 | 备注 | 上海市南吴化工厂<br>310007666600002342<br>发票专用章 |

收款人：王晓　　复核：杨文　　开票人：王晓　　销售方：（章）

第二联：抵扣联　购买方抵扣凭证

3100211130　　上海增值税专用发票　　No 51813116　3100211130 51813116

发票联

开票日期：2022年05月12日

| | | | |
|---|---|---|---|
| 购买方 | 名　称：烟台科铭集团股份有限公司<br>纳税人识别号：913706112222110023<br>地 址、电 话：烟台市迎春大街100号0535-6913166<br>开户行及账号：工行烟台华鑫支行6224140266876248763 | 密码区 | 6<1<6>**580331/373>67<123<<<br>++8*789>4-<+>/0<38+70/420/><br>09>>+-*93+>7801/3/4541*2<-3<br>-*2+88++5/320+6+*<2<>0+19<7 |

| 货物或应税劳务、服务名称 | 规格型号 | 单位 | 数量 | 单价 | 金额 | 税率 | 税额 |
|---|---|---|---|---|---|---|---|
| *加工费 | | 瓶 | 20 | 500.00 | 10 000.00 | 13% | 1 300.00 |
| *代垫辅料 | | | | | 2 000.00 | 13% | 260.00 |
| 合　计 | | | | | ¥12 000.00 | | ¥1 560.00 |
| 价税合计（大写） | ⊗壹万叁仟伍佰陆拾圆整 | | | | （小写）¥13 560.00 | | |

| | | | |
|---|---|---|---|
| 销货方 | 名　称：上海市南吴化工厂<br>纳税人识别号：310007666600002342<br>地 址、电 话：上海市复旦路47号021-23114589<br>开户行及账号：工行上海市复旦路支行6223102668259877 | 备注 | 上海市南吴化工厂 310007666600002342 发票专用章 |

收款人：王晓　　复核：杨文　　开票人：王晓　　销售方：（章）

第三联：发票联　购买方记账凭证

**中国工商银行**
**转账支票存根**

10201110
49850522

烟台证券印制有限公司·2021年印制

附加信息

| | |
|---|---|
| | |
| | |
| 出票日期 | 2022 年 05 月 12 日 |
| 收款人： | 上海市南吴化工厂 |
| 金　额： | ¥13 560.00 |
| 用　途： | 付加工费及辅料 |

单位主管　赵杰　会计　姚琳

# 中国工商银行 网上银行电子回单

电子回单号码：0020-2908-4779-1122　　　　打印日期：2022年05月12日

| | | | | | |
|---|---|---|---|---|---|
| 付款人 | 户 名 | 烟台科铭集团股份有限公司 | 收款人 | 户 名 | 上海市南吴化工厂 |
| | 账 户 | 6224140266876248763 | | 账 号 | 6222310266876259877 |
| | 开户银行 | 工行烟台华鑫支行 | | 开户银行 | 工行上海市复旦路支行 |
| 金额 | | ¥13 560.00 | 金额（大写） | | 人民币 壹万叁仟伍佰陆拾元整 |
| 摘要 | | 加工费及代垫辅料 | 业务（产品）种类 | | 转账 |
| 用途 | | | | | |
| 交易流水号 | | 71237810 | 时间戳 | | 2022-05-12-12.37.33 379633 |
| 中国工商银行 电子回单 专用章 | | 备注： | | | |
| | | 验证码： | | | |
| 记账网点 | 00307 | 记账柜员 | 00036 | 记账日期 | 2022年05月12日 |

重要提示：

1. 如果您是收款方，青岛工行网站www.icbc.com电子回单验证处进行回单验证。2. 本回单不作为收款方发货依据，并请勿重复记账。3. 您可以选择发送邮件，将此电子回单发送给指定的接收人。

**业务凭证 3-5**

## 委托加工代垫消费税计算单

材料科目：原材料　　　　编号：001

材料类别：原料及主要材料　　　　收料仓库：1 号仓库

加工单位：上海市南吴化工厂　　　　2022 年 5 月 12 日　　　　发票号码：004861

| 材料编号 | 材料名称 | 规格 | 计量单位 | 数量 | 计算过程 | | | | |
|---|---|---|---|---|---|---|---|---|---|
| | | | | | 材料成本 | 加工费 | 计税金额 | 税率 | 税额 |
| 01 | 香水精 | | 瓶 | 20 | | | | 15% | |
| | | | | | | | | | |
| | | | | | | | | | |
| 备注 | | | | | | | | | |

审核：　　　　制单：

## 委托加工附加税费计算表

纳税人：烟台科铭集团股份有限公司　　2022年05月12日　　金额单位：元

| 税费名称 | 计税（费）依据 | 税（费）率 | 本期应纳税（费）额 |
|---|---|---|---|
| | 消费税税额 | | |
| 城市维护建设税 | | 7% | |
| 教育费附加 | | 3% | |
| 地方教育费附加 | | 2% | |
| 合　计 | — | — | |

财务主管：赵杰　　复核：姚琳　　制单：石梦娟

中国工商银行
转账支票存根
10201110
49850524

烟台证券印制有限公司·2021年印制

附加信息

| | |
|---|---|
| | |
| | |
| 出票日期 | 2022年05月12日 |
| 收款人： | 上海市南吴化工厂 |
| 金　额： | ¥17 195.30 |
| 用　途： | 付消费税及附加税费 |

单位主管　赵杰　会计　姚琳

# 中国工商银行

网上银行电子回单

电子回单号码：0020-2908-4780-1122　　　　打印日期：2022年05月12日

| | | | | | |
|---|---|---|---|---|---|
| 付款人 | 户　名 | 烟台科铭集团股份有限公司 | 收款人 | 户　名 | 上海市南吴化工厂 |
| | 账　户 | 6224140266876248763 | | 账　号 | 6222310266876259877 |
| | 开户银行 | 工行烟台华鑫支行 | | 开户银行 | 工行上海市复旦路支行 |
| 金额 | | ￥17 195.30 | 金额（大写） | | 人民币　壹万柒仟壹佰玖拾伍元叁角整 |
| 摘要 | | 付消费税税款 | 业务（产品）种类 | | 转账 |
| 用途 | | | | | |
| 交易流水号 | | 71237811 | 时间戳 | | 2022-05-12-13.40.34 379634 |
| 中国工商银行 电子回单 专用章 | | 备注： | | | |
| | | 验证码： | | | |
| 记账网点 | 00307 | 记账柜员 | 00036 | 记账日期 | 2022年05月12日 |

重要提示：

1. 如果您是收款方，青岛工行网站www.icbc.com电子回单验证处进行回单验证。2. 本回单不作为收款方发货依据，并请勿重复记账。3. 您可以选择发送邮件，将此电子回单发送给指定的接收人。

**业务凭证 3-6**

## 委托加工收料单

材料科目：原材料　　　　编号：001

材料类别：原料及主要材料　　　　收料仓库：1 号仓库

加工单位：上海市南吴化工厂　　　　2022 年 5 月 12 日　　　　发票号码：004861

| 材料编号 | 材料名称 | 规格 | 计量单位 | 数量 | | 实际成本 | | | |
|---|---|---|---|---|---|---|---|---|---|
| | | | | 应收 | 实收 | 材料成本 | 加工费 | 运费 | 合计 |
| 01 | 香水精 | | 瓶 | 20 | 20 | 75 000.00 | 12 000.00 | | 87 000.00 |
| | | | | | | | | | |
| | | | | | | | | | |
| 备注 | | | | | | | | | |

采购员：李义　　　　检验员：赵斌　　　　记账员：　　　　保管员：王良

**业务凭证 3-7**

## 中 华 人 民 共 和 国
## 税 收 完 税 证 明

No. 337065220500043378

填发日期：2022年 05 月 14 日　　税务机关：国家税务总局烟台市税务局

| 纳税人识别号 | 913706112222110023 | | 纳税人名称 | 烟台科铭集团股份有限公司 | |
|---|---|---|---|---|---|
| 原凭证号 | 税　种 | 品目名称 | 税款所属时期 | 入（退）库日期 | 实缴（退）金额 |
| 337066220500011567 | 消费税 | 化妆品（15%） | 2022-04-01至2022-04-30 | 2022-05-14 | 30 000.00 |
| 337066220500011567 | 消费税 | 果啤（250元/吨） | 2022-04-01至2022-04-30 | 2022-05-14 | 40 000.00 |
| 337066220500011567 | 消费税 | 白酒（20%；0.5元/斤） | 2022-04-01至2022-04-30 | 2022-05-14 | 17 630.00 |
| 337066220500011567 | 城市维护建设税 | 市区 | 2022-04-01至2022-04-30 | 2022-05-14 | 6 134.10 |
| 337066220500011567 | 教育费附加 | 消费税教育费附加 | 2022-04-01至2022-04-30 | 2022-05-14 | 2 628.90 |
| 337066220500011567 | 地方教育费附加 | 消费税地方教育费附加 | 2022-04-01至2022-04-30 | 2022-05-14 | 1 752.60 |
| 金额合计 | （大写）玖万捌仟壹佰肆拾伍元陆角整 | | | | ￥98 145.60 |
| 税务机关 12号 税收专用章（盖章） | 填票人 代群 | | 备注 主管税务所（科、分局）：国家税务总局烟台市税务局 | | |

第一联（收据）交纳税人作完税证明

妥善保管、手写无效

## ICBC 中国工商银行

缴税日期：2022 年 05 月 14 日　　凭证字号：2022051498873456

纳税人全称及纳税人识别号：烟台科铭集团股份有限公司 913706112222110023

付款人全称：烟台科铭集团股份有限公司

付款人账户：6224140266876248763　　征收机关名称：烟台市莱山区税务局

付款人开户行：工行烟台华鑫支行　　收款国库(银行)名称：国家金库烟台莱山区支库

小写(合计)金额：98 145.60　　缴款书交易流水号：33323456

大写(合计)金额：玖万捌仟壹佰肆拾伍元陆角整　　税票号码：337065220500043378

| 税(费)种名称 | 所属日期 | 实缴金额(单位:元) |
|---|---|---|
| 消费税 | 20220401—20220430 | 87 630.00 |
| 城市维护建设税 | 20220401—20220430 | 6 134.10 |
| 教育费附加 | 20220401—20220430 | 2 628.90 |
| 地方教育费附加 | 20220401—20220430 | 1 752.60 |

中国工商银行股份有限公司 烟台莱山区支行 自动回单机专用章

客户回单联　　验证码：C37A70603006　　复核：　　记账：

**业务凭证 3-8**

3700213130　**山东增值税专用发票**　No 03220002　3700213130 03220002

此联不作报销、扣税凭证使用

开票日期：2022年05月17日

| | | | | | | | |
|---|---|---|---|---|---|---|---|
| 购买方 | 名　称：烟台华联超市<br>纳税人识别号：913706112227683214<br>地 址、电 话：烟台市开发区临河路11号0535-6917321<br>开户行及账号：工行烟台临河分行6222310266876259877 | | | 密码区 | 7<0<9>**778899/373>67<599<<<br>++9+237>4-<+>/0<38+70/420/><br>45>>+-*93+>6655/3/4541*2<-3<br>-*2+99++5/789+6+*<2<>0+19<8 | | |
| 货物或应税劳务、服务名称 | 规格型号 | 单位 | 数 量 | 单 价 | 金 额 | 税率 | 税 额 |
| *果啤 | | 吨 | 20 | 2 800.00 | 56 000.00 | 13% | 7 280.00 |
| 合　计 | | | | | ¥56 000.00 | | ¥7 280.00 |
| 价税合计（大写） | ⊗陆万叁仟贰佰捌拾圆整 | | | | （小写）¥63 280.00 | | |
| 销货方 | 名　称：烟台科铭集团股份有限公司<br>纳税人识别号：913706112222110023<br>地 址、电 话：烟台市迎春大街100号0535-6913166<br>开户行及账号：工行烟台华鑫支行6224140266876248763 | | | 备注 | 烟台科铭集团股份有限公司 913706112222110023 发票专用章 | | |

第一联：记账联　销售方记账凭证

收款人：姚琳　　复核：赵杰　　开票人：姚琳　　销售方：（章）

**中国工商银行**　网上银行电子回单

电子回单号码：0020-2906-4893-1122　　打印日期：2022年05月17日

| | | | | | |
|---|---|---|---|---|---|
| 付款人 | 户 名 | 烟台华联超市 | 收款人 | 户 名 | 烟台科铭集团股份有限公司 |
| | 账 户 | 6222310266876259877 | | 账 号 | 6224140266876248763 |
| | 开户银行 | 工行烟台临河分行 | | 开户银行 | 工行烟台华鑫支行 |
| 金额 | | ¥63 280.00 | 金额（大写） | | 人民币 陆万叁仟贰佰捌拾元整 |
| 摘要 | | 货款 | 业务（产品）种类 | | 转账 |
| 用途 | | | | | |
| 交易流水号 | | 81236920 | 时间戳 | | 2022-05-17-16.26.15 389725 |
| 中国工商银行 电子回单专用章 | | 备注：<br>验证码： | | | |
| 记账网点 | | 00309 | 记账柜员 | 00039 | 记账日期 2022年05月17日 |

重要提示：

1. 如果您是收款方，青岛工行网站www.icbc.com电子回单验证处进行回单验证。2. 本回单不作为收款方发货依据，并请勿重复记账。3. 您可以选择发送邮件，将此电子回单发送给指定的接收人。

## 消费税计算表

纳税人:烟台科铭集团股份有限公司　　2022 年 05 月 17 日　　金额单位:元

| 项目 | 计税金额 | 计税数量 | 税率 | 应交税额 |
|---|---|---|---|---|
| 啤酒 | | | 220 元/吨 | |
| 合计 | | | | |

财务主管:赵杰　　复核:姚琳　　制单:石梦娟

**业务凭证 3-9**

## 商品出库单

2022 年 05 月 17 日

| 品名 | 计量单位 | 数量 | 单位成本 | 金额 | 用途 |
|---|---|---|---|---|---|
| 果啤 | 吨 | 10 | 2 000 | 20 000.00 | 免费品尝 |
| 合计 | | | | 20 000.00 | |

部门负责人:　　领料人:李铭龙　　会计:　　发货人:王丹

## 消费税计算表

纳税人:烟台科铭集团股份有限公司　　2022 年 05 月 17 日　　金额单位:元

| 项目 | 计税金额 | 计税数量 | 税率 | 应交税额 |
| --- | --- | --- | --- | --- |
| 啤酒 | | | 220 元/吨 | |
| 合计 | | | | |

财务主管:赵杰　　复核:姚琳　　制单:石梦娟

**业务凭证 3-10**

## 领　料　单

仓库:2 号　　2022 年 05 月 18 日

| 品名 | 规格型号 | 单位 | 数量 | | 单价 | 金额 |
| --- | --- | --- | --- | --- | --- | --- |
| | | | 请领 | 实领 | | |
| 烟丝 | | 千克 | 2 000 | 2 000 | 35 | 70 000.00 |
| | | | | | | |
| 用途 | 生产卷烟 | | 领料部门 | | 发料部门 | |
| | | | 负责人 | 领料人 | 核准人 | 发料人 |
| | | | 李猛 | 张芝 | 刘树林 | 王佳和 |

**业务凭证 3-11**

3700213130 山东增值税专用发票 No 03220003 3700213130 03220003

此联不作报销、扣税凭证使用

开票日期：2022年05月27日

| | | | |
|---|---|---|---|
| 购买方 | 名　　称：烟台振华商厦<br>纳税人识别号：913706112227683331<br>地 址、电 话：烟台市开发区临河路70号0535-6919223<br>开户行及账号：工行烟台临河分行6222310266876259877 | 密码区 | 2<0<9>**123456/373>67<599<<<br>++9+237>4-<+>/0<38+70/420/><br>67>>+-*93+>0023/3/4541*2<-3<br>-*2+88++5/789+6+*<2<>0+19<8 |

| 货物或应税劳务、服务名称 | 规格型号 | 单位 | 数量 | 单价 | 金额 | 税率 | 税额 |
|---|---|---|---|---|---|---|---|
| *粮食白酒 | | 吨 | 10 | 5 000.00 | 50 000.00 | 13% | 6 500.00 |
| *包装桶 | | 只 | 400 | 10.00 | 4 000.00 | 13% | 520.00 |
| 合　计 | | | | | ¥54 000.00 | | ¥7 020.00 |
| 价税合计（大写） | ⊗陆万壹仟零贰拾圆整 | | | | （小写）¥ 61 020.00 | | |

| | | | |
|---|---|---|---|
| 销货方 | 名　　称：烟台科铭集团股份有限公司<br>纳税人识别号：913706112222110023<br>地 址、电 话：烟台市迎春大街100号0535-6913166<br>开户行及账号：工行烟台华鑫支行6224140266876248763 | 备注 | 烟台科铭集团股份有限公司 913706112222110023 发票专用章 |

收款人：姚琳　　复核：赵杰　　开票人：姚琳　　销售方：（章）

第一联：记账联　销售方记账凭证

# 中国工商银行

网上银行电子回单

电子回单号码：0020-2906-4895-1122　　打印日期：2022年05月27日

| | | | | | |
|---|---|---|---|---|---|
| 付款人 | 户名 | 烟台市振华商厦 | 收款人 | 户名 | 烟台科铭集团股份有限公司 |
| | 账户 | 6222310266876256545 | | 账号 | 6224140266876248763 |
| | 开户银行 | 工行烟台临河分行 | | 开户银行 | 工行烟台华鑫支行 |
| 金额 | | ¥61 020.00 | 金额（大写） | | 人民币 陆万壹仟零贰拾元整 |
| 摘要 | | 粮食白酒货款 | 业务（产品）种类 | | 转账 |
| 用途 | | | | | |
| 交易流水号 | | 81236920 | 时间戳 | | 2022-05-27-17.26.10 389727 |
| 中国工商银行 电子回单 专用章 | | 备注：<br>验证码： | | | |
| 记账网点 | | 00309 | 记账柜员 | 00039 | 记账日期 2022年05月27日 |

重要提示：

1. 如果您是收款方，青岛工行网站www.icbc.com电子回单验证处进行回单验证。2. 本回单不作为收款方发货依据，并请勿重复记账。3. 您可以选择发送邮件，将此电子回单发送给指定的接收人。

## 消费税计算表

纳税人：烟台科铭集团股份有限公司　　2022 年 05 月 27 日　　金额单位：元

| 项目 | 计税金额 | 计税数量 | 税率 | 应交税额 |
|---|---|---|---|---|
| 白酒 | | | 20%<br>1 元/千克 | |
| 合计 | | | | |

财务主管：赵杰　　复核：姚琳　　制单：石梦娟

**业务凭证 3-12**

3700213130　　山东增值税专用发票　　No 03220004　3700213130　03220004

此联不作报销、扣税凭证使用

开票日期：2022年05月28日

| | | | |
|---|---|---|---|
| 购买方 | 名　　称：烟台市北广汽油公司<br>纳税人识别号：913706112222113215<br>地 址、电 话：烟台市双河北路12号0535-31667667<br>开户行及账号：工行烟台世贸支行6223000266876267880 | 密码区 | 2<0<9>**123456/373>67<599<<<br>++9+237>4-<+>/0<38+70/420/><br>67>>+-*93+>0023/3/4541*2<-3<br>-*2+88++5/789+6+*<2<>0+19<8 |

| 货物或应税劳务、服务名称 | 规格型号 | 单位 | 数量 | 单价 | 金额 | 税率 | 税额 |
|---|---|---|---|---|---|---|---|
| *汽油 | | 升 | 180 000 | 5.00 | 900 000.00 | 13% | 117 000.00 |
| *柴油 | | 升 | 50 000 | 2.00 | 100 000.00 | 13% | 13 000.00 |
| 合　计 | | | | | ¥1 000 000.00 | | ¥130 000.00 |
| 价税合计（大写） | ⊗壹佰壹拾叁万圆整 | | | | （小写）¥ 1 130 000.00 | | |

| | | | |
|---|---|---|---|
| 销货方 | 名　　称：烟台科铭集团股份有限公司<br>纳税人识别号：913706112222110023<br>地 址、电 话：烟台市迎春大街100号0535-6913166<br>开户行及账号：工行烟台华鑫支行6224140266876248763 | 备注 | （印章：烟台科铭集团股份有限公司 913706112222110023 发票专用章） |

收款人：姚琳　　复核：赵杰　　开票人：姚琳　　销售方：（章）

第一联：记账联　销售方记账凭证

# 中国工商银行

网上银行电子回单

电子回单号码：0020-2906-4898-1122　　　　　　　　打印日期：2022年05月28日

| | | | | | |
|---|---|---|---|---|---|
| 付款人 | 户　名 | 烟台市北广汽油公司 | 收款人 | 户　名 | 烟台科铭集团股份有限公司 |
| | 账　户 | 62223000266876267880 | | 账　号 | 6224140266876248763 |
| | 开户银行 | 工行烟台世贸支行 | | 开户银行 | 工行烟台华鑫支行 |
| 金额 | | ¥1 130 000.00 | 金额（大写） | | 人民币　壹佰壹拾叁万元整 |
| 摘要 | | 汽油、柴油货款 | 业务（产品）种类 | | 转账 |
| 用途 | | | | | |
| 交易流水号 | | 81236921 | 时间戳 | | 2022-05-28-16.26.12 389729 |
| 中国工商银行 电子回单 专用章 | | 备注： | | | |
| | | 验证码： | | | |
| 记账网点 | 00309 | 记账柜员 | 00039 | 记账日期 | 2022年05月28日 |

重要提示：

1. 如果您是收款方，青岛工行网站www.icbc.com电子回单验证处进行回单验证。2. 本回单不作为收款方发货依据，并请勿重复记账。3. 您可以选择发送邮件，将此电子回单发送给指定的接收人。

## 消费税计算表

纳税人：烟台科铭集团股份有限公司　　　　2022 年 05 月 28 日　　　　　　金额单位：元

| 项目 | 计税金额 | 计税数量 | 税率 | 应交税额 |
|---|---|---|---|---|
| 汽油 | | | 1.52 元/升 | |
| 柴油 | | | 1.20 元/升 | |
| 合计 | | | | |

财务主管：赵杰　　　　　　复核：姚琳　　　　　　制单：石梦娟

业务凭证 3-13

3700213130　**山东增值税专用发票**　No 03220005　3700213130 03220005

此联不作报销、扣税凭证使用

开票日期：2022年05月30日

| | | | | | | | |
|---|---|---|---|---|---|---|---|
| 购买方 | 名称：烟台商河卷烟公司<br>纳税人识别号：913706112222113873<br>地址、电话：烟台市机场路路12号0535-31667342<br>开户行及账号：工行烟台机场路支行6223000266876267810 | | | | 密码区 | 2<0<9>**123456/373>67<599<<<br>++9+237>4-<+>/0<38+70/420/><br>67>>+-*93+>0023/3/4541*2<-3<br>-*2+88++5/789+6+*<2<>0+19<8 | |
| 货物或应税劳务、服务名称 | 规格型号 | 单位 | 数量 | 单价 | 金额 | 税率 | 税额 |
| *卷烟 | | 箱 | 20 | 15 000.00 | 300 000.00 | 13% | 39 000.00 |
| 合计 | | | | | ¥300 000.00 | | ¥39 000.00 |
| 价税合计（大写） | ⊗叁拾叁万玖仟圆整 | | | | （小写）¥ 339 000.00 | | |
| 销货方 | 名称：烟台科铭集团股份有限公司<br>纳税人识别号：913706112222110023<br>地址、电话：烟台市迎春大街100号0535-6913166<br>开户行及账号：工行烟台华鑫支行6224140266876248763 | | | | 备注 | 烟台科铭集团股份有限公司 913706112222110023 发票专用章 | |

第一联：记账联　销售方记账凭证

收款人：姚琳　复核：赵杰　开票人：姚琳　销售方：（章）

**中国工商银行**　网上银行电子回单

电子回单号码：0020-2906-4898-1122　打印日期：2022年05月30日

| | | | | | |
|---|---|---|---|---|---|
| 付款人 | 户名 | 烟台商河卷烟公司 | 收款人 | 户名 | 烟台科铭集团股份有限公司 |
| | 账户 | 6223000266876267810 | | 账号 | 6224140266876248763 |
| | 开户银行 | 工行烟台机场路支行 | | 开户银行 | 工行烟台华鑫支行 |
| 金额 | | ¥339 000.00 | 金额（大写） | | 人民币 叁拾叁万玖仟元整 |
| 摘要 | | 卷烟货款 | 业务（产品）种类 | | 转账 |
| 用途 | | | | | |
| 交易流水号 | | 81236925 | 时间戳 | | 2022-05-30-15.26.10 389730 |
| 中国工商银行 电子回单专用章 | | 备注： | | | |
| | | 验证码： | | | |
| 记账网点 | | 00309 | 记账柜员 00037 | 记账日期 | 2022年05月30日 |

重要提示：

1. 如果您是收款方，青岛工行网站www.icbc.com电子回单验证处进行回单验证。2. 本回单不作为收款方发货依据，并请勿重复记账。3. 您可以选择发送邮件，将此电子回单发送给指定的接收人。

## 消费税计算表

纳税人:烟台科铭集团股份有限公司　　2022 年 05 月 30 日　　金额单位:元

| 项目 | 计税金额 | 计税数量 | 税率 | 应交税额 |
|---|---|---|---|---|
| 卷烟 | | | 36%<br>30 元/万支 | |
| 合计 | | | | |

财务主管:赵杰　　复核:姚琳　　制单:石梦娟

**业务凭证 3-14**

## 附加税费计算表

纳税人:烟台科铭集团股份有限公司　　2022 年 05 月 31 日　　金额单位:元

| 税费名称 | 计税(费)依据 | 税(费)率 | 本期应纳税(费)额 |
|---|---|---|---|
| | 消费税税额 | | |
| 城市维护建设税 | | 7% | |
| 教育费附加 | | 3% | |
| 地方教育费附加 | | 2% | |
| 合　计 | — | — | |

财务主管:赵杰　　复核:姚琳　　制单:石梦娟

# 实训项目4　个人所得税会计模拟实训

## 思政课堂

**薇娅偷税逃税案**

2021年12月20日，税务部门公布了对网络主播黄薇(网名薇娅)偷逃税的处理结果。黄薇通过隐匿个人收入、虚构业务转换收入性质进行虚假申报偷逃税款，被依法追缴税款、加收滞纳金并处罚款，共计13.41亿元。据杭州市税务局有关负责人介绍，黄薇通过隐匿个人收入、虚构业务转换收入性质进行虚假申报等手段，偷逃税款6.43亿元，其他少缴税款0.6亿元。对其隐匿收入偷税但在检查立案后主动补缴和报告的部分，处0.6倍罚款；对隐匿收入偷税未主动补缴的部分，处4倍罚款；对虚构业务转换收入性质虚假申报偷税的部分，处1倍罚款。

在2019年至2020年期间，黄薇通过隐匿其从直播平台取得的佣金收入虚假申报偷逃税款；通过设立上海蔚贺企业管理咨询中心、上海独苏企业管理咨询合伙企业等多家虚构业务，将其个人从事直播带货取得的佣金、坑位费等个人所得转换为个人独资企业、合伙企业等企业经营所得进行虚假申报偷逃税款；从事其他生产经营活动取得收入，未依法申报纳税。之所以有这种操作，是因为这两种不同的纳税方法，涉及的纳税额度差别较大。

资料来源：国家税务总局，日期：2021年12月20日。

## 请思考

1. 黄薇将个人从事直播带货取得的个人所得转换为个人独资企业、合伙企业等企业经营所得为何会实现个人所得税税款偷逃？

2. 直播带货为什么不能按照“经营所得”缴纳个人所得税？

3. “劳务报酬所得”与“经营所得”在个人所得税纳税申报时有何区别？

## 一、实验目的

(1) 掌握个人所得税各项应纳税所得额和应纳税额的计算方法。

(2) 掌握个人所得税税额的核算。

(3) 掌握个人所得税纳税申报表的填制方法。

## 二、实验要求

(1) 逐项计算个人所得税税额，填写个人所得税应纳税额计算表。

(2) 编制代扣代缴个人所得税的会计分录，填写个人所得税扣缴申报表。

(3) 填写个人所得税年度自行纳税申报表。

## 三、实验资料

1. 模拟实训个人基本信息

姓名：王小军

国籍：中国

身份证号码：322123198507071234

经常居住地：山东省烟台市莱山区港城东大街 78 号

邮政编码：264003

联系电话：18612341234

电子邮箱：wangxiaojun@163.com

受雇企业：启明数字科技有限公司

纳税人识别号(统一社会信用代码)：91370100MA3F30HY2J

2. 模拟个人 2021 年 1～12 月收入情况

【1】王小军每月取得的工资和季度奖，以及"三险一金"情况如表 4-1 所示。王小军正在偿还首套住房贷款及利息。王小军为独生子，其独生女正就读小学 3 年级；父母均已年过 60 岁。夫妻双方约定由王小军扣除贷款利息和子女教育费。王小军从 1 月份开始享受以上各项专项附加扣除。启明数字科技有限公司按规定代扣代缴了个人所得税。

【2】6 月，王小军完成甲公司委托的设计方案，取得设计费 9 000 元，甲公司按照规定代扣了个人所得税。

【3】7 月，王小军转让给乙公司一项非专利技术取得收入 85 000 元，乙公司按照规定代扣了个人所得税。

表 4-1　王小军工资、季度奖、"三险一金"情况　金额单位：元

| 月份 | 基本工资 | 岗位工资 | 餐补 | 季度奖 | 应发工资 | 住房公积金 | 基本养老保险 | 基本医疗保险 | 失业保险 | 三险一金合计 |
|---|---|---|---|---|---|---|---|---|---|---|
| 1 月 | 8 000 | 6 000 | 1 000 | | 15 000 | 700 | 500 | 200 | 100 | 1 500 |
| 2 月 | 8 000 | 6 000 | 1 000 | | 15 000 | 700 | 500 | 200 | 100 | 1 500 |
| 3 月 | 8 000 | 6 000 | 1 000 | 3 000 | 18 000 | 700 | 500 | 200 | 100 | 1 500 |
| 4 月 | 8 000 | 6 000 | 1 000 | | 15 000 | 700 | 500 | 200 | 100 | 1 500 |
| 5 月 | 8 000 | 6 000 | 1 000 | | 15 000 | 700 | 500 | 200 | 100 | 1 500 |
| 6 月 | 8 000 | 6 000 | 1 000 | 3 000 | 18 000 | 700 | 500 | 200 | 100 | 1 500 |
| 7 月 | 8 000 | 6 000 | 1 000 | | 15 000 | 700 | 500 | 200 | 100 | 1 500 |
| 8 月 | 8 000 | 6 000 | 1 000 | | 15 000 | 700 | 500 | 200 | 100 | 1 500 |
| 9 月 | 8 000 | 6 000 | 1 000 | 3 000 | 18 000 | 700 | 500 | 200 | 100 | 1 500 |
| 10 月 | 8 000 | 6 000 | 1 000 | | 15 000 | 700 | 500 | 200 | 100 | 1 500 |
| 11 月 | 8 000 | 6 000 | 1 000 | | 15 000 | 700 | 500 | 200 | 100 | 1 500 |
| 12 月 | 8 000 | 6 000 | 1 000 | 3 000 | 18 000 | 700 | 500 | 200 | 100 | 1 500 |
| 合计 | | | | | 192 000 | | | | | 18 000 |

【4】8 月，王小军在国内专业杂志上发表文章两篇，分别取得稿酬 2 000 元和 5 000 元，杂志社未按规定代扣代缴个人所得税。

【5】王小军取得丙公司股权分红 10 000 元，丙公司按规定代扣代缴了个人所得税。

根据上述资料：

【1】逐项计算王小军的个人所得税税额，并填写附表 4-1 个人所得税应纳税额计算表。

【2】编制启明数字科技有限公司代扣代缴王小军 11 月份个人所得税并缴纳税款的会计分录，填写附表 4-2 个人所得税扣缴申报表。

【3】根据事项【2】中甲公司代扣的个人所得税，甲公司纳税人识别号为 91370100673F30H1234，填写附表 4-3 个人所得税扣缴申报表。

【4】填写附表 4-4 个人所得税年度自行纳税申报表。

# 实训项目5　企业所得税会计模拟实训

**思政课堂**

**释放税惠红利　赋能企业发展**

四川省自贡市税务部门以落实四川省《关于进一步深化税收征管改革的实施方案》为契机，全力落细落实各项减税降费政策，持续释放税费优惠政策红利，为企业发展减负卸担，不断激发市场主体活力，提振经济发展信心，为企业创新发展贡献税务力量。

在四川省南部，有一家专业化、精细化、特色化、高新化趋势的中小型制造企业正茁壮成长。自贡工业阀门制造有限公司是自贡市一家生产阀门产品的制造企业，曾获“自贡市科技先导企业”和“四川省成长中小企业”等称号。

“我们公司是四川省机械厅和原机电部的定点企业和中国机械设备进出口公司四川分公司出口阀门的定点厂，当前需要扩产增量，急需人手。”自贡工业阀门制造有限公司负责人在向税务人员介绍企业情况时，提到用工压力问题引起了税务人员的重视，并为其详细讲解招录特定条件人员的税费优惠政策。听完税务人员的宣传解读后，该负责人眼前一亮说道：“我们可以招录优惠政策规定的人员，不仅解决了用工问题，还能享受到实实在在的税收减免，一举两得！”

“当前我们正处于转型升级的关键时期，税收优惠政策为公司产品研发，创新发展赋予了新动能，”该公司财务负责人介绍道，“今年税务人员主动上门进行研发费用加计扣除优惠政策宣传和纳税辅导时，告诉我们今年制造业研发费用加计扣除比例提高到了100%，并且在2021年10月预缴申报第3季度企业所得税时，可提前享受前三季度研发费用加计扣除政策优惠政策，优惠力度又加大了。”

据悉，自贡市税务局聚焦专精特新企业发展，分析全市专精特新企业特点，因企施策定制个性化服务套餐，拟定企业适用税收政策“清单”，实地调研服务，确保税收红利直达快享，以“税力量”助推专精特新企业发展壮大，让“小巨人”发展底气足。

资料来源：国家税务总局四川省税务局，日期：2021年11月10日。

**请思考**

1. 研发支出加计扣除优惠政策对企业有什么意义？
2. 该材料对同学们的学习有什么启示？

## 一、实训目的

（1）掌握企业所得税预缴税额、应纳税额的计算。

(2) 掌握企业所得税纳税申报表及附表的填制方法。

## 二、实训操作要求

(1) 根据企业业务资料，计算企业第四季度应预缴的企业所得税税额。

(2) 根据企业经济业务发生情况，进行纳税调整，填制企业所得税纳税调整工作底稿，计算该企业 2021 年度应补缴的企业所得税税额。

(3) 填写企业所得税预缴纳税申报表、企业所得税纳税申报表及附表资料。

## 三、实训资料

1. 模拟实训企业基本信息

企业名称：鑫蓬电器制造有限公司

企业纳税人识别号：913706280606786309

企业地址：烟台市开发区珠江路 68 号

法人代表：杨俊杰

注册资本：6 000 万元

企业类型：有限责任公司

经营范围：电器研发、制造、销售

企业开户银行及账号：建设银行烟台市开发区支行　8522671260890855248

财务负责人：孙鑫

办税员：丁伟

鑫蓬电器制造有限公司(以下简称企业)为增值税一般纳税人，2021 年度各个季度员工人数分别为 380 人、383 人、386 人、391 人，各个季度资产总额分别为 6 600 万元、6 700 万元、6 800 万元、6 750 万元，职工全年工资薪金为 1 596 万元，企业所得税实行按年度计算，分季据实预缴办法。

2. 2021 年度企业经营资料

【1】企业收入汇总表如表 5-1 所示。

**表 5-1　　2021 年收入汇总表　　单位：万元**

| 项　目 | 第一季度 | 第二季度 | 第三季度 | 第四季度 | 总　计 |
| --- | --- | --- | --- | --- | --- |
| 1. 主营业务收入小计 | 1 885 | 1 550 | 1 950 | 2 050 | 7 435 |
| 销售货物收入 | 1 885 | 1 550 | 1 950 | 2 050 | 7 435 |
| 2. 其他业务收入小计 | 60 | 190 | 90 | 110 | 450 |
| (1) 材料销售收入 | 40 | 140 | 50 | 60 | 290 |
| (2) 提供运输服务收入 | 20 | 50 | 40 | 50 | 160 |
| 3. 投资收益小计 | 19 | 17 | 25 | 18 | 79 |
| 4. 营业外收入小计 | | | 15 | 48 | 63 |
| (1) 处置固定资产净收益 | | | | 30 | 30 |

（续表）

| 项　目 | 第一季度 | 第二季度 | 第三季度 | 第四季度 | 总　计 |
|---|---|---|---|---|---|
| （2）出售无形资产收益 | | | 15 | 18 | 33 |
| | | | | | |
| 总计 | 1 964 | 1 757 | 2 080 | 2 226 | 8 027 |

【2】企业成本费用汇总表如表 5-2 所示。

**表 5-2　2021 年成本费用汇总表**　单位:万元

| 项　目 | 第一季度 | 第二季度 | 第三季度 | 第四季度 | 总　计 |
|---|---|---|---|---|---|
| 1. 主营业务成本小计 | 1 195 | 930 | 1 280 | 1 320 | 4 725 |
| 销售货物成本 | 1 195 | 930 | 1 280 | 1 320 | 4 725 |
| 2. 其他业务成本小计 | 45 | 120 | 70 | 80 | 315 |
| （1）材料销售成本 | 30 | 90 | 40 | 35 | 195 |
| （2）提供运输服务成本 | 15 | 30 | 30 | 45 | 120 |
| 3. 营业外支出小计 | | | 25 | 58 | 83 |
| （1）固定资产盘亏 | | | | 10.75 | 10.75 |
| （2）罚款支出 | | | 5 | 13 | 18 |
| （3）捐赠支出 | | | | 25.25 | 25.25 |
| （4）非常损失 | | | 7 | | 7 |
| （5）赞助支出 | | | 13 | | 13 |
| （6）其他 | | | | 9 | 9 |
| 4. 期间费用小计 | 703.6 | 691.5 | 694.7 | 742.58 | 2 832.38 |
| （1）销售费用 | 320 | 260 | 315 | 315 | 1 210 |
| （2）管理费用 | 374.6 | 422.5 | 370.7 | 418.58 | 1586.38 |
| （3）财务费用 | 9 | 9 | 9 | 9 | 36 |
| 5. 资产减值损失小计 | 0.4 | 0.5 | 0.3 | 0.42 | 1.62 |
| 总计 | 1 944 | 1 742 | 2 070 | 2 201 | 7 957 |

【3】企业流转税费汇总表(不考虑财政性规费)如表 5-3 所示。

**表 5-3　2021 年流转税费汇总表**　单位:万元

| 项　目 | 第一季度 | 第二季度 | 第三季度 | 第四季度 | 总　计 |
|---|---|---|---|---|---|
| 1. 增值税 | 80 | 43.6 | 55.2 | 61.2 | 240 |
| 2. 城市维护建设税 | 5.6 | 3.05 | 3.86 | 4.28 | 16.79 |
| 3. 教育费附加 | 2.4 | 1.31 | 1.66 | 1.84 | 7.21 |

（续表）

| 项　目 | 第一季度 | 第二季度 | 第三季度 | 第四季度 | 总　计 |
|---|---|---|---|---|---|
| 4. 地方教育附加 | 1.6 | 0.87 | 1.10 | 1.22 | 4.79 |
| 5. 地方水利建设基金 | 0.4 | 0.22 | 0.28 | 0.31 | 1.21 |
| 总计 | 90 | 49.05 | 62.1 | 68.85 | 270 |

【4】企业1～3季度会计利润及已经预缴的企业所得税汇总表如表5-4所示。

**表5-4　2021年1～3季度会计利润及已经预缴的企业所得税汇总表**　单位：万元

| 项　目 | 第一季度 | 第二季度 | 第三季度 | 第四季度 | 总　计 |
|---|---|---|---|---|---|
| 1. 会计利润额 | 10 | 9.55 | 3.1 | | |
| 2. 企业所得税 | 2.5 | 2.387 5 | 0.775 | | |

【5】2022年1月，经聘请的会计师事务所审计，发现有关税收问题如下：

① 扣除的成本费用中包括全年的工资费用，职工福利费224.84万元、职工工会经费33.12万元和职工教育经费40.9万元，该企业已成立工会组织，拨缴工会经费有上缴的专用收据。

② 企业全年提取固定资产和无形资产资产减值准备金1.62万元。

③ 收入总额8 027万元中包含国债利息收入5万元，金融债券利息收入64万元，从被投资的未上市国有公司分回的税后股息10万元（被投资企业的企业所得税税率为25%）。

④ 当年1月向其他企业借款100万元，借款期限1年，年利率为9%，同期银行贷款利率为5%。企业所支付的借款利息费用共计9万元，全部计入了财务费用。

⑤ 企业全年发生的业务招待费45万元，广告费和业务宣传费1 190.3万元，已全部从应纳税所得额中扣除。

⑥ 12月份，通过当地政府机关向贫困山区（非目标扶贫地区）捐赠家电产品一批，成本价22万元，市场销售价格25万元，企业核算时按成本价值直接冲减了库存商品，按市场销售价格计算的增值税销项税额3.25万元与成本价合计25.25万元记入"营业外支出"账户。

⑦ "营业外支出"账户中还列支缴纳的税款滞纳金2.76万元，银行借款超期罚款5.3万元，给购货方的回扣9万元，意外事故净损失7万元，非广告性赞助13万元，全都如实在税前扣除。

⑧ "管理费用"账户中含有新技术的研究费用40万元。

【6】根据上述资料，填制企业所得税纳税调整工作底稿（附表5-1）、应纳税所得额计算表（附表5-2）、企业所得税应纳税额计算表（附表5-3）、企业所得税月（季）度预缴纳税申报表和企业所得税纳税申报表及附表资料（附表5-4至附表5-16）。

# 实训项目 6　其他主要税种会计模拟实训

**思政课堂**

**凯宝药业公司:诚信纳税从细微处入手**

上海凯宝药业股份有限公司成立于 2000 年,2010 年 1 月 8 日登陆深圳 A 股市场。企业诚信经营、持续发展中,始终把依法纳税作为最好的诚信名片,涉税管理从细微处入手,坚持依法诚信纳税,成为了税务总局弘扬诚实守信美德,褒奖依法纳税行为的典型企业。

不放过任何一个可能的疏漏,是凯宝药业始终做到依法纳税的保证。对应缴纳的印花税、房产税等零星、小额的税款,定期组织自查,一丝不苟,仔细比对,确保不漏缴一分。

一次税收分析自查发现,由于经办人员疏忽,漏缴 2012 年下半年的房产税 18 176 元,第一时间与税管员沟通,及时补缴税款,并以此为鉴重新规范流程,加强小税种申报管理,规定所有新签合同必须经过审计部门审计后方能加盖合同章,是否贴过印花税就是审计的重点之一。

资料来源:国家税务总局,日期:2014 年 5 月 5 日。

**请思考**

1. 自 2021 年 6 月 1 日起,印花税、房产税等 10 个税种实行财产和行为税合并申报。请考虑什么是财产和行为税合并申报?其意义是什么?

2. 通过上述案例,请从“诚信”角度谈谈你得到了什么启示?

## 实训项目 6.1　房产税和城镇土地使用税会计模拟实训

### 一、实训目的

(1) 掌握房产税、城镇土地使用税的计算与核算。

(2) 掌握房产税、城镇土地使用税纳税申报表的填制方法。

### 二、实训操作要求

(1) 根据公司业务资料,填制 2021 年第四季度房产税应纳税额计算表(附表 6-1)、城镇土地使用税应纳税额计算表(附表 6-2)。

(2) 填写 2021 年第四季度城镇土地使用税房产税税源明细表(附表 6-3)、财产和行为税减免税明细申报附表(附表 6-4)、财产和行为税纳税申报表(附表 6-5)。

## 三、实训资料

1. 模拟实训企业基本信息

企业名称:东方冰轮集团有限公司

企业性质:国有独资企业

法定代表:周文

财务负责人:王开华

办税人:郑晓

财会人员共 5 人

营业地址:烟台市牟平区北关大街 79 号

开户银行:工行北关支行

账　　号:955002347316171567

纳税人识别号:91370633446677003E

2. 企业 2021 年房产及土地资料

(1) 东方冰轮集团有限公司房屋登记卡见业务凭证 6.1-1 至业务凭证 6.1-6 所示,该地区扣除率一律为 30%。

(2) 该公司土地等级为二级,适用税额为 8 元/平方米。2021 年 9 月 30 日,土地登记卡上反映的公司用地情况如 6.1-7 所示。公司厂区外公园用地自 2014 年 5 月开始享受城镇土地使用税减免政策。

(3) 该公司以出让方式获得用地,土地登记卡如 6.1-8 所示。

**业务凭证 6.1-1**

## 房屋登记卡(正面)

房屋编号:1 号楼　　　　　　　　　　　　　　　　　　　　　　单位:万元

<table>
<tr><td rowspan="3">财产</td><td>统一</td><td colspan="2"></td><td colspan="4" rowspan="3">设卡日期:<br>2014 年 11 月 6 日</td></tr>
<tr><td>分类</td><td colspan="2">房屋建筑物</td></tr>
<tr><td>编号</td><td colspan="2">01</td></tr>
<tr><td rowspan="8">建筑物标示</td><td>基地坐落</td><td colspan="2">烟台市牟平区北关大街 79 号</td><td colspan="2">使用单位</td><td colspan="2">用　途</td></tr>
<tr><td>楼号或门牌</td><td colspan="2">1 号楼</td><td colspan="2" rowspan="2">集团公司</td><td colspan="2" rowspan="2">行政办公用房</td></tr>
<tr><td>保存登记</td><td colspan="2"></td></tr>
<tr><td>来源</td><td colspan="2">自建</td><td>屋顶</td><td>屋架</td><td>墙面</td><td>地面</td></tr>
<tr><td>建筑日期</td><td colspan="2">2012 年 10 月 15 日</td><td rowspan="4">水泥顶、<br>琉璃瓦</td><td rowspan="4">框架结构</td><td rowspan="4">混砖</td><td rowspan="4">大理石</td></tr>
<tr><td>使用年限</td><td colspan="2">20 年</td></tr>
<tr><td>原始总值</td><td colspan="2">3 000</td></tr>
<tr><td>式样</td><td colspan="2"></td></tr>
<tr><td rowspan="4">建筑面积</td><td>层次</td><td>面积(平方米)</td><td>户型</td><td colspan="4">备　注</td></tr>
<tr><td>合计</td><td>6 000</td><td></td><td colspan="4" rowspan="3"></td></tr>
<tr><td>其中:</td><td></td><td></td></tr>
<tr><td></td><td></td><td></td></tr>
</table>

**业务凭证 6.1-2**

## 房屋登记卡(正面)

房屋编号:2 号楼　　　　　　　　　　　　　　　　　　　　　　单位:万元

<table>
<tr><td rowspan="3">财产</td><td>统一</td><td colspan="2"></td><td colspan="4" rowspan="3">设卡日期:<br>2014 年 6 月 15 日</td></tr>
<tr><td>分类</td><td colspan="2">房屋建筑物</td></tr>
<tr><td>编号</td><td colspan="2">02</td></tr>
<tr><td rowspan="8">建筑物标示</td><td>基地坐落</td><td colspan="2">烟台市牟平区北关大街 79 号</td><td colspan="2">使用单位</td><td colspan="2">用　途</td></tr>
<tr><td>楼号或门牌</td><td colspan="2">2 号楼</td><td colspan="2" rowspan="2">集团公司</td><td colspan="2" rowspan="2">生产用房</td></tr>
<tr><td>保存登记</td><td colspan="2"></td></tr>
<tr><td>来源</td><td colspan="2">自建</td><td>屋顶</td><td>屋架</td><td>墙面</td><td>地面</td></tr>
<tr><td>建筑日期</td><td colspan="2">2012 年 8 月 10 日</td><td rowspan="4">水泥顶</td><td rowspan="4">框架结构</td><td rowspan="4">混砖</td><td rowspan="4">水泥</td></tr>
<tr><td>使用年限</td><td colspan="2">20 年</td></tr>
<tr><td>原始总值</td><td colspan="2">3 500</td></tr>
<tr><td>式样</td><td colspan="2"></td></tr>
<tr><td rowspan="4">建筑面积</td><td>层次</td><td>面积(平方米)</td><td>户型</td><td colspan="4">备　注</td></tr>
<tr><td>合计</td><td>14 000</td><td></td><td colspan="4" rowspan="3"></td></tr>
<tr><td>其中:</td><td></td><td></td></tr>
<tr><td></td><td></td><td></td></tr>
</table>

**业务凭证 6.1-3**

## 房屋登记卡（正面）

房屋编号：3 号楼　　　　单位：万元

<table>
<tr><td rowspan="3">财产</td><td>统一</td><td colspan="2"></td><td colspan="4" rowspan="3">设卡日期：<br>2014 年 4 月 1 日</td></tr>
<tr><td>分类</td><td colspan="2">房屋建筑物</td></tr>
<tr><td>编号</td><td colspan="2">03</td></tr>
<tr><td rowspan="8">建筑物标示</td><td>基地坐落</td><td colspan="2">烟台市牟平区北关大街 79 号</td><td colspan="2">使用单位</td><td colspan="2">用　途</td></tr>
<tr><td>楼号或门牌</td><td colspan="2">3 号楼</td><td colspan="2" rowspan="2"></td><td colspan="2" rowspan="2">投资</td></tr>
<tr><td>保存登记</td><td colspan="2"></td></tr>
<tr><td>来源</td><td colspan="2">自建</td><td>屋顶</td><td>屋架</td><td>墙面</td><td>地面</td></tr>
<tr><td>建筑日期</td><td colspan="2">2013 年 7 月 10 日</td><td rowspan="4">水泥顶</td><td rowspan="4">框架结构</td><td rowspan="4">混砖</td><td rowspan="4">水泥</td></tr>
<tr><td>使用年限</td><td colspan="2">20 年</td></tr>
<tr><td>原始总值</td><td colspan="2">200</td></tr>
<tr><td>式样</td><td colspan="2"></td></tr>
<tr><td rowspan="4">建筑面积</td><td>层次</td><td>面积（平方米）</td><td>户型</td><td colspan="4">备　注</td></tr>
<tr><td>合计</td><td>800</td><td></td><td colspan="4" rowspan="3">2021 年 10 月 31 日，投资给广州嘉怡广告公司（纳税人识别号：91330304MA2AR5RX2P）使用，协议规定，每月向广州嘉怡广告公司收取固定收入 4 万元，期限 5 年。</td></tr>
<tr><td>其中：</td><td></td><td></td></tr>
<tr><td></td><td></td><td></td></tr>
</table>

**业务凭证 6.1-4**

## 房屋登记卡（正面）

房屋编号：4 号楼　　　　单位：万元

<table>
<tr><td rowspan="3">财产</td><td>统一</td><td colspan="2"></td><td colspan="4" rowspan="3">设卡日期：<br>2014 年 5 月 22 日</td></tr>
<tr><td>分类</td><td colspan="2">房屋建筑物</td></tr>
<tr><td>编号</td><td colspan="2">04</td></tr>
<tr><td rowspan="8">建筑物标示</td><td>基地坐落</td><td colspan="2">烟台市牟平区北关大街 79 号</td><td colspan="2">使用单位</td><td colspan="2">用　途</td></tr>
<tr><td>楼号或门牌</td><td colspan="2">4 号楼</td><td colspan="2" rowspan="2"></td><td colspan="2" rowspan="2">空闲</td></tr>
<tr><td>保存登记</td><td colspan="2"></td></tr>
<tr><td>来源</td><td colspan="2">自建</td><td>屋顶</td><td>屋架</td><td>墙面</td><td>地面</td></tr>
<tr><td>建筑日期</td><td colspan="2">2012 年 03 月 02 日</td><td rowspan="4">水泥顶</td><td rowspan="4">框架结构</td><td rowspan="4">混砖</td><td rowspan="4">水泥</td></tr>
<tr><td>使用年限</td><td colspan="2">30 年</td></tr>
<tr><td>原始总值</td><td colspan="2">160</td></tr>
<tr><td>式样</td><td colspan="2"></td></tr>
<tr><td rowspan="4">建筑面积</td><td>层次</td><td>面积（平方米）</td><td>户型</td><td colspan="4">备　注</td></tr>
<tr><td>合计</td><td>600</td><td></td><td colspan="4" rowspan="3">2021 年 11 月 30 日，转让给苏州鑫馨宾馆，收到转让款 130 万元，支付转让过程中发生的税金及费用 20 万元，账面显示该房产已计提折旧 40 万元。</td></tr>
<tr><td>其中：</td><td></td><td></td></tr>
<tr><td></td><td></td><td></td></tr>
</table>

**业务凭证 6.1-5**

## 房屋登记卡(正面)

房屋编号:5 号楼　　　　单位:万元

<table>
<tr><td rowspan="3">财产</td><td>统一</td><td colspan="2"></td><td colspan="4" rowspan="3">设卡日期:<br>2014 年 6 月 12 日</td></tr>
<tr><td>分类</td><td colspan="2">房屋建筑物</td></tr>
<tr><td>编号</td><td colspan="2">05</td></tr>
<tr><td rowspan="8">建筑物标示</td><td>基地坐落</td><td colspan="2">烟台市牟平区北关大街 79 号</td><td colspan="2">使用单位</td><td colspan="2">用　途</td></tr>
<tr><td>楼号或门牌</td><td colspan="2">5 号楼</td><td colspan="2" rowspan="2"></td><td colspan="2" rowspan="2">出租</td></tr>
<tr><td>保存登记</td><td colspan="2"></td></tr>
<tr><td>来源</td><td colspan="2">自建</td><td>屋顶</td><td>屋架</td><td>墙面</td><td>地面</td></tr>
<tr><td>建筑日期</td><td colspan="2">2011 年 12 月 10 日</td><td rowspan="4">水泥顶</td><td rowspan="4">框架结构</td><td rowspan="4">混砖</td><td rowspan="4">水泥</td></tr>
<tr><td>使用年限</td><td colspan="2">20 年</td></tr>
<tr><td>原始总值</td><td colspan="2">160</td></tr>
<tr><td>式样</td><td colspan="2"></td></tr>
<tr><td rowspan="4">建筑面积</td><td>层次</td><td>面积(平方米)</td><td>户型</td><td colspan="4">备　注</td></tr>
<tr><td>合计</td><td>600</td><td></td><td colspan="4" rowspan="3">2021 年 1 月 1 日出租给烟台蓬达批发商场(纳税人识别号:913706557288ER033D),协议规定,每月收取房屋租金 36 000 元,期限 3 年。</td></tr>
<tr><td>其中:</td><td></td><td></td></tr>
<tr><td></td><td></td><td></td></tr>
</table>

**业务凭证 6.1-6**

## 房屋登记卡(正面)

房屋编号:6 号楼　　　　单位:万元

<table>
<tr><td rowspan="3">财产</td><td>统一</td><td colspan="2"></td><td colspan="4" rowspan="3">设卡日期:<br>2021 年 2 月 11 日</td></tr>
<tr><td>分类</td><td colspan="2">房屋建筑物</td></tr>
<tr><td>编号</td><td colspan="2">06</td></tr>
<tr><td rowspan="8">建筑物标示</td><td>基地坐落</td><td colspan="2">烟台市牟平区北关大街 79 号</td><td colspan="2">使用单位</td><td colspan="2">用　途</td></tr>
<tr><td>楼号或门牌</td><td colspan="2">6 号楼</td><td colspan="2" rowspan="2">集团公司</td><td colspan="2" rowspan="2">生产用房</td></tr>
<tr><td>保存登记</td><td colspan="2"></td></tr>
<tr><td>来源</td><td colspan="2">自建</td><td>屋顶</td><td>屋架</td><td>墙面</td><td>地面</td></tr>
<tr><td>建筑日期</td><td colspan="2">2019 年 2 月 11 日</td><td rowspan="4">水泥顶</td><td rowspan="4">框架结构</td><td rowspan="4">混砖</td><td rowspan="4">水泥</td></tr>
<tr><td>使用年限</td><td colspan="2">20 年</td></tr>
<tr><td>原始总值</td><td colspan="2">1 500</td></tr>
<tr><td>式样</td><td colspan="2"></td></tr>
<tr><td rowspan="4">建筑面积</td><td>层次</td><td>面积(平方米)</td><td>户型</td><td colspan="4">备　注</td></tr>
<tr><td>合计</td><td>6 000</td><td></td><td colspan="4" rowspan="3"></td></tr>
<tr><td>其中:</td><td></td><td></td></tr>
<tr><td></td><td></td><td></td></tr>
</table>

**业务凭证 6.1-7**

## 公司用地情况一览表

| 序号 | 用地项目 | 坐落地点 | 占用土地面积 | 土地等级 | 土地性质 |
|---|---|---|---|---|---|
| 1 | 生产车间用地 | 烟台市牟平区北关大街 79 号 | 5 000 平方米 | 二级 | 国有 |
| 2 | 综合楼用地 | 烟台市牟平区北关大街 79 号 | 500 平方米 | 二级 | 国有 |
| 3 | 办公楼用地 | 烟台市牟平区北关大街 79 号 | 750 平方米 | 二级 | 国有 |
| 4 | 厂区内道路用地 | 烟台市牟平区北关大街 79 号 | 7 000 平方米 | 二级 | 国有 |
| 5 | 厂区外公园用地 | 烟台市牟平区北关大街 79 号 | 2 000 平方米 | 二级 | 国有 |
| 合计 | | 二级用地:15 250 平方米 | | | |

**业务凭证 6.1-8**

## 土地登记卡

单位:元

| 财产 | 统一 | | 设卡日期 | 清查编号 |
|---|---|---|---|---|
| | 分类 | 土地 | 2014 年 1 月 8 日 | 查字第 01 号 |
| | 编号 | 01 | | |

| 土地标示 | 坐落 | 烟台市牟平区 | 新地名 | 东方冰轮集团有限公司 | 所有权记录 | 所有权人 | 烟台市政府 |
|---|---|---|---|---|---|---|---|
| | 地号 | 005 号 | | 牟平区北关大街 79 号 | | 购置日期 | 2011 年 7 月 16 日 |
| | 地目 | 工业用地 | 面积 | 1.525 公顷 | | 所有权证字号 | NO. 012006386 |
| | 等级 | 二级 | | 1.525 万平方米 | | 土地使用现状 | 在用 |

| 土地成本 | | | | | 租赁(编号): | | |
|---|---|---|---|---|---|---|---|
| 付款日期 | 成本项目 | 年限 | 税率 | 金额 | 所有权人核准文号 | | |
| | 地价款 | 70 | | 780 000 000 | 期限 | 年租金 | 本期租金 |
| | 契税 | | 4% | 31 200 000 | | | |
| | 其他费用 | | | 240 000 | | | |
| 合计 | | | | 811 440 000 | | | |

| 地项权利设定 | 权利人姓名 | 地址 | 登记原因 | 登记日期 | 字号 | 存续时间 | 证明书字号 | 审定日期 | 申请注销登记 | |
|---|---|---|---|---|---|---|---|---|---|---|
| | | | | | | | | | 日期 | 字号 |
| | | | | | | | | | | |

# 实训项目 6.2　印花税会计模拟实训

## 一、实训目的

（1）掌握印花税的计算与核算。

（2）掌握印花税纳税申报表的填制方法。

## 二、实训操作要求

根据公司业务资料，填写 2022 年 2 月印花税税源明细表（附表 6-6）、财产和行为税减免税明细申报附表（附表 6-7）、财产和行为税纳税申报表（附表 6-8）。

## 三、实训资料

1. 模拟实训企业基本信息

企业名称：合盛科技有限公司

企业性质：有限责任公司

法定代表：李立东

财务负责人：张娜

办税人：方涛

财会人员共 4 人

营业地址：烟台市莱山区芙蓉路 63 号

开户银行：建设银行莱山支行滨海分理处

账　　号：6217002190017785466

纳税人识别号：91280632ARE85DFL67

2. 企业涉及印花税经济业务

【1】合盛科技有限公司（以下简称企业）于 2022 年 2 月在芙蓉路开业，到烟台市工商行政管理局办理企业法人营业执照正副本各 1 件。

【2】2022 年 2 月 24 日，企业因从烟台市国土资源局受让高新区 06 号商业用地，办理国有土地使用证 1 件。

【3】企业 2 月 1 日开业，注册资金 4 000 万元，实收资本 3 600 万元，建账时共设 4 个营业账簿和 1 个资金账簿。4 个营业账簿均各设 1 个副本。

【4】企业正式签订购销合同 30 份，共载金额 700 万元。由于销货方违约，其中 1 份金额 20 万元的购货合同没有按期履行。

【5】企业向银行借款，签订借款合同 2 份，借款金额共计 100 万元，利率 6%。

【6】企业开发一项国家重点项目，获得银行无息贷款 80 万元，并签订无息贷款合同。

【7】企业与某公司签订一份技术转让合同，金额 30 万元。

【8】2 月底，假定企业资金账簿中实收资本 4 000 万元，资本公积 600 万元。

**业务凭证 6.2-1**

统一社会信用代码
91280632ARE85DFL67

# 营 业 执 照

扫描二维码登录
“国家企业信用
信息公示系统”了

名　　　　称　合盛科技有限公司
类　　　　型　有限责任公司
住　　　　所　烟台市莱山区芙蓉路 63 号
法 定 代 表 人　李立东
注 册 资 本　肆仟万元人民币
成 立 日 期　2022 年 2 月 1 日
营 业 期 限　2022 年 2 月 1 日至长期
经 营 范 围　各类酒及相关制品

（依法需经批准的项目，经相关部门批准后方可开展经营活动）

登记机关
2022 年 2 月 1 日

统一社会信用代码
91280632ARE85DFL67

# 营 业 执 照
（副　本）

扫描二维码登录
“国家企业信用
信息公示系统”了

名　　　　称　合盛科技有限公司
类　　　　型　有限责任公司
住　　　　所　烟台市莱山区芙蓉路 63 号
法 定 代 表 人　李立东
注 册 资 本　肆仟万元人民币
成 立 日 期　2022 年 2 月 1 日
营 业 期 限　2022 年 2 月 1 日至长期
经 营 范 围　各类酒及相关制品

（依法需经批准的项目，经相关部门批准后方可开展经营活动）

登记机关
2022 年 2 月 1 日

**业务凭证 6.2-2**

## 国有土地使用证

烟台　国有(2022)第 2268123

| | | | |
|---|---|---|---|
| 土地使用权人 | 合盛科技有限公司 | | |
| 坐　落 | 烟台市莱山区芙蓉路 63 号 | | |
| 地　号 | 16015639 | 图　号 | |
| 地类(用途) | 商服用地 | 取得价格 | |
| 使用权类型 | 出让 | 终止日期 | 2072 年 2 月 23 日 |
| 使用权面积 | 50 000 $m^2$ | 其中 独用面积 | 50 000 $m^2$ |
| | | 分摊面积 | |

根据《中华人民共和国宪法》《中华人民共和国土地管理法》和《中华人民共和国城市房地产管理法》等法律法规，为保护土地使用权人的合法权益，对土地使用权人申请登记的本证所列土地权利，经审查核实，颁发此证。

烟台市人民政府(章)

记　事

登记机关

2022 年 2 月 24 日

证书监制机关

NO.0028689655

管理